Reinmar Tschirch

Biblische Geschichten erzählen

Verlag W. Kohlhammer
Stuttgart Berlin Köln

Die Deutsche Bibliothek - CIP-Einheitsaufnahme

Tschirch, Reinmar:
Biblische Geschichten erzählen / Reinmar Tschirch. -
Stuttgart ; Berlin ; Köln : Kohlhammer, 1997
ISBN 3-17-014786-2

Umschlagabbildung:
Kinderzeichnung: Gott

Verlagsort: Stuttgart
Umschlag: Data Images
audiovisuelle Kommunikation GmbH
Gesamtherstellung:
W. Kohlhammer Druckerei GmbH + Co. Stuttgart
Printed in Germany

Wohl der Erzählerin und dem Erzähler
biblischer Geschichten,
die nicht wandeln im Rate der Phantasielosen,
noch treten auf den Weg der Langeweiler,
noch sitzen im Kreis der Dogmatiker,
sondern ihre Lust haben
an den Geschichten der Bibel
und über diese Geschichten sinnen
Tag und Nacht.
Die sind gepflanzt wie ein Baum,
gepflanzt an Wasserbächen,
der seine Frucht bringt zu seiner Zeit
und dessen Blätter nicht vergilben,
und fast alles, was sie erzählen,
gerät ihnen wohl.

Diese Zeilen, mit denen WERNER LAUBI den ersten Psalm auf die Arbeit von Erzählern hin übertragen hat (Werner Laubi, 1995, S.5), sollen am Anfang stehen: eine Ermunterung für die Leser, ebenfalls ihre Lust an den Geschichten der Bibel zu haben und in dieser Lust sie weiterzugeben an Kinder.

Danken möchte ich an dieser Stelle den vielen Lehrerstudenten und -studentinnen und Erzieherinnen in Kindergärten, die mit mir in Ausbildung und Fortbildung über diese Geschichten nachgedacht haben. Meine Lust, mich mit den Geschichten der Bibel zu beschäftigen und dabei für immer wieder neue Entdeckungen offen zu sein, kommt nicht zum Geringsten aus den vielen Gesprächen mit ihnen: Viele Einsichten und Erzählideen sind daraus entstanden. Ein großer Dank aber gilt meiner Frau Eva, die mit Engagement und Beharrlichkeit, mit Phantasie und Kritik meine Arbeit an diesem Buch unterstützt hat. Schließlich ein Dank an den Lektor des Verlages, Herrn Jürgen Schneider, der mich in der Idee zu diesem Buch und bei der Ausarbeitung des Manuskripts mit freundlichem und ermutigendem Interesse begleitet hat.

Inhaltsverzeichnis

1. Vorbemerkungen für die LeserInnen

ErzieherInnen und LehrerInnen stehen immer wieder vor der Aufgabe, in Kindergarten und Schule biblische Geschichten zu erzählen. Für sie vor allem ist dieses Buch gedacht. Aber auch PastorInnen, DiakonInnen, MitarbeiterInnen im Kindergottesdienst und in kirchlichen Kindergruppen müssen sich ständig von neuem mit Bibelgeschichten auseinandersetzen und ihre eigenen erzählerischen Möglichkeiten weiterentwickeln.

In beidem will dies Buch seine Leser unterstützen. Ihnen will es am Beispiel eines Grundbestandes fundamentaler Bibelgeschichten Folgendes bieten:

A. Eine *Einführung* in den jeweiligen Bibeltext: sie enthält notwendige bibelwissenschaftliche Grundinformationen und ist zugleich schon auf das Erzählen hin orientiert.
B. Anregungen zum eigenen Erzählen an Erzählpartien aus *Kinderbibeln* (bzw. Bildern)
C. Impulse zum *eigenen Verständnis* für den/die ErzählerIn selbst.
D. Hinweise zum *Verständnis der Kinder*: Überlegungen dazu, wie Kinder die ausgewählten biblischen Geschichten aufnehmen und verstehen.
E. Didaktische *Ideen zum Erzählen.*

Von Kapitel 4 an hat also dieses Buches für jede behandelte biblische Geschichte immer die folgende Struktur:

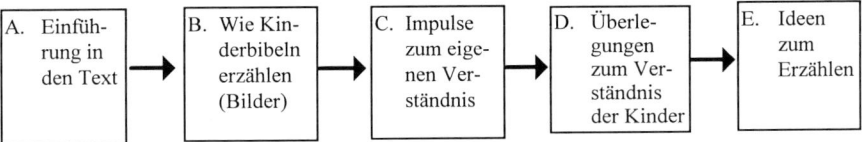

Zu A: Die *bibelwissenschaftliche Einführung in den Bibeltext* beschränkt sich auf Wesentliches und ist – darauf zielt jedenfalls meine Absicht – so gehalten, daß sie auch theologisch nicht umfassend Ausgebildeten zugänglich und nützlich ist. Hier geht es um Grundinformationen für die Erzähler, die ihnen dazu dienen sollen, die Intention einer biblischen Geschichte, ihr Ziel, ihren skopus – wie die Bibelwissenschaftler sagen – genauer zu sehen und besonders die bildhaften, metaphorischen Elemente darin wahrzunehmen. Dies kann das Erzählen bereichern und ihm in guter Weise zu Konkretheit und Anschaulichkeit verhelfen.

Zu B: Ergänzend dazu werden bei einer Reihe von Bibeltexten jeweils vergleichende Zusammenstellungen dargeboten, die sehr verschieden ausgerichtete Nacherzählungen aus *Kinderbibeln* gegenüberstellen. Ein solcher Blick in Kinderbibeln bietet oftmals gute Anregungen für das eigene Erzählen. Darüber hinaus wird sich im Vergleich zeigen, daß Nacherzählungen in Kinderbibeln nicht einfach Kopien der biblischen Originalgeschichte darstellen. Sie sind vielmehr bestimmt von dem jeweils sehr unterschiedlichen Verständnis, das der Kinderbibelautor selber von dieser Geschichte hat. Und schließlich kann der kritische Blick in die eine oder andere Kinderbibel auch helfen, manche erzählerische Klippe zu vermeiden.

Zu einigen Bibeltexten finden die Leser auch *Bilder*: Bildmotive aus der Kunst, Illustrationen aus Kinderbibeln, Zeichnungen von Kindern. Diese „Zugabe" möchte ebenfalls Anstöße zum Verständnis der biblischen Texte vermitteln und dazu anregen, die Beschäftigung mit der Bibel umfassender zu gestalten.

Zu C: Der Tatbestand, daß die Geschichten schon in der Bibel selbst, dann aber auch bei heutigen Erzählern nie „pur" wiedergegeben werden, sondern so erzählt werden, daß man spürt: Hier ist der Erzähler mit seinem Verständnis der Sache, mit seinem Leben, mit seinem Herzen dabei – muß zu einer *eigenen Stellungnahme* herausfordern. Statt ein vorgegebenes Verständnis einfach zu übernehmen, ist danach gefragt, wie man denn nun für die eigene Person diese oder jene Bibelgeschichte verstehen will. Hemmungen und Probleme, die die ErzieherInnen und LehrerInnen selbst mit der jeweiligen Geschichte haben mögen, sollen dabei angesprochen und diskutiert werden.

Auf deren Seite nämlich findet sich weithin eine verbreitete Verlegenheit gegenüber Bibelgeschichten, aber auch Unvertrautheit oder Skepsis und Zweifel. „Wovon man selbst nicht überzeugt ist, das soll man auch den Kindern nicht erzählen" – so lautet eine häufige These, die begründen möchte, warum man mit Bibelgeschichten so zurückhaltend umgeht. Aber auch das Gefühl kann hemmen, für dieses Geschäft nicht „Fachfrau" oder „Fachmann" genug zu sein: Bibelgeschichten – das scheint einen theologischen Experten zu brauchen, den Pastor eben, der z.B. in Kindergärten zuweilen als Gast in die Kindergruppe gebeten wird.

An dieser Stelle gerade möchte ich in zweifacher Hinsicht *Mut machen: Mu*t, dem *eigenen theologisch-pädagogischen Sachverstand* mehr zu vertrauen und ihn dann auch ins Spiel zu bringen. Als ErzieherIn und LehrerIn hat man vor jedem anderen theologisch Ausgebildeten den Vorteil, in Kindergarten und Schule in größerer Nähe und Vertrautheit mit den Kindern zu leben. Das kann Einfühlung und Verständnis für die Kinder erleichtern. Und das Maß an „theologischer Kompetenz", wie es zum Erzählen von ausgewählten biblischen Geschichten erforderlich ist, läßt sich auch erwerben, wenn man gewillt ist, die eigene erzählerische Praxis mit kritischem Nachdenken zu begleiten.

Überdies braucht es den *Mut zum Fragmentarischen*, also dazu, sich bewußt zu sein, daß das eigene Verständnis von Geschichten (wie natürlich auch von anderen Dingen im Leben) nie abgeschlossen und vollständig ist, daß sich dann aber eben auch wieder neue Erfahrungen, Gedanken, Einsichten, Fragen ergeben, wenn man mit Kindern darüber ins Gespräch kommt. Auch Theologen sind mit den biblischen Texten niemals am Ende und fertig, sondern lernen daran immer wieder neu und Neues. „Die Theologie ist eine unendliche [infinita] Wissenschaft, weil man sie niemals auslernen kann". (MARTIN LUTHER)[1]

---

[1] Psalmen-Kommentar 1540 WA 40 III,63

Zu D: Biblische Geschichten und Texte werden erst dann wirklich lebendig und sprechen erst dann zu uns, wenn Leser und Zuhörer darin einen *Anknüpfungspunkt* entdecken können, der die Verbindung zu ihrer eigenen Lebenssituation schafft. Daher ist es wichtig, daß ein Erzähler in seiner Vorausfantasie herauszufinden versucht: Welche Erfahrungen, Gefühle, Wünsche, Ängste werden angesprochen und schwingen (unbewußt) mit, wenn Kinder diese Geschichte hören? Was darin trifft auf das Interesse der Kinder? Wie nehmen sie die Geschichte auf? Wie verstehen sie sie? Worauf richtet sich ihre Identifikation? Und welche Mißverständnisse könnten ihnen den Weg zu einem angemessenen Verständnis verbauen? – Der gut beratene Erzähler wird deshalb die Empfehlung des Religionspädagogen INGO BALDERMANN beherzigen und „schon in der Vorbereitung versuchen, die biblischen Texte *mit den Augen der Kinder* anzusehen, mit dem Vorbehalt, daß am Ende die Augen der Kinder noch mehr und anderes entdecken werden."[2]

Zu E: Hier werden nicht ausgeführte vollständige Erzählbeispiele geboten – die Leser sollen nicht bevormundet werden: Sie müssen und werden ihren eigenen erzählerischen Weg finden. Aber die hier entwickelten *erzählerischen Ideen und Elemente* mögen dabei helfen, beim Erzählen die Absicht einer Geschichte deutlicher hervorzuheben und einzelne Bilder und Motive darin zu verstärken und zum Leuchten zu bringen. So ist dieses Buch ausdrücklich nicht als schnelle religionspädagogische Arbeitshilfe oder als bloße Materialsammlung gedacht. Es will vielmehr tiefer ansetzen und die religionspädagogische Befähigung unterstützen und weiterentwickeln helfen, die zur erzählerischen Vermittlung biblischer Geschichten nötig ist. Wo dies gelingt, können ErzieherInnen wie LehrerInnen sich dann hilfreiche Materialien und Medien auch selbst zusammenstellen.
Alles in allem: Eine Ermutigung zum eigenen Erzählen – das ist es, was mir am Herzen liegt.

---

2   BALDERMANN, INGO 1986 S.11

2. Bibel für Kinder

2.1 Kinder brauchen Bibelgeschichten

„Mit mir redet der Gott aber nie!", unterbrach ein Junge den Pastor, der – wie einmal in der Woche üblich – die Kindergartengruppe besuchte, um eine biblische Geschichte zu erzählen. Diesmal war die Geschichte vom zwölfjährigen Jesus im Tempel dran (Lukas 2,41–52) und der Pastor hatte immer wieder in seiner Erzählung hervorgehoben, wie der Knabe Jesus täglich mit seinem Vater im Himmel geredet habe. „Mit mir redet der Gott aber nie!"

So berichtete eine Erzieherin aus ihrem Kindergarten. Vermutlich hat sich darin nicht nur eine „theologische" Frage angekündigt, die Enttäuschung darüber, daß das Kind – entgegen seiner Erwartung – beim Beten nie eine wörtliche Antwort von Gott zu hören bekommt: Was soll dann Beten? Es sieht vielmehr ganz danach aus, als wenn sich hier ein tiefer begründetes resignatives Lebensgefühl in dem kleinen Zuhörer zu Wort melden wollte, etwa in dem Sinn: „Mit mir redet überhaupt niemand. Ich bin für keinen Menschen wichtig." Eine Sternstunde für den Erzähler, möchte man meinen: Hier will sich eine Beziehung herstellen zwischen dem Erzählten, der Bibelgeschichte, und dem Alltag, dem Leben des Kindes. Glücklich der Erzähler, wenn er auf eine solche spontane Äußerung einfühlsam einzugehen vermag. Die *Botschaft*, die uns die Bibel vermitteln will, und die *Situation* von uns Menschen müssen aufeinander bezogen werden. Das eine erschließt sich nur mit dem anderen.

> Nur wenn die Botschaft der Bibel und die Situation des Kindes, des Hörers, zusammentreffen, kann Verstehen zustandekommen.

Warum Bibel für Kinder?

Bibelgeschichten sind *notwendige Geschichten*, notwendig für Kinder (und natürlich auch für Erwachsene). Das ist Ausgangspunkt dieses Buches. In Abwandlung eines bekannten Buchtitels muß man sagen: „Kinder brauchen Bibelgeschichten"[3]. Freilich nicht unterschiedslos jede mögliche Geschichte – und auch nicht gleichgültig, wie erzählt und dabei mit den kleinen Zuhörern umgegangen wird. Was können Bibelgeschichten Kindern bedeuten? – ist die ständig wiederkehrende Frage dieses Buches. Sie hängt zusammen mit der anderen Frage: Was können Geschichten aus der Bibel uns Erwachsenen bedeuten?

Die Bibel ist Kulturgut

Daß Kinder von Bibelgeschichten fasziniert werden, das kann man an überraschenden Stellen erleben. So z.B. fiel mein Blick an einem heißen Sommertag am

---

3   S. das bekannte Buch des Kindertherapeuten BRUNO BETTELHEIM: Kinder brauchen Märchen. Deutsche Verlagsanstalt: Stuttgart 1977

Strand der Insel Rügen auf den Strandkorb gegenüber – dort liest ein Schulmädchen. Und sie liest – in einer Kinderbibel. An diesem Ort! Und das – wie ich denken muß – in der ehemaligen DDR!

„Mir sind ja nicht in der Gürche", sagt mir in schönstem Sächsisch die Mutter. „Aber die Bibel ist jo Gulturgut." Und sie gesteht mir, daß auch sie, der die Geschichten in der Bibel nicht vertraut sind, gern in der Kinderbibel ihrer Tochter liest.

Die kleine Leserin hat das Buch von ihrer Großmutter geschenkt bekommen. Roswitha liest gern in ihrer Kinderbibel: „Ich bin zwar keine Christin", wird sie offenherzig an deren Autor schreiben, „aber ich interessiere mich für diese Geschichten. Mir gefällt besonders die Geschichte mit Josef, dem Traumdeuter."[4] Was mag ihr gerade diese Geschichte so spannend machen? Ob sie selbst heftig träumt und sich mit ihren Träumen beschäftigt? Ob es Rivalität mit ihren Geschwistern ist, die ihre Aufmerksamkeit auf die Gestalt des Josef zieht? Oder ob es Neugier auf die Welt der Großmutter ist, der sie viele Geschichten verdankt, Sagen aus alter Zeit, Märchen und eben auch Bibelgeschichten?

Die Bibel – viel gedruckt, viel gekauft – gerade auch in Form von Kinderbibeln und biblischen Bilderbüchern –, viel verschenkt, wenig gelesen – sie gehört zu unserer Welt. Ihre Gestalten tauchen als beliebte Vornamen unter uns auf: Thomas, Markus, Lukas, Maria, Rahel, Sara, Ruth, Jakob, Tobias … Unsere Feste verweisen auf sie: Weihnachten, Ostern, Himmelfahrt, Pfingsten. In unserer Sprache leben viele ihrer Worte: Du bist ein *Engel*, so können wir sagen. Glücklich wie im siebenten *Himmel*. Das ist schon ein *Kreuz* mit dir. Da laufen Leute mit *Jesus*latschen an ihren Füßen herum. Der Regenbogen der *Arche Noah* – das Symbol von Greenpeace. Da gibt es Kirchen mit ihrem Geläut, mit ihren Bildern. Da gibt es Friedhöfe mit den Grab*kreuzen* – und immer noch Kreuze in bayerischen Schulstuben und das Rote Kreuz. Auf unseren Straßen fahren die Krankenwagen des Arbeiter-*Samariter*-Bundes. Da gibt es Hochzeiten und Taufen – interessante Begebenheiten gerade für Kinder, die sie gern nachspielen. Und das alles ist mehr oder weniger Wirkung dieses einen Buches, von dem STEFAN ZWEIG gesagt hat, daß es „auch neben der Religion schön sei und auch jenseits des Glaubens heilig als eines der edelsten Kunstwerke der Welt." Und BERTOLD BRECHT konnte auf die Frage nach seiner Lieblingslektüre antworten: „Sie werden lachen, die Bibel!"
„Die Bibel ist Kulturgut", so sagte die Mutter zur Bibellektüre ihrer Tochter. Sie gehört in unsere Kultur und ihre Geschichte unabtrennbar hinein. Ihre alten Geschichten führen den Leser in eine andere Welt – ebenso wie es ein altes Bild tut, das dem Betrachter vergangene Lebensverhältnisse vor Augen bringt. Das mag uns einen anderen Blick auf unsere heutige Welt geben: Sie ist nicht die einzig denkbare Welt und unsere Lebensweise heute nicht die einzige Möglichkeit, wie Menschen miteinander leben können. Es hat Zeiten gegeben, in denen menschliches Dasein sich anders darstellte als bei uns heute. Und man kann als Mensch durchaus auch anders leben, als wir es in der Gegenwart tun. Wenn Erziehung bedeutet, Kinder zu begleiten und zu unterstützen bei ihrem Versuch, sich in unserer Welt und im heutigen Leben zu orientieren, dann gehört unsere Geschichte mit dem Christentum und den vielfältigen Spuren, die es unserer Kultur eingeprägt hat, da-

---

4   s. dazu BRUNO BETTELHEIM S.39

zu. Dann betrifft das auch die Bibel – nicht die ganze Bibel natürlich, aber einen Grundbestand ihrer elementarsten Geschichten.

> Die Bibel ist für Kinder – und nicht nur für Kinder! – ein notwendiges Buch, weil der Umgang mit ihr sie unsere Welt und ihre Geschichte verstehen läßt.

Die Bibel – ein Buch für Sinnfragen:
Warum gibt es Mücken?

„Bei meiner Tochter in der Schule kam neulich die Rede auf Mücken, und meine Tochter fragte den Lehrer: ‚Wozu sind Mücken eigentlich da?‘ Der Lehrer war leider nicht bei seiner Sache. Er tat so, als sei so was die dümmste Frage der Welt, und fragte zurück: ‚Na, wozu bist du denn da?‘“ Der Theologe ERNST LANGE , der uns diese Geschichte von seiner Tochter erzählt, bemerkt dazu: „Ich wünschte mir Lehrer, die auf jede Frage eines Kindes – und wäre sie noch so dumm – eine ernsthafte Antwort zu geben versuchen. Denn, daß er fragen kann, macht den Menschen menschlich. Im übrigen ist die Frage: ‚Wozu sind die Mücken da?‘ nicht so abwegig und dumm. Und die [Gegen-]Frage [des Lehrers]: ‚Wozu ist der Mensch da?‘ eignet sich nun wirklich nicht, um ein vorlautes Kind zurückzuweisen. Denn es ist, wenn man so will, die wichtigste Frage der Welt.“[5]

Unsere Geschichte zeigt: Kinder lernen an Fragen. In ihren Fragen äußert sich der Drang, hinter die Geheimnisse der Welt zu kommen und den Sinn des eigenen Lebens zu erkennen. Und im Grunde können Erwachsene an Kindern wieder dies lernen: Fragen haben (und keineswegs nur: Antworten geben).[6]
Wozu ist der Mensch da? Was soll er in seiner Welt? Wer paßt zu ihm? – mit solchen Fragen beginnt die Bibel in ihren ersten Kapiteln. Daß das Interesse an den Erzählungen vom Ursprung, von der Schöpfung der Welt von solchen Fragen lebt, hat eine Kinderbibel[7] in ihren einleitenden Gedanken zur Paradiesesgeschichte 1.Mose 2 so aufgenommen:

TEXT ZU 1.MOSE 2	
Der Mensch fragt.	kann ich glücklich sein.
Er fragt nach sich selber:	An ihnen aber werde ich auch böse.
Wer bin ich?	Der Mensch meint:
Woher komme ich?	Ich bin stark,
Wer kennt mich? Wer liebt mich?	ich allein kann ich tun, was richtig ist.
Wohin gehe ich?	Ich brauche Gott nicht.
Der Mensch erfährt:	Seit Urzeiten
Allein kann ich nicht leben,	hat der Mensch gefragt
erst mit anderen Menschen zusammen	und Erfahrungen gemacht.

---

5   ERNST LANGE: Predigt aus einem Taufgottesdienst am 15.5.1967 Berlin-Spandau zitiert in: KU-Praxis: Taufendes Handeln der Gemeinde. Gütersloh 1988 S.7
6   So sieht auch PETER BICHSEL Kinder in Fragen leben im Unterschied zu Erwachsenen, die in Antworten leben: „Ein Kind fragt seine Mutter: Was für ein Tag ist heute? Die Mutter sagt: Heute ist Mittwoch. Was wäre, wenn Donnerstag wäre? fragt das Kind; und die Mutter sagt: Frag nicht so saudumm. Mir hat die Frage des Kindes gefallen. Sie ist zwar unbeantwortbar, aber es ist eine gute Frage.“ PETER BICHSEL: Schulmeistereien. Frankfurt a.M. 1989 S.7
7   ANNELIESE POKRANDT: Elementarbibel 4, S. 55f

16

Schon früh hat er versucht,
von seinen Erfahrungen
mit Bildern zu sagen.
So sind die frühen Erzählungen
mit ihren Fragen nach Gott und dem Leben
Zeichen dafür,
wie Gott mit den Menschen umgeht.
Kinder fragen: Wie sieht Gott aus?
Sieht er aus wie ein Mensch?
Auch die Menschen der Bibel
haben so gefragt
und sich Gott in frühen Zeiten
so vorgestellt.
In den alten Erzählungen
tritt Gott deshalb auf wie ein
Mensch,
er begegnet den Menschen
und redet sie an.
In späterer Zeit wird erzählt,
wie Gott Boten sendet,
die seinen Willen sagen.

In manchen Erzählungen erscheint
Gott
im Traum, im Feuer, in Wolken
oder im Sturm.
Er läßt sich durch eine Stimme
hören.
Menschen werden in die Wüste
geführt
und erfahren dort,
was Gott ihnen sagen will.
Niemand hat Gott je gesehen.
Wenn Menschen in der Bibel
davon erzählen,
wollen sie auf besondere Weise
sagen:
Wir haben Gott in unserem Leben
erfahren,
Gott ist unser Herr.

Die Menschen erzählten sich,
warum Mann und Frau
zusammengehören.
Gott formte den Menschen aus
Lehm …

Die Bibel steckt voll von Fragen. In den Psalmen folgt ein Fragezeichen dem anderen. Das Buch vom Hiob ist eine einzige Frage: Warum läßt Gott den Gerechten leiden? Diese menschliche Grundfrage nach dem Sinn des Leidens in der Welt wird hier nicht theoretisch abgehandelt[8], sondern in Form einer Erzählung dargestellt.

Und schließlich ist da die große Frage, die die Evangelisten Markus und Mattäus an den Schluß der Passion Jesu setzen: „Mein Gott, mein Gott, warum hast du mich verlassen?" Daß Christus mit einer Frage auf den Lippen starb, das war dem französischen Schriftsteller ALBERT CAMUS, einem entschiedenen Atheisten, wichtig: „Darum liebe ich ihn, meinen Freund" – so hat er von sich bekannt. Und dieses Fragen geht fort bis zu den letzten Seiten der Bibel.

So ist die Bibel für Kinder – und nicht nur für sie! – ein notwendiges Buch, weil darin ihre Fragen aufgenommen sind und Worte finden.

Die Bibel – ein Buch mit unseren Ängsten und Hoffnungen

Wir sahen: die Bibel findet auch über den Kreis der Frommen hinaus ihre Leser, ihre Geschichten können auch außerhalb von Kirche und christlicher Familien-

---

8   Die Fachtheologie registriert diese Frage unter dem Stichwort der „Theodizee", der Gerechtigkeit Gottes. Wenn Gott das Leiden geschehen läßt, statt es aufzuheben, dann ist er entweder nicht allmächtig: er *kann* das Leiden *nicht* ändern – oder aber er ist nicht gütig: er *will* er das Leiden *nicht* ändern? Beides undenkbar – und doch: Wie läßt es sich zusammendenken? S. zur Bedeutung des Fragens auch Kap 5.1 D S.66

tradition Kinder in ihren Bann schlagen so sehr, daß sie dieses Buch selbst in die Ferien, an den Strand von Rügen mitnehmen!

Das ist nicht so verwunderlich. Denn Bibelgeschichten können eine existentielle Bedeutung für Kinder bekommen. Sie finden darin angesprochen, was sie selbst umtreibt. Dafür wird einen Blick gewinnen, wer Kindern aufmerksam zuhört, wenn sie ihre Anmerkungen zu erzählten Geschichten machen. War es das eine Mal vielleicht das Rätsel des Träumens, so das andere Mal das Gefühl, für niemand wichtig zu sein, von niemandem gehört zu werden.[9]

Der Religionspädagoge INGO BALDERMANN hat sehr eindrücklich beschrieben, wie gerade die Sprache der Psalmen Kinder anspricht und wie „Kinder sich selbst in den Psalmen entdecken".[10] Einzelne kurze Sätze aus den Psalmen können es sein, in denen Kinder ihre Erfahrungen und Gefühle, ihre Ängste und Wünsche, Enttäuschungen und Hoffnungen wiederfinden. Kinder können die starken Bilder aus den Klagepsalmen mit ihren Erlebnissen füllen:

> Ich rufe ... und du antwortest nicht (Psalm 22,3)
> Das Wasser geht mir bis an die Kehle.
> Ich versinke in tiefem Schlamm, wo kein Grund ist (Psalm 69,2f)
> Ich habe mich müde geschrien, mein Hals ist heiser (Psalm 69,4)

Andererseits mag sich an Sätzen aus den Vertrauenspsalmen als Worten der Hoffnung für Kinder ein Zugang zu neuer Zuversicht auftun, mögen Kinder an den Psalmen eine Sprache für ihre *Freude* finden.

> Du bist bei mir (Psalm 23,4)
> Gott hört mein Weinen. (Psalm 6,9)
> Deine rechte Hand hält mich. (Psalm 63,9)
> Gott, ich will dir ein neues Lied singen. (Psalm 144,9)

Solche bildreichen, gefühlsnahen Psalmworte leihen den Kindern eine Sprache, in die sie ihre eigenen Erlebnisse und Gefühle von Verlassenheit und Angst, aber auch von Trost und Hoffnung kleiden können.

So ist die Bibel für Kinder – und nicht nur für sie! – ein notwendiges Buch, weil daran ihre Gefühle, ihre Ängste und Hoffnungen Worte finden können.

Ein notwendiges Wort in der Bibel: Gott

Gott ist ein Wort in unserer Sprache. Und offensichtlich auch außerhalb der Kirchen ein so wichtiges Wort, daß es darüber, ob es z.B. in einer Verfassung fehlen soll oder nicht, heftige Auseinandersetzungen in der Öffentlichkeit, Massen von Leserbriefen und Bürgerprotesten und schließlich einen Volksentscheid gegeben

---

[9] Daß die Bibel ihre Bedeutung darin hat, daß Menschen und Kinder in den biblischen Geschichten die Rätsel des Lebens und seines Sinnes und darin ihre eigenen seelischen Nöte gelöst finden, darauf hat BRUNO BETTELHEIM a.a.O S.53f hingewiesen.
[10] BALDERMANN, INGO 1986

hat. Ein Wort ist mehr als ein Wort. Es gibt Worte, die nicht nur begrifflich einen „Gegenstand" bezeichnen sollen, sondern die etwas bewirken, in Bewegung setzen: nicht theoretische Begriffe also, sondern sozusagen *verbale Taten*.

Wenn ich jemand mit Namen rufe, dann steht nicht nur ein Wort in der Luft, sondern dann geschieht damit etwas und der Angerufene muß darauf so oder so reagieren. Auch wenn er „weg"hört, ist damit etwas geschehen. Zu solchen „aktiven" Worten gehört das Wort „Gott". Auch das Wort „Gott" steht nicht als Begriff für einen Gegenstand, sondern als Name für ein „Du". Wenn man ihn nennt, geschieht etwas. Darum auch das Gebot, das zur Umsicht im Gebrauch dieses Wortes mahnt: Du sollst den Namen des Herrn, deines Gottes, nicht unnütz im Munde führen und mißbrauchen.

Die amerikanische Psychotherapeutin ANA-MARIA RIZZUTO hat sich unter tiefenpsychologischen Gesichtspunkten sehr intensiv damit beschäftigt, wie sich in Kindern die Vorstellung von Gott entwickelt. Ein Kind lebt nicht in einem Vakuum und schöpft daher auch seine Gottesvorstellung nicht „aus dem luftleeren Raum". Es wächst bei Erwachsenen, bei Vater und Mutter, auf und bildet seine Vorstellungen vom Leben und eben auch von Gott daran aus, wie es seine Eltern erlebt. Dabei ist nicht nur wichtig, was die Eltern an eigenen Gottesvorstellungen bewußt anbieten. Ebenfalls wirksam ist, wie ihre Beziehung zum Kind aussieht: ob sie z.B. geeignet ist, mit der eigenen verläßlichen Zuwendung ihrem Kind ein Grundvertrauen in die Welt, in die Anderen und in die eigene kleine Person zu geben oder ob sich hier ein Übermaß an Mißtrauen, Zweifel und Enttäuschung entwickeln muß. Ob die Eltern einem Kind klare, verläßliche und einsichtige Maßstäbe für sein eigenes Verhalten vermitteln oder ob sie ein Unmaß an strengen, bedrohlichen, überfordernden Geboten oder andererseits ein Gewirr von widersprüchlichen Handlungsanweisungen anbieten. Nicht ob überhaupt, sondern welche Gottesvorstellung ein Kind ausbildet, das ist der Punkt. So kann ANA-MARIA RIZZUTO ihre Erfahrungen in der These zusammenfassen: „Kein Kind in der Westlichen Welt, das unter normalen Verhältnissen erzogen worden ist, schließt die ödipale Entwicklungsphase ab, ohne zumindest eine rudimentäre Gottesvorstellung auszubilden, die es dann für den Glauben benutzen kann oder nicht."[11]

Einen Blick darauf, wie dies sich in einer konkreten Lebensgeschichte darstellt, ermöglicht uns ein Buch, in dem TILMANN MOSER seine Abrechnung mit dem Gott seiner Kindheit vorlegte und dem er den provokativen Titel „Gottesvergiftung" gab. Dieses Buch fand verständlicherweise in den siebziger Jahren großes Aufsehen unter christlichen Pädagogen. Der Autor hatte an sich erfahren, was man eine gute christliche Erziehung nennen möchte: Konfirmation, kirchliche Jugendgruppe, das Erlebnis des Kirchentages – dies alles gehört in seine Lebensgeschichte wie bei vielen anderen auch. Und doch zieht er einen entschiedenen Schlußstrich darunter und trennt sich von Gott. Denn den hat man dem kleinen Tilman dargestellt als eine Art „big brother", der alles hört und alles sieht und auch die geheimsten Gedanken erkennen kann. Was Wunder, wenn dieser übermächtige Bundesgenosse der Eltern dem Kind schließlich nur als ein Feind erscheinen konnte.

MOSER's Abrechnung mit dem Gott seiner Kindheit hat die Form eines langen,

---

11 ANA-MARIA RIZZUTO: The birth of the living god. Chicago: The University of Chicago Press. 1979 S.200 (Übersetzung vom Verfasser)

von heftigen Gefühlen bestimmten Briefes, in dem er den Adressaten, eben Gott, immer wieder ausdrücklich mit „Du" anredet. Aber der Zorn auf seine Unglücksgeschichte mit Gott hat ihn nicht blind gemacht für darin enthaltene positive Erfahrungen: In einer Nachschrift ein Jahr später kann er zwar vermerken, daß er Gott nicht mehr brauche, daß er die „Gotteskrankheit" überstanden und die Abrechnung mit dem Gott seiner Kindheit ihn ein Stück geheilt habe. Und doch – er hat auch einige Seiten an Gott entdeckt, für die er dankbar ist: „Das jahrelange Ringen mit dir früher hat mich stärker gemacht ... Manches in mir ist durch dich erst innerlich zusammengesetzt worden ... das Gefühl der *Identität*, der Wirklichkeit vieler Gefühle und Gedanken, oder überhaupt: die innere Dimension, die *Seele*, der innere Raum, das Bewußtsein, daß innen genausoviel Welt ist wie außen."[12] Damit ist TILMAN MOSERs „Lebensbeichte" ein Beleg dafür, wie die Auseinandersetzung mit der Gottesvorstellung notwendig ist und bleibt auch bei jemandem, der sich selbst als nicht-religiös versteht und seine Geschichte mit Gott für abgeschlossen hält.

Jedes Kind bildet „eine rudimentäre Gottesvorstellung aus, die es dann für den Glauben benutzen kann oder nicht", so war die These von ANA-MARIA RIZZUTO. Dies genau ist es, worum es geht: Eine Gottesvorstellung, die ein Kind für den Glauben benutzen kann oder nicht. Die Bibel ist ein Buch, in der die Gottesvorstellungen und -erfahrungen der Menschen auf dem Prüfstand stehen: Gott oder Abgott. Wo Menschen nach Gott fragen: Wo bist du, Gott? Wo sie durch sehr widersprüchliche Gotteserfahrungen hindurchmüssen. Wo sie erfahren, was sie tun müssen und was sie nicht tun dürfen, wenn sie Menschen bleiben wollen. An Gott erfahren die Menschen, die in der Bibel erzählen, was sie selbst sind. Und an Gott erfahren sie auch, was wirklich wert ist, daß sie daran ihr Herz hängen und sich darauf verlassen, wie LUTHER[13] es beschrieben hat.

Auch Kinder fragen nach Gott und darin nach dem Sinn ihres Lebens: Warum heißt Gott „Gott"? Warum sagt man „Herr Gott"? Hat Gott auch eine Frau?

> Lieber Gott!
> Sind Jungen besser als Mädchen?
> Ich weiß, du bist ein Junge, sei fair!
> Deine Gisela.

So schreibt ein Mädchen in den „Kinderbriefen an den lieben Gott".[14] Man ahnt, daß es dem Mädchen dabei keineswegs nur um ein Gottesbild zu tun ist, das sie hier von ihrer Umwelt als ein männlich geprägtes übernommen hat. In ihren scheinbar naiven Worten kommt die Frage nach ihrem eigenen Selbstbild zum Ausdruck: Wie kann ich von mir selbst denken? Schlechter als Jungens zu sein – mit diesem Grundgefühl läßt sich nicht gut leben. Kann Gott so etwas wirklich bestätigen? Ist das im Himmel und in alle Ewigkeit festgeschrieben? Oder hat man eine Chance, daß es bei Gott anders ist? Und das heißt ja, daß es eine Chance zur Veränderung gibt. Sei fair, Gott!

---

[12] TILMANN MOSER Gottesvergiftung. Frankfurt/Main: Suhrkamp Verlag 1976 S.99f
[13] „Worauff du nu (sage ich) dein hertz hengest und verlessest / das ist eygentlich dein Gott." (Großer Katechismus 1529 zum ersten Gebot. WA 30,1 S.133)
[14] ERIC MARSHALL und STUART HAMPLE: Kinderbriefe an den lieben Gott. Gütersloh: Gütersloher Verlagshaus Gerd Mohn 1973

Es geht also nicht nur darum, daß Kinder mit dem Wort ‚Gott' gleichsam eine Vokabel korrekt zu verwenden lernen. Ihnen wird vielmehr mit diesem Grundwort unserer Sprache eine Wirklichkeit erschlossen, mit der sie sich auseinandersetzen, an der sie als Menschen wachsen, an der sie einen inneren Raum gewinnen, die Seele eben, wie TILMANN MOSER sagt. Daher ist religiöse Erziehung auch eine Art Spracherziehung, die Erfahrungen mit dem Wort ‚Gott' vermittelt und klärt.

So ist auch die Bibel – ein Buch voller Gotteserfahrungen – ein notwendiges Buch, mit dem Kinder bekannt werden müssen. Denn Gott ist ein notwendiges Wort unserer Sprache.

2.2 Zur Auswahl der Bibelgeschichten

Dieses Buch bietet eine begrenzte Auswahl an *fundamentalen* biblischen Geschichten zur Durcharbeitung an. Mit der Bezeichnung „fundamental" ist schon ein Hinweis auf die Gesichtspunkte gegeben, die zu der hier getroffenen *Auswahl* geführt haben. Nicht alles in der Bibel ist wichtig für unseren Glauben und nicht alles darin ist in gleicher Weise zugänglich für unser Verständnis und das unserer Kinder. Unter der reichen Vielfalt von biblischen Stoffen sollen hier „Grundtexte christlicher Jesus- und Gotteslehre" (DIETRICH STEINWEDE) angeboten werden. Ja – besser noch[15] kann gesagt werden: fundamentale Symbole und Bilder, in denen Menschen der Bibel ihren Glauben, ihre Hoffnung, ihre Liebe zum Ausdruck gebracht haben und an denen sich christlicher Glaube immer wieder von neuem seiner selbst vergewissert hat.

Denn die Bibel ist ein umfangreiches Werk. Das gilt nicht nur im Hinblick auf die Seitenzahl. Das gilt noch mehr im Hinblick auf die Tatsache, daß sich in ihr ganz verschiedene geschichtliche Zeiten und Lebenssituationen widerspiegeln – mehr als tausend Jahre immerhin liegen zwischen den ältesten und den jüngsten Teilen der Bibel! –, und daß darin auch ganz verschiedene Arten von Texten zu finden sind: Erzählungen, Weisheitssprüche, Sagen, Geschichtsberichte und Briefe, Lieder und Poesie, Märchen und Gleichnisse, Visionen, Lehre und Gesetze.

Ein Stück Bibelkunde: Die Bibel hat viele Stimmen

So müssen wir uns das Zustandekommen der Bibel und ihrer einzelnen Bücher sehr verschieden denken von der Weise, wie unsere Bücher heute entstehen. Bei uns ist ein Buch die Arbeit eines einzelnen Autors (oder eines Herausgeber- und Autoren-Teams). Innerhalb einer bestimmten Frist von Monaten oder auch Jahren wird der Text des Buches erarbeitet und geht dann in den Druck. Damit liegt der Text unveränderlich fest (natürlich kann er später ergänzt und verändert werden, wenn das Buch eine Neuauflage erlebt).

---

15   Weil „Grundtexte christlicher Jesus- und Gotteslehre" so *lehr*haft abstrakt klingt

Ganz anders die Entstehung vieler biblischer Bücher. Ihnen ging oft ein langer Prozeß mündlichen Erzählens wie schriftlichen Sammelns voraus. Allmählich konnten solche Erzählungen zusammenwachsen zu einem größeren Zusammenhang von Geschichten.

So sind z.B. in den Mosebüchern zwei solcher Geschichtenzusammenhänge, die zum Teil die gleichen Themen behandeln, miteinander verbunden worden. Beide fand der uns unbekannte „Verfasser" der Mosebücher für so wertvoll, daß er sie vor dem Vergessenwerden bewahren wollte und sie deshalb in einem „Buch" niederschrieb. Oft hat er die Erzählungen aus den beiden Geschichtenzusammenhängen einfach hintereinander gesetzt: So haben wir z.B. zwei Schöpfungsgeschichten (s.u. Kap 4.1 A S.46f.) oder zwei Erzählungen von der Berufung des Mose (2.Mose 3 bzw. 6,2–13). Aber der „Verfasser" konnte auch zwei Geschichten über das gleiche Thema zu einer Erzählung umgestalten: Das ist bei der Geschichte von der Sintflut der Fall (und ebenso bei der Geschichte von dem Durchzug des Volkes Israel durch das Schilfmeer (2.Mose 14 – s.Kap 10.2 A S.155f.).

Auch im Neuen Testament finden sich oft mehrere Erzählungen zum selben Thema: Erzählungen über die Geburt Jesu (Lukas 2 und Mattäus 1), Wundergeschichten wie die Stillung des Sturms, die Speisung der Fünftausend, die Heilung des Blinden u.a.m. oder dann Ostererzählungen am Schluß der Evangelienbücher. Da wird nun auch nicht einfach dasselbe doppelt erzählt: die einzelnen Erzählungen haben je für sich ihre eigene Bedeutung.

So findet sich etwa die Heilung des Blinden (Markus 10,46–52) dreimal in den Evangelien[16] – aber die Geschichten sind nicht einfach Kopien voneinander. Vergleicht man sie genauer miteinander, dann zeigen sich wichtige Unterschiede.

Dreimal Heilung des Blinden?

Markus, der als einziger dem Blinden einen Namen gibt: Bartimäus –, läßt den Moment des Wunders für den Leser offen: Der mag es sich selbst denken, wann sich die Wende an dem Blinden ereignet hat. Immerhin – der Blinde scheint sich schon vor dem Wortwechsel mit Jesus wie ein *Sehender* aufzuführen: „Er warf seinen Mantel ab, sprang auf und kam [allein, ohne Hilfe] zu Jesus." Und Jesus stellt auf die Bitte des Blinden fest: „Geh' hin, dein Glaube *hat* dich gerettet" – das entscheidende Wunder *ist schon geschehen*! Es hat sich in dem Blinden selbst ereignet: mit seinem Glauben – der hat ihn *gerettet* (so muß man den Ursprungstext genauer übersetzen). Gerettet! Wieso? Das klingt danach, als wenn es hier für den Blinden um Leben und Tod gegangen sei! Also um mehr als um bloße optische Behinderung? Zwar fügt auch Markus dann noch an: „Und alsbald sah er wieder …" – aber das kann den Eindruck nicht mehr aufheben: Das Wunder liegt zurück. Es ist *Vergangenheit*.

Demgegenüber kann bei Lukas der Blinde nicht von allein zu Jesus kommen. Er ist vielmehr auf fremde Hilfe angewiesen: die Leute müssen ihn – von Jesus dazu

---

[16] s. Kap 6.2 S.92. Das Johannesevangelium enthält noch eine weitere Version dieser Heilungsgeschichte: Johannes 9 – die Heilung des Blindgeborenen.

aufgefordert – heranbringen. Und die Heilung selbst gehört in die *Zukunft*. Denn hier sagt Jesus zu dem Blinden: „*Werde* wieder sehend! Dein Glaube *hat* dich gerettet.“ Heilung und Rettung sind hier also offenbar *zweierlei*.

Mattäus schließlich läßt uns Jesus als heilenden *Arzt* sehen, der in der Art antiker Wundermedizin die Augen der Blinden berührt und öffnet (Von daher ist es problematisch, die Mattäus-Version unserer Geschichte Kindern zu erzählen, weil sie Mißverständnisse in Richtung: Jesus als Zauberer hervorrufen und bestärken kann).[17]

Das alles ist nun nicht ungefähr dasselbe. Jeder der drei Evangelienverfasser hat vielmehr seine eigene Erzählweise und sein sehr eigenes Verständnis von der Geschichte.

Wie die Blindenheilung finden sich auch andere Jesusgeschichten mehrfach in den Evangelien. Auch sie sind nicht einfach Kopien voneinander, sondern oft auffallend verschieden – jede hat ihre eigenen Farben und Absichten, ihren eigenen Blick auf Jesus und sein Leben. Diese erzählerischen Verschiedenheiten sind also weit entfernt davon, zufällig und nebensächlich zu sein

Solche Vielfalt und Unterschiedlichkeit in den biblischen Erzählungen ist nun aber kein Tatbestand, der uns peinlich sein müßte. Peinlich kann dies nur dem sein, der absolute Widerspruchslosigkeit von den biblischen Erzählern untereinander verlangt und sich von daher genötigt sieht, Elemente, die in den Geschichten nicht nahtlos zueinander passen wollen, miteinander auszugleichen, zu harmonisieren: Darf der kleine Zuhörer noch nicht merken, daß die einzelnen Geschichten Unterschiede aufweisen, die miteinander nicht zur Deckung gebracht werden können? Er könnte ja sonst die gefürchtete Frage stellen: Ist das denn wahr, was du da erzählst?

Aber es hat gerade seinen guten Sinn, daß es nicht die eine Geschichte z.B. von der Geburt Jesu oder von der Schöpfung gibt, sondern mehrere. Das ist ein Hinweis auf die Begrenztheit menschlicher Begriffe: Ist das nicht eigentlich eine unmögliche Möglichkeit, von Gott in menschlichen Worten erzählen? Und es ist Hinweis auf den unausschöpflichen Reichtum dessen, was der Glaube von Gott und Jesus zu erzählen weiß. Das paßt eben nicht in den engen Rahmen einer einzigen Geschichte. So ist die Verschiedenheit von Bibelgeschichten nicht ein Mangel, sondern eine Bereicherung!

Zur Auswahl von Bibelgeschichten

Diese reiche Vielfalt aber verlangt nach überlegter Auswahl. Welche Geschichten sollen wir Kindern erzählen? FULBERT STEFFENSKY[18] hat die Auswahlkriterien auf eine kurze Formel gebracht:

- „Ich erzähle also Geschichten, die *ich liebe*;
- ich erzähle Geschichten, die *die Kinder brauchen*,
- und ich erzähle Geschichten, die *zentral* sind für meine religiöse Tradition.“

Daß dem Erzähler die Geschichten, die er erzählt, selber gefallen müssen, scheint eine Selbstverständlichkeit zu sein. Aber dies ist gerade auch im Hinblick auf seine

---

17 s. dazu Kap. 3.8 S.41f.
18 STEFFENSKY, FULBERT: Gott im Kinderzimmer. Über den Versuch, Religion weiterzugeben. Unveröffentlichtes Vortragsmanuskript S.6f.

Zuhörer wichtig: Die nehmen neben dem Inhalt, von dem in der Geschichte die Rede ist, nämlich noch Anderes auf. Sie lernen am Erzählen, daß da „ein älterer Mensch etwas liebt und mitteilt, was er liebt." Der Erzähler kann die Zuhörer mit seiner eigenen Liebe zu einer Geschichte anstecken und gewinnen. Und so lernen Kinder in Identifikation mit dem Erzähler, daß man etwas lieben kann.

Die andere Frage war: Welche Geschichten brauchen Kinder? Was ist *für sie wichtig*? Wo finden sich Brücken, die von der Lebenswelt der Kinder zur Bibel und von der Bibel zu ihrer Lebenswelt führen? Und was ist ihrem Verständnis zugänglich? Denn natürlich haben Kinder (und Erwachsene!) nicht zu allem in der Bibel gleichermaßen Zugang.

Und schließlich die Frage: Was ist *wichtig in der Bibel*? „Worin sehen wir den Geist der Bibel?", so fragt GERD THEIßEN (1991)[19] Welche Geschichten halten wir für unabdingbar, weil sie eine *erste elementare* Darstellung dessen bieten, was unser Glaube von Gott erfahren hat, was er von ihm erwartet und erhofft?

Eine Auswahl an Bibelgeschichten muß demnach
– die *Grundelemente und -symbole* enthalten, in denen sich christlicher Glaube ausspricht,
– und das *Lebensinteresse* und die *Verständnismöglichkeiten* von Kindern berücksichtigen.

So plädiert DIETRICH STEINWEDE[20] für eine Textauswahl, die „Grundtexte christlicher Jesus- und Gotteslehre" umfaßt: „Alle Elementaria eines Redens von Gott, von Jesus aus Nazareth sind auch von der Bibel her auf Grund- und Grenzerfahrungen kindlichen Lebens, auf die soziale und personale Dimension zu beziehen."[21]

Eine Annäherung an die Lebenswelt von Kindern mögen etwa die folgenden Stichworte markieren:

- Licht im Dunkel (Weihnachten),
- Leben im Tod (Ostern),
- Angst und Vertrauen,
- Klein und Groß,
- Gottes Schöpfung – meine Welt
- Ich und die Anderen,
- Hoffnung und Frieden.

Die ersten Stichworte zeigen, daß hier versucht wird, biblische Erzählungen in die *Nähe zu Sinneswahrnehmungen* und *konkreten Erfahrungen* zu bringen, die Kinder im Verlauf des Jahres machen. Die Tage werden kürzer, es wird dunkler, die Tage werden länger, das Licht kommt von neuem (etwa die Weihnachtsgeschichte: das *Dunkel* der Nacht – „die Klarheit Gottes um*leuchtete* sie"); Herbst und Frühling wechseln einander ab, das Leben vergeht im Tod und wird doch wunderbar neu

---

[19] In Theologia Practica 27.Jg. Heft 1 1992 S.10
[20] 1975 S.243ff. Hier begründet STEINWEDE auch, warum eine elementare Einführung in die biblische Tradition schon in der vorschulischen Erziehung unverzichtbar ist. S.232f
[21] 1975 S.234

(Ostern). So umfaßt meine Auswahl eine Reihe von Geschichten, die am Ablauf des Kirchenjahres mit seinen Festen orientiert sind. Aber auch an unmittelbare Alltagserfahrungen von Kindern soll angeknüpft werden: das *Aufstehen* am Morgen, der *Auszug*, die Trennung von zu Hause auf dem Weg zu Kindergarten oder Schule, die *Angst* des Alleinseins, die *Neugier* auf die Welt.

Mit diesen Stichworten zeigen sich auch schon die Linien, die zu den *fundamentalen Themen des christlichen Glaubens* führen: Schöpfung und Bewahrung der Welt in Gott, Gott wird Mensch bis in die tiefste Tiefe des Menschseins, die Liebe Gottes, die niemanden ausschließt, die Hoffnung auf Umkehr und auf eine Erneuerung des Lebens und der Welt.

Auch methodische Gründe schließlich lassen es als geboten erscheinen, sich auf eine Auswahl von biblischen Grundtexten zu beschränken in der Erwartung, daß der Leser die daran exemplarisch gewonnenen Einsichten auch auf andere Texte übertragen kann.

Unter diesen Gesichtspunkten ist hier folgende Auswahl angeboten:

GOTTES SCHÖPFUNG – MEINE WELT	Von Gott kommt alles her Die Erde wird bewahrt	1.Mose 1 und 2; Psalm 148 1.Mose 6–9
WER BIN ICH? WER BIST DU?	Wer ist Gott? Wer ist mein Nächster?	2.Mose 3 Lukas 10,25–37
LICHT IM DUNKEL	Wie von Weihnachten erzählen? Die Heilung des Blinden: Bartimäus	Lukas 2 und Matthäus 1 Markus 10,46–52
ANGST UND VERTRAUEN	Ich rufe – und du antwortest nicht … Vertrauen in der Angst: Die Stillung des Sturms	Aus Psalm 22 u.a. Matthäus 8,23–27
GROß UND KLEIN	Kinder gehören dazu Groß durch Jesus: Zachäus	Matthäus 19,13–15 Lukas 19,1–10
DIE WELT UND ICH	Was Menschen trennt und was sie vereint Brot für alle	1.Mose 11 und Apg 2 Markus 6,30–44
AUSZUG UND BEFREIUNG	In der Fremde und doch geborgen Gott macht frei: Auszug aus Ägypten	1.Mose 28 2.Mose 13 + 14
LEBEN IM TOD	Tot und wieder lebendig: Verlorener Sohn Wer schläft, wacht wieder auf: Tochter des Jairus Jesus bei uns: Emmausjünger	Lukas 15,11–32 Markus 5,21–24.35–43 Lukas 24,13–35
WORAUF WIR HOFFEN	Wer ist glücklich? Aus der Bergpredigt Gott macht alles neu: Die neue Gottesstadt	Matthäus 5/Lukas 6 Offenbarung 21

3. Zum Erzählen

„Da nun Gottes Sohn selbst durch Erzählung unterrichtet hat …, so kann ich nicht anders als glauben, daß Erzählung das wirksamste Mittel sei, jungen Herzen Religion
einzuprägen … Wohlan so setze dich … in deinen Lehnstuhl, gib deinen Kindern einen Wink, daß du erzählen wollest. Gib dir Mühe, etwas die Aufmerksamkeit Reizen-
des in Kindersprache zu erzählen, dann bemerke, wie deine Kleinen sich um dich
drängen, wie sie die Stühle herbeirücken … Fang deine Erzählung an! Dein Auditor-
ium ist ganz Ohr. Schließe die Erzählung! und es umhalst dich und bittet: lieber Vater!
nur noch etwas erzähle uns!"[22]

CHRISTIAN GOTTHILF SALZMANN (1744–1811)

3.1 Zum Erzählen gehören mindestens zwei

Es kann zunächst den Anschein haben, als wenn beim Erzählen einzig und allein
dem Erzähler eine aktive Rolle zukäme, die Zuhörer dagegen nur passiv aufnäh-
men. In Wahrheit ist Zuhören (wie in seiner Weise z.B. auch Lesen) ein äußerst
aktiver Vorgang. Die Fachwissenschaft, die untersucht, wie Leser mit Texten umgehen und sie aufnehmen, kann sagen, *daß* Lesen eine schöpferische Tätigkeit ist.
Ein Buch wird gleichsam zweimal „geschrieben": einmal von seinem Verfasser,
der dabei seine eigenen Absichten hat – und dann vom Leser, der dem Gelesenen
eine eigene Bedeutung gibt, wie man auch daran sehen kann, wenn zwei verschiedene Menschen dasselbe Buch lesen. Was sie darüber sagen, läßt manchmal denken, es handele sich um zwei ganz verschiedene Bücher. Der Leser ist es also, der
„den Sinn eines Textes allererst hervorbringt".[23] Was hier vom Lesen gesagt wird,
läßt sich durchaus auch von einer anderen Art, Texte aufzunehmen, behaupten –
nämlich vom Zuhören.
Beim Erzählen freilich gehören anders als beim Lesen, wo der Leser mit seinem
Buch allein ist, mindestens zwei zusammen. Beide sind dabei aktiv. Ohne Mitwir-
ken der Zuhörer wird nichts Gutes aus dem Erzählen. Der Erzähler lebt – ob es
ihm bewußt ist oder nicht – davon, daß seine Zuhörer dabei sind. Dies „Dabeisein"
drückt sich in ihrer Körperhaltung, Mimik und Gestik aus. Ja darüber hinaus erwartet der Erzähler auch akustische Signale als Reaktion auf seine Erzählung, wie
jedem deutlich wird, wenn er am Telefon redet und der andere sich nicht dazwischen gelegentlich meldet und sei es nur mit einem kargen „Mhm". „Bist du noch
dran?", fragt man dann, um sich zu vergewissern, daß man nicht ins Leere redet.
Gehen die Zuhörer nicht mit, dann kann auch der Erzähler die Lust verlieren oder
muß irritiert fragen: Hört mir überhaupt noch einer zu? Der Erzähler kann aber
auch auf Einwürfe, Fragen und Zwischenrufe warten, ja solche Reaktionen provo-
zieren, indem er sich direkt an seine Zuhörer wendet. Und besonders wenn sich die

---

22 CHRISTIAN GOTTHILF SALZMANN: Über die wirksamsten Mittel, Kindern Religion beizubrin-
    gen. Auszugsweise Wiedergabe in: Klassiker des Protestantismus: Das Zeitalter der Aufklä-
    rung. Herausgegeben von WOLFGANG PHILIPP. Wuppertal: R.Brockhaus Verlag 1988 S.336
    und 334
23 So WEGENAST, KLAUS: Gleichnis im Unterricht. Didaktische Erwägungen in praktischer Ab-
    sicht. Der Ev.Erzieher 41 (1989) S.409

Zuhörer bekannte Erzählungen gewünscht haben, wirken sie mit und mischen sich ein, indem sie Verse oder Wiederholungen aus dem Gedächtnis mitsprechen.

Aber auch in dem Sinn gehören zwei zum Erzählen, als der Erzähler mit seiner Geschichte die Zuhörer anregt, nun selbst zu erzählen, Geschichten, die sie dazu erfinden, Erfahrungen, die in ihnen dazu wach werden. Aus dem Zuhörer wird ebenfalls ein Erzähler (und aus dem ursprünglichen Erzähler hoffentlich ein aufmerksamer und verständnisvoller Zuhörer). Daß Kinder von biblischen Texten angeregt werden, selbst zu erzählen – das mag sich z.B. besonders bei Psalmworten (s. dazu Kap.7.1) und bei Zukunftsbildern (s. dazu Kap.12.2) zeigen. Hier hat der Erzähler die Chance, sich von seinen Zuhörern leiten zu lassen, indem er auf ihre Erzählungen hört und seine Erzählung darauf bezieht.

Die Arbeit des Erzählers selber besteht nun nicht einfach darin, daß bloße Worte zu einer Erzählung aneinandergereiht werden: Auch hier ist die „Sprache" der Mimik und Gestik dabei, die Augen des Erzählers „sprechen". Während in einem schriftlichen Text die Wörter als Schriftzeichen immer gleich aussehen, können Wörter im Munde des Erzählers je nachdem ein sehr verschiedenes „Aussehen" annehmen. Betonung, Pausen, Stimmhöhe, Sprechgeschwindigkeit und -rhythmus geben seiner Erzählung immer wieder eine andere Farbe. Wer erzählt, ist schöpferisch tätig: Die Geschichte, so wie er sie erzählt, hat es noch nicht gegeben. Es ist *seine* eigene Geschichte.

> Erzählen ist ein dialogischer Prozeß zwischen Erzähler und Zuhörern. Beide Seiten sind dabei in ihrer Weise aktiv.

3.2 Die Verantwortung des Erzählers

Eine „*Nach*"erzählung liefert also nicht einfach eine Kopie der ursprünglichen Geschichte und ein Erzähler zitiert nicht schlicht, was da steht. Insoweit ist der Ausdruck „*Nach*erzählung" für diesen Vorgang im Grunde irreführend. Erzählen ist vielmehr ein kreativer Vorgang, in dem der Erzähler mit seiner eigenen Person selbst ganz dabei ist. Hierfür trägt er die erzählerische und sachliche – also bei biblischen Geschichten: die *theologische* Verantwortung. „Jeder, der Kindern von der Bibel her erzählt, sollte sich darüber im klaren sein, daß er mit seiner Erzählung sich theologisch bekennt", stellt D.STEINWEDE hierzu fest und spricht darum dem Erzähler von biblischen Geschichten „das Recht (und die Verantwortung) zu, ein Theologe zu sein."[24]

Diese Verantwortung ist nicht gering. Denn eine Nacherzählung kann mit ihren Mitteln einen biblischen Text in seinem Sinn erschließen. Sie kann aber das Verständnis ihrer Zuhörer auch in eine falsche Richtung lenken und zu Mißverständnissen führen. Sie kann zu einem bloß naiven Annehmen des Erzählten verleiten (der Herr Jesus konnte das aber!), sie kann aber auch zum Nachdenken anstoßen und darauf vorbereiten, daß auch weiterhin die biblische Geschichte einem reiferen, kritischeren Sinn in neuer Weise zugänglich bleibt.

---

24   STEINWEDE, DIETRICH 1983 S.64 A.24

Mit seinem eigenen Verständnis von einer Geschichte will der Erzähler dem Hörer einen Zugang zu den biblischen Texten erschließen. Dabei sollte er sich bei aller gebotenen Bibeltreue nicht mit der schlichten Zitierung von biblischen Formulierungen „tarnen", sondern sich offen als der verantwortliche Erzähler mit seinem eigenen „Ich" zu erkennen geben. Oft erlaubt, ja verlangt die Erzählung einen Einschub, mit dem der Erzähler selbst sich zu Wort meldet – oder auch seine Zuhörer zu Wort kommen lassen kann: „Ich denke mir dazu …" bzw. „Was denkt Ihr denn darüber?" Er sollte so erzählen, daß für die Zuhörer erkennbar wird, was auf die Verantwortung des Erzählers geht. Dem kann der Zuhörer beistimmen, davon kann er sich aber auch distanzieren und eigene Wege gehen, durch eine lebendige Erzählung dazu ermutigt und inspiriert.

3.3 Bibeltreu erzählen?

Wie frei aber darf der Erzähler in seiner Erzählung sein? Wie weit darf seine Fantasie gehen? Darf man biblische Geschichten gar verändern? Die Skala biblischen Erzählens ist breit. Sie reicht von einem „schlichten" oder auch sehr reflektierten, eng am Bibeltext orientierten Nacherzählen dessen, was da steht, bis zu sehr freiem, fantasievollem, „ausschmückendem" Ausmalen der Geschichten. Wer sich davon einen Eindruck verschaffen will, lese einmal die Weihnachtserzählung nach Lukas in der knappen Fassung der Elementarbibel[25] und dann in der breit ausmalenden Version der Kinderbibel von ECKART ZUR NIEDEN[26] oder der Kinderbibel von ANNE DE VRIES[27] nach. „Man erzähle so biblisch als möglich, so kindlich als nötig!"[28] – dieses Motto hat vielen Erzählern bisher als Leitsatz gedient.

Der Leitsatz „So kindlich als nötig erzählen" veranlaßte die Erzähler immer wieder von neuem,

- eine Kindern zugängliche Erzähl- und Sprachform zu entwickeln,
- einen für Kinder ansprechenden Anknüpfungspunkt in der Erzählung zu finden
- der Erzählung die erforderliche Anschaulichkeit zu verleihen.

3.4 Ausschmücken?

Eine Erzählung für Kinder muß *anschaulich* sein – das ist ein Grunderfordernis, dem jeder Erzähler gerecht werden möchte. Aber was verleiht einer Geschichte lebendige Anschaulichkeit, so daß die Zuhörer das Erzählte gleichsam mit eigenen Augen auf ihrer inneren Bühne sehen können? Viele Erzähler haben dies als Einladung dazu empfunden, nun eine Geschichte „auszuschmücken", was danach

---

25 Elementarbibel 8, S. 38–42
26 ZUR NIEDEN, Eckart: S.12–19
27 A. DE VRIES 1992 S.150–155
28 SCHMIDT,GERHARD: Katechetische Anleitung. München: Chr. Kaiser Verlag 1946 S.59

klingt, als wäre sie ohnedem schmucklos, wenn nicht der Erzähler sie ein wenig aufputzte. Das hat oft dazu geführt, die biblischen Geschichten mit zu vielen bunten Details zu überfrachten, die der Originalgeschichte fehlten, sie gefühlig auszugestalten und künstlich zu dramatisieren.. Als „anschauliches" Beispiel hierfür mag die Einführung dienen, die EMMA WITTMANN ihrer Nacherzählung von der Ankündigung der Geburt Jesu vorausgeschickt hat:[29]

> Gott hatte alle Menschen lieb, deshalb wollte er ihnen jetzt den König schicken. Sein eigener lieber Sohn sollte dieser König sein.
>
> Gott hätte seinen Sohn nun als mächtigen, reichen Herrn senden können. Das tat er aber nicht. Nein, Gott wollte seinen Sohn als ein armes, kleines Kindlein zur Erde schicken, damit alle armen und kleinen Menschen den Weg zu ihm finden könnten. Vor einem reichen und vornehmen Mann hätten sie sich doch nur gefürchtet.
>
> Wenn aber ein kleines Kind auf die Welt kommt, so braucht es eine Mutter [und einen Vater – möchte man meinen. Der Verf.]. Unter allen Frauen auf der ganzen Erde wählte Gott dazu die Jungfrau Maria im kleinen Städtchen Nazareth aus. Sie gehörte zu den Menschen, die auf den König warteten, die an Gottes Versprechen glaubten.
>
> Einmal, als Maria ganz allein war, schickte ihr Gott den Engel Gabriel, der ihr eine wunderschöne Botschaft bringen durfte. …

Man sieht – die bloße Geschichte ist der Kinderbibelautorin nicht genug: sie muß sie mit einer Art Vorgeschichte im Himmel einleiten, in der sie uns Gottes Gedanken lesen läßt. Das aber ist ihre eigene „Theologie", von der sehr fraglich ist, ob sie dem Sinn der Geschichte überhaupt entspricht. Auf diese Art soll dem lesenden Kind das Unanschauliche, der Himmel, anschaulicher werden: Bei der Geburt des erwarteten Kindes handelt es sich um eine Art Reise – einer, der vorher im Himmel ist, wird nun auf die Erde geschickt. Auch in der weiteren Nacherzählung bleibt die Autorin bei ihrem ausschmückenden Erzählstil: Maria ist ganz allein, als der Engel erscheint. Eine „wunderschöne" Botschaft ist es, die ihr überbracht wird, bei dem erwarteten Jesus handelt es sich um ein „Kindlein" und Maria ist eine „arme" Frau.
Im Unterschied dazu spielt sich die Lukaserzählung nicht im Himmel, sondern nur auf der Erde ab, eben in Nazaret. Und in ihr treten nur zwei aktive Handlungssubjekte auf: Maria und der Engel Gabriel. Der ist es, der mit seiner Botschaft gleichsam den Himmel auf die Erde bringt.
Die Kinderbibel von ECKARD ZUR NIEDEN benutzt ebenfalls das Ausschmücken dazu, die eigenen theologischen Vorstellungen in die Geschichte hineinzubringen und dem Leser zu erklären. Auf den Einwand Marias: „Ja, aber … ich kann doch gar kein Kind bekommen. Ich bin noch gar nicht verheiratet. Ich bin erst verlobt" – läßt der Autor den Engel antworten:

> Jedes menschliche Kind hat einen Vater. Aber das Kind, das du zur Welt bringen sollst, ist kein gewöhnliches Kind. Gott ist sein Vater. Darum sagte ich eben, daß es Gottes Sohn sein wird."[30]

---

29 WITTMANN, EMMA S.140f
30 So ECKART ZUR NIEDEN 1993 S.8. Es läßt sich vorstellen, welchen Schiffbruch man mit dieser Erklärung bei aufgeweckten Kindern erleiden kann, die ja schließlich wissen, daß auch unver-

Diese „Ausschmückungen" sollen die theologischen Vorstellungen, die dem Nacherzähler wichtig sind, in der Erzählung selbst unterbringen. Was aber ist diese papierene „Aufklärung" – gemessen an der poetischen, bildhaften Sprache, die der Engel in der Geschichte selber gebraucht:

> Der heilige Geist wird über dich kommen
> und die Kraft des Höchsten wird dich überschatten;
> darum wird auch das Heilige, das von dir geboren wird,
> Gottes Sohn genannt werden.
> (Lukas 1,35)

Dieses Ausschmückens hat sich in extremem Ausmaß auch die bekannte englische Kinderbuchautorin ENID BLYTON in ihren biblischen Geschichten befleißigt. Sie erzählt etwa die Geschichte von der wunderbaren Speisung (Johannes 6,2–14) vom Standpunkt des Jungen, dessen fünf Brote und zwei Fische für die Sättigung der Menge auslangen. Ihre Nacherzählung verschiebt die Gewichte völlig, so daß man die gewohnte Überschrift: „Die Speisung der Fünftausend" gut und gerne gegen den Schlußgedanken des Jungen austauschen könnte: „Der größte Tag meines Lebens": Denn er ist die Hauptperson, der eigentliche „Held" in der Geschichte geworden![31]

Es war einmal ein kleiner Junge, der zum Fischen ging. Er fing zwei kleine Fische und rannte nach Hause, um sie seiner Mutter zu zeigen. „Ich werde sie für dich einlegen", sagte sie. „Du kannst sie morgen essen."

Als aber der nächste Tag kam, sah der kleine Junge aus seinem Haus in den Bergen heraus und sah eine große Volksmenge auf den Landstraßen, die um den großen See herumführten, in dem er seine Fische gefangen hatte.

„Schau, Mutter" rief er. „Warum sind da so viele Leute? Ich will hingehen und nachsehen."

Bald war er wieder zurück. „Da kommt ein wunderbarer Mann, den sie Jesus nennen, und die Leute folgen ihm, denn er tut große Dinge. Er erweckt sogar Tote zum Leben. Mutter, bitte, laß mich gehen und ihn sehen!"

„Gut, du kannst gehen", sagte seine Mutter. „Aber warte einen Augenblick – nimm dir etwas zu essen mit. Schau, hier sind deine zwei eingelegten Fische und auch fünf kleine[32] Brote. Ich lege sie dir in den Korb."

Der Junge rannte mit seinem Korb davon. Bald kam er zu der Menschenmenge und er bahnte sich einen Weg, bis er zu Jesus kam. Er stand und starrte auf das liebevolle,

---

heiratete Leute Kinder kriegen können. Es wird hier auch deutlich, welche Denkverbote bei Kindern gesetzt werden: In der Bibel geht das so, was sich in der Realität ganz anders verhält. – Die Geschichte selbst redet davon, daß Maria noch keinen sexuellen Verkehr gehabt hat: „Da ich keinen Mann erkenne." (Erkennen ist in der Bibel u.a. Begriff für den sexuellen Verkehr). Luther hat übersetzt: Da ich von keinem Mann weiß. Das muß den Leser irritieren, denn er erinnert sich ja daran, daß Maria „vertraut (also verlobt) war mit einem Mann mit Namen Joseph."

[31] So überschreibt ENID BLYTON (S.31) auch ihre Geschichte: „Der Junge mit den Broten und den Fischen"

[32] Die Geschichte selbst spricht nur von Broten. Daß sie „klein" sind, muß das Wunder natürlich noch größer erscheinen lassen.

freundliche Gesicht des Mannes, der *auf einem Felsen saß*[33] und den lauschenden Menschen einige seiner wunderbaren Geschichten erzählte.

Als aber der Abend kam und Jesus sah, daß die Leute hungrig und müde waren, wurde er traurig. Er schickte seine Jünger in die Menge, um zu sehen, ob es etwas Eßbares gab. Der kleine Junge hörte, wie sie dieselbe Frage stellten, als sie herumgingen:

„Hat jemand etwas zu essen übrig?"

Plötzlich erinnerte sich der kleine Junge an seinen Korb mit den Broten und den Fischen. Ängstlich ging er zu dem nächsten Jünger hin und berührte seinen Arm. „Ich habe dies", sagte er und hielt seinen Korb in die Höhe.

Der Jünger führte den Jungen zu Jesus. *„Herr"*, *sagte er, „es ist ein Junge hier mit fünf kleinen Broten und zwei Fischen."*

Jesus lächelte den Jungen an und nahm den kleinen Korb. „Danke", sagte er. „Das ist genau das, was ich brauche."

Dann ließ er die Leute sich in kleinen Gruppen niedersetzen und er nahm die Brote aus dem Korb, sah zum Himmel auf und segnete das Brot. Er teilte auch die kleinen Fische auf und rief seine Jünger, damit sie das Essen holten. Sie kamen einer nach dem anderen herbei, und zur großen Überraschung des kleinen Jungen gab es so viel, daß die Jünger jedem in der großen Menge, die so geduldig auf dem Berghang saß, etwas geben konnten.

Der kleine Junge bekam auch etwas und er saß mit leuchtenden Augen da und dachte daran, wie er die Fische gefangen hatte, die alle nun aßen, und wie seine Mutter das Brot gebacken hatte.

„Ich gab sie Jesus, und er nahm sie und wirkte ein Wunder mit ihnen", dachte er immerzu. „Oh, was wird Mutter sagen, wenn sie diese wunderbare Sache hört! Das ist der größte Tag meines Lebens!"

Dies ist in der Tat sehr ausschmückend erzählt: Über die Hälfte der Nacherzählung braucht es, bis wir überhaupt bei der biblischen Originalgeschichte sind. Wichtige Dinge daraus sind aber über die vielen von der Autorin fantasierten Details weggefallen: Die Frage an die Jünger, wo Brot zu kaufen wäre, am Schluß die Einsammlung der Reste in zwölf Körben (ein wichtiges symbolisches Zeichen!). Die Jünger (Philippus, Andreas) bleiben ohne Namen. Dafür wird Jesus „anschaulicher" ausgemalt: Er hat ein liebevolles, freundliches Gesicht, er wird traurig angesichts des Hungers der Leute, er lächelt den Jungen an – aber was ist daran wirklich „anschaulich" und nicht eher klischeehaft?
Von dem Zusammenhang aber, in den das Johannesevangelium diese Speisungsgeschichte stellt, ist nichts zu ahnen. Dort ist sie ein *Zeichen* (und nicht einfach ein *Wunder*), das nicht für sich selbst steht, sondern auf Christus hinweisen soll: der ist das Brot des Lebens, das wahre Brot. Stattdessen ist daraus ein „*Wunder*" geworden, das Jesus mit den Broten und Fischen, die der kleine Junge ihm gab, bewirkt hat.

---

33 Die Sätze, in in E.BLYTONs Erzählung sich mit dem biblischen Original berühren, sind kursiv gesetzt: Wie man sehen kann, sind das sehr wenige!

Nebenbei: Es ist sehr die Frage, ob diese tief symbolische Geschichte, wie Johannes sie erzählt, schon Kindern zugänglich ist. ENID BLYTON hat sich wohl dadurch täuschen lassen, daß in der Geschichte ein (von ihr stets als „klein" bezeichneter) Junge auftritt. Das allein aber macht sie keineswegs schon zu einer Geschichte für Kinder. Hier ist es sicher empfehlenswerter, die Speisungsgeschichte in der Form nachzuerzählen, wie wir sie in den ersten drei Evangelien finden (Markus 6,30–44).

Was aber „Anschaulichkeit" leisten sollte, nämlich die Vergegenwärtigung einer Geschichte in unser heutiges Leben hinein, das leistet dieses ausschmückende Erzählen gerade nicht. Es bleibt eine wunderbare „Es war einmal ein kleiner Junge"-Geschichte – schön anzuhören, aber ohne Beziehung zur Situation der Kinder und der Erwachsenen heute. Dabei will gerade diese Erzählung mit aller Kraft zu uns herüberkommen (s. Kap. 9.2 S.144f. Die Welt und ich: Brot für Alle: Die wunderbare Speisung).

Erzählerische Erweiterungen sind also *nicht ohne Risiko*. Wird gut erzählt, dann können sie mehr Anschaulichkeit in eine Erzählung bringen. Aber sie können auch die Aufmerksamkeit des Zuhörers in eine falsche Richtung lenken – weg vom Kern einer Geschichte. Erzählerische Fantasie ist gut, aber sie muß sich im Dienst einer biblischen Geschichte entwickeln.

3.5 Entfaltendes Erzählen

Freilich kann Erzählen sich natürlich in keiner Weise darauf beschränken, einfach vorgegebene Texte wortwörtlich zu zitieren. Das wäre nicht Erzählen, sondern Vorlesen. Erzählen muß ausführlicher entfalten, was in einem Text dargeboten wird. „Entfalten heißt: die Grundlinien des Textes auszuziehen, seine Grundgedanken ausführen, seine Bilder auszeichnen".[34]

DIETRICH STEINWEDE unterscheidet dabei zwischen einer „Entfaltung aus *sachlichen* Gründen und einer Entfaltung aus *sprachlichen* Gründen" (z.B. Assoziieren kindgemäßer Ausdrücke zu biblischen Begriffen, Wiederholen wichtiger Aussagen, sprachlich variierendes Umkreisen gewichtiger Textstellen, Einfügen eines inneren Dialogs u.a.).[35]

Die biblischen Erzählungen entstammen ja einer Alltagswelt, die sich in vielfacher Hinsicht von der unsrigen unterscheidet. Viele Dinge, die darin vorkommen, sind heutigen Kindern – und nicht nur ihnen – unbekannt und fern. Um diese fremde Welt den Lesern vorzustellen, braucht es oftmals ergänzende, in die Erzählung integrierte *Sacherklärungen*. Hierher gehören *historische Informationen* z.B. zu Isaaks Opferung, Sauls Kriegen, zu Sabbat, Tempel, Synagoge u.ä. Was ist ein Zöllner, was ein Pharisäer? Wie lebte man damals in einem Dorf? Wie behandelte man die Kranken? Wie feierte man Feste? Wie sah ein Haus damals aus? – Zu dem allen braucht der kindliche Zuhörer von heute nähere Informationen.[36]

---

34 STEINWEDE, DIETRICH 1974 S.52
35 STEINWEDE, DIETRICH 1983 S.59
36 Hier sind sehr hilfreich die Bücher von CHRISTA HELLER, WALTER NEIDHART und WERNER LAUBI

Solche erzählerischen Erweiterungen können aber auch wichtige *exegetische und theologische Deutungen* bereitstellen, die den Sinn des Erzählten stärker beleuchten wollen: So z.B. wenn die Tischszene in der Emmausgeschichte (Lukas 24,30f) erzählerisch deutlicher mit dem Abendmahl verknüpft werden soll: „Und es geschah, als er mit ihnen zu Tisch saß, *nahm er das Brot, dankte, brach's und gab's ihnen.* Da wurden ihre Augen geöffnet, und sie erkannten ihn. Und er verschwand vor ihnen." [37]. Oder wenn die Elementarbibel in ihrer Einleitung zur Schöpfungserzählung von 1.Mose 2 die Fragen nach Gott, der Welt und dem Sinn des Lebens benennt, auf die die Geschichte vom Paradies bezogen ist.[38]

Weiterhin bieten erzählerische Erweiterungen auch oft eine *Brücke* an, die die Geschichte mit der *Lebenssituation des Lesers* in Verbindung bringen möchte. So wenn z.B. W.BENEKER die Erzählung von der Speisung der Fünftausend so schließt: „Die Jünger sammelten die Brocken ein, die übrig geblieben waren. Es waren zwölf Körbe voll Brot. Es hatte für alle gereicht – *und es reicht für alle* [bis heute – so muß man ergänzen]."[39]

In der Bibel finden wir länger ausgeführte Erzählungen und Erzählzusammenhänge wie z.B. die Geschichten von Josef und seinen Brüdern oder die von den Königen Saul und David. Mancher biblische Text dagegen ist – so knapp, konzentriert, verdichtet, wie er dasteht – nicht einfach erzählbar: So etwa die Ein-Satz-Gleichnisse vom Sauerteig, vom Schatz im Acker oder von der kostbaren Perle in Mattäus 13 oder auch die kurze Erzählung von der Segnung der Kinder (Markus 10, 13–16). Kaum hat der Erzähler angefangen zu erzählen, ist er auch schon wieder zu Ende. Und der Zuhörer hatte gar keine Zeit, mit der Geschichte warm zu werden und sich Zug um Zug in sie hineinzuversetzen.

So muß der Erzähler seinen Zuhörern genug *Muße* geben, Schritt für Schritt in die Geschichte hineinzukommen. Ein Zuhörer kann auch nicht ständig Neues aufnehmen. Das ermüdet auf die Dauer. Ein ausführlicheres Erzählen bietet ihm dazu die erforderliche „*Redundanz*", d.h. die Wiederholung von Bekanntem und Vertrautem. So hat er genügend Zeit, mit der erzählten Geschichte vertraut zu werden.

Erzählerische Erweiterungen gehören also zum unerläßlichen Handwerkszeug von guten Erzählern. Doch sollte eine biblische Geschichte nicht mit fremdem Flitter und mit sentimentalem Beiwerk künstlich „aufgepeppt" werden. Dann besteht Gefahr, daß ein Erzähler mit der Art seiner ausschmückenden Nacherzählung den Sinn der Originalgeschichte verstellt und verzerrt.

Treue zum Bibeltext ist also angesagt. Doch das bedeutet nicht, sich puritanisch auf das beschränken, „was die biblischen Erzähler anbieten". Denn – wie wir sahen – *Bibeltreue* oder Texttreue kann nicht einfach in äußerlicher Anlehnung an den Bibelwortlaut bestehen. Es geht vielmehr um ein „*vergegenwärtigendes Entfalten* dessen, was in dem knappen Text schon enthalten war." (INGO BALDERMANN)[40] Was an Sache und Sinn, an Handlung und Bild schon zum Text selbst gehört, das soll in seiner ganzen Farbigkeit und seinem Reichtum durch die Nacherzählung voll erschlossen werden.

---

37 s. Kap.11.3 S.177ff. Emmausjünger
38 So die Elementarbibel 4 S.55f. S.u. S.85. S. oben Kap.2.1 S.16f.
39 BENEKER, WILHELM S.50
40 1969 S.162f

Dazu ist notwendig, daß ein Erzähler bibelwissenschaftliche Grundfakten in seiner Vorbereitung berücksichtigt: Das soll bei den behandelten biblischen Texten in den nächsten Kapiteln jeweils näher dargestellt werden[41]. Solche Vorarbeit erschwert in keiner Weise – wie oft befürchtet – das Erzählen. Schon gar nicht geht es darum, Kinder mit bibelwissenschaftlichen Erkenntnissen zu verwirren oder zu langweilen. Eigene bibelwissenschaftliche Vorarbeit aber kann gerade dazu anregen, spannend und anschaulich zu erzählen. Sie hilft dem Erzähler, seine Erzählung auf den jeweils sehr besonderen Sinn eines biblischen Textes zu konzentrieren, seine eigenen Einfälle und Gedanken dazu sorgfältig zu prüfen und eine Brücke zum heutigen Leser zu schlagen. Wer sieht, wie frei oft die biblischen Verfasser mit den ihnen überlieferten Erzählstoffen umgegangen sind, mag sich dadurch aber auch ermutigt fühlen, in ähnlicher Freiheit die Bibelgeschichten von unserem Verständnis her neu zu erzählen, sie so zu erzählen, daß sie unsere Kinder heute ansprechen.

Erzählerische Entfaltung einer biblischen Geschichte kann also verschiedenen Zwecken dienen:

- Sie schafft dem Leser/Hörer die hinreichende *Zeit*, um in eine Geschichte hineinzukommen.
- Sie bietet *Sacherklärungen*, die zum Verständnis unerläßlich sind.
- Sie stellt wichtige *theologische Deutungen* bereit
- Sie bildet eine Brücke zur *Lebenssituation* des Lesers

3.6 Bilder erzählen

Biblische Geschichten sind in Familie, Kirche und Schule zu allen Zeiten nicht nur mündlich erzählt worden. Sie haben in den vielfältigen Bildern der christlichen Kunst auch Auge und Herz angesprochen. Wenn man an die Geschichten von Jakob, Josef, Mose, von Jesus und seinen Jüngern, wenn man an Gleichnisse wie das vom Verlorenen Sohn oder vom Barmherzigen Samariter denkt, kommen einem oft Bilder in den Sinn. Und so manches Bild hat den gefühlsmäßigen Zugang zu einer solchen Geschichte verstärkt.

Am Anfang der Geschichte mit der Bibel steht so bei manchem ein Bild, das zu seiner frühesten Erinnerung gehört. Und das Lesen in der Bibel begann ebenfalls oft mit dem Betrachten eines biblischen Bilderbuchs, also mit Bildern.[42]

In einer Zeit, in der die audio-visuellen Medien in der öffentlichen Kommunikation eine ständig zunehmende Rolle spielen und neben den traditionellen Druckmedien wie Buch, Zeitung und Zeitschrift immer größere Bedeutung erlangen, erhält das Bild, die in Bild, Comic, Film erzählte Geschichte einen besonderen Rang. Auch der Erzähler von Bibelgeschichten sollte daher ein Augenmerk auf die Bildwelt

---

[41]   s. dazu den jeweiligen Abschnitt A: Einführung in den Bibeltext.
[42]   s. Tschirch, Reinmar 1995, S.23ff.; 54ff.

34

haben: Er muß nicht nur einbeziehen, daß mit seinem Erzählen in den Zuhörern innere Bilder geweckt werden, die oft zu Ausdruck in Kinderzeichnungen drängen. Er muß sich auch bewußt sein, daß seine Zuhörer schon eine Bildlandschaft mitbringen und vielfach schon selbst „gesehen" haben, was der Erzähler erzählt.

Bilder zu einer biblischen Geschichte sind nun nicht einfach Wiederholung desselben in einem anderen Medium. Sie sind mehr als schmückendes Beiwerk oder als bloße Illustration, sie sind Ausdruck einer eigenständigen Auseinandersetzung des Künstlers mit der Geschichte.

Dabei ist gerade das besonders wichtig, was *im Bild anders* dargestellt ist als in der Geschichte, wie wir sie lesen können. Warum malt der Künstler so? – diese Frage kann uns einen Blick eröffnen für die besondere Weise, wie er für sich diese Geschichte verstanden hat. Die gleiche Frage könnten wir auch an einen Evangelienverfasser richten: Warum erzählt z.B. Markus diese Geschichte so – anders als etwa Mattäus oder Lukas? Wenn wir unser Augenmerk auf dieses besondere Verständnis einer Geschichte richten, dann vermag sie oft überraschend neu auch zu uns sprechen.

Wenn wir uns also biblischen Geschichten in der Gestalt, die sie im Bild gefunden haben, zuwenden wollen, dann haben wir es „mit zweierlei Herausforderungen zu tun: mit der des *biblischen Textes* selbst, den es nach den Regeln theologischer Arbeit zu erschließen gilt, und mit der Eigenständigkeit, zuweilen auch der Eigenwilligkeit des *Künstlers*, der mit seiner Auslegung ganz bestimmte Akzente setzt und Deutungsrichtungen einschlägt."[43]

Allerdings können manche Bilder unser Verständnis von biblischen Geschichten auch in eine falsche Richtung lenken. Gerade realistisch ausgeführte Illustrationen erwecken in ihrer „Anschaulichkeit" zuweilen beim Betrachter den falschen Eindruck, eine Erzählung habe ihren Sinn in der protokollartigen Darstellung äußerer Vorgänge. Die Erzählung selber will dagegen doch mit dem ganzen Glanz ihrer symbolischen Bilder zu uns sprechen. Auch gibt es Illustrationsweisen, die die dargestellten Figuren in falscher Weise idealisieren. Andererseits können aber gerade Bilder die Sinnmitte eines Textes beleuchten und den symbolischen Gehalt einer Geschichte in Farb- und Formgebung hervorheben.

Diesem Buch sind einige Bilder beigegeben. Da sind zunächst Zeichnungen, in denen *Kinder* ausdrücken, welche inneren Bilder in ihnen durch die Erzählungen der Bibel geweckt wurden (s. Abb. 1, 2 und 5). Weiter sind Bilder aus *Kinderbibeln* nebeneinander gestellt, um deutlich zu machen, was es für die Wirkung einer Erzählung ausmacht, wenn die Künstler die Symbolsprache darin angemessen aufnehmen können oder nicht (s. Abb. 6 und 7). Und schließlich sind Bilder aus der jüngeren *Kunst*geschichte wiedergegeben, die neben dem Erzählen einen besonderen neuen Blick auf das eröffnen möchten, was biblischer Text und Erzählung in uns ansprechen wollen (s. Abb. 3, 4, 8, 9 und 10).

Bei einer *Bildbetrachtung* sollte der Blick nicht sofort auf die Suche nach Inhalten gehen, die der Betrachter identifizieren und mit jeweiligen Details im biblischen Text in Verbindung bringen möchte. Vielmehr sollte sich der kleine und große Betrachter offen halten für Einfälle, Stimmungen und Gefühle, die sich in ihm spontan zu einem Bild melden. So empfiehlt es sich, dem Gespräch über ein Bild

---

43 GOECKE-SEISCHAB, MARGARETE LUISE S.7

eine Zeit stillen ungelenkten Betrachtens voraufgehen zu lassen. Dies sollte in einer Atmosphäre geschehen, die es den Kindern möglich macht, auf ihre Weise mit dem Auge auf dem Bild herumzuwandern und dann ihre spontanen Eindrücke und Gedanken unzensiert zum Ausdruck zu bringen.

3.7 Wie entwickelt sich das Verständnis von Kindern?

Der Erzähler trägt noch in einer anderen Richtung Verantwortung: Er muß nicht nur – wie wir sahen – den biblischen Geschichten, die er erzählen will, gerecht werden, sondern in gleicher Weise auch seinen Zuhörern, den Kindern. Kinder verstehen biblische Geschichten ihren Verstehensmöglichkeiten entsprechend, die durch die Entwicklung ihres Denkens und durch ihre sozialen Erfahrungen bestimmt sind. Sie nehmen Bibelstoffe auf dem Hintergrund ihrer familiären Erfahrungen und z.B. auch ihrer altersspezifischen Gleichheits- und Gerechtigkeitsinteressen auf. So ist es für den Erzähler geboten, eine begründete Vorstellung davon zu bekommen, wie die kognitiven Fähigkeiten und die emotionalen, lebensgeschichtlich geprägten Interessen seiner Zuhörer beschaffen sind.

Das Sprachverständnis und das Verständnis für Geschichten entwickelt sich bei Kindern allmählich. Immer wieder gibt es erheiternde Beispiele dafür, wie Kinder ihnen unbekannte Worte mißverstehen können und wie sie sich diese auf eine Weise zu erklären versuchen, die einer eigenen Logik folgt. Da ihr Wortverständnis mit *Konkretem*, mit Worten für Personen, für Gegenstände und Tätigkeiten, anfängt, haben sie zunächst Schwierigkeiten mit *abstrakten* Begriffen und mit übertragenen Bedeutungen. „Was ist das: Ein Vorurteil?" – vor diese zugegebenermaßen schwierige Frage gestellt, erklärt ein Sechsjähriger: „Da kann man vorne dran sein" und meint damit etwas Konkretes, nämlich die Vorgabe, die man beim Spiel, beim Lauf dem Kleineren und Schwächeren einräumt. „Tisch?" – dazu seufzt er erleichtert auf: „Das weiß ich: Kann man drauf essen."[44] Also auch hier gibt er nicht eine abstrakte Erklärung etwa in der Art: „Eine Platte, die auf mindestens drei Beinen ruht …." Er hält sich an das Konkrete: Was man am Tisch tun kann, diese konkrete Tätigkeit interessiert.

Über die Entwicklung kindlichen Denkens und Erlebens im Hinblick auf das Verständnis von religiösen Inhalten gibt es eine Reihe von psychologischen Theorien, die ihre Aufmerksamkeit einerseits mehr der *kognitiven* Entwicklung zuwenden, und andererseits solche, die an einer Darstellung der *emotionalen* Entwicklung interessiert sind .

Wie verstehen Kinder Gleichnisse und Symbole?

Im Anschluß an die Untersuchungen des Schweizer Kinderpsychologen JEAN PIAGET haben sich Religionspädagogen z.B. damit beschäftigt, welche Möglichkeiten Kinder haben, um symbolische Rede oder Gleichnisse zu verstehen. So faßt

---

[44] KINDER UND DER LIEBE GOTT. Videokassette und Beiheft. Grünwald: Institut für Film und Bild in Wissenschaft und Unterricht

ANTON BUCHER seine Ergebnisse zusammen: „Auch die Entwicklung des Parabel-verständnisses folgt Entwicklungsstadien, die an die Stufen der allgemeinen ko-gnitiven Entwicklung zurückgebunden sind. … Kinder in der Grundschule rezipie-ren Gleichnisse offensichtlich noch nicht als Gleichnisse, sondern als konkrete Geschichten; sie bleiben ganz in der Bildhälfte.“[45] Sie hätten nur Zugang zur Bild-seite eines Gleichnisses bzw. könnten nur ansatzweise von der Bildseite eines Gleichnisses auf die Sachseite übertragen. Daß Schüler Gleichnisse als Gleichnisse (und nicht als direkte Handlungsgeschichten) auffassen und also ihre übertragene Bedeutung verstehen, sei erst ab einer bestimmten Stufe der kognitiven Entwick-lung zu erwarten, die BUCHER mit etwa 12 Jahren relativ spät ansetzt. Freilich be-nutzten Kinder schon früher Redefiguren einer bildhaften Sprache: Die Sonne geht schlafen, das Auto ist gestorben (= ist kaputt). Aber das beweise nicht, daß sie schon Verständnis für metaphorische Ausdrücke besäßen. Solche Aussagen seien vielmehr direkt gemeint noch ganz im Sinne eines kindlichen Denkens, das sich alle Dinge in der Umwelt als belebt und beseelt und nach menschlichem Muster „funktionierend" vorstellt.

Auch das Verständnis von Symbolen bei Kindern entwickelt sich in Stufen (J.FOWLER). Am Anfang steht ein *magisches* Verstehen: Das Bild etwa eines Hun-des kann ähnliche Angstgefühle auslösen wie ein wirklicher Hund, dem das Kind auf der Straße begegnet. – Später wird symbolische Rede *wörtlich, eindimensional* verstanden. Daß sie auf etwas anderes verweist, wird nicht erkannt. Das geschieht etwa mit den wichtigen Symbolworten religiöser Sprache wie „Himmel" und „Gott". „Himmel" – das ist oben, Gott ist eine menschlich vorgestellte Person. – Schließlich kann die *Mehrsinnigkeit* symbolischer Ausdrücke, ihre *übertragene* Bedeutung verstanden werden und wird auch eine *kritische,* zustimmende oder ablehnende Stellungnahme zu symbolischen Bildern möglich.

Freilich geht diese Entwicklung des Symbolverständnisses nicht zwangsläufig wie ein naturgegebener Reifungsvorgang vor sich. Vielmehr sind „Fortschritte" hierbei abhängig von entsprechenden Anreizen und Angeboten der Umgebung. Man kann auch „unterentwickelt" bleiben. So finden sich nicht wenige Erwachsene, die auf der Stufe eines buchstäblichen Verständnisses geblieben sind und symbolische Rede mißverstehen. Und Kinder der gleichen Altersgruppe können sich durchaus auf verschiedenen Stufen des Symbolverständnisses befinden.

Ein schwieriges Wort: Gott

Daß sich unter Kindern im Grundschulalter beides findet: ein noch naiv-wörtliches und ein übertragenes Verständnis von religiösen Symbolworten, das zeigt eine auf Videokassette dokumentierte Diskussion in einer Hortgruppe. Die Kinder haben gemeinsam einen Kindergottesdienst besucht und tauschen nun ihre Eindrücke darüber aus. Das Thema kommt auf „Gott": Wie sieht Gott denn aus? Ein achtjäh-riges Mädchen versucht es so:

> „Er sieht nicht so … Er sieht wie Luft aus, n'bißchen bunt und er hat die Sonne ge-macht, die Sonne zuallererst, danach die Erde, dann die Tiere und dann die Menschen …"

---

45   BUCHER, ANTON A.: Gleichnisse verstehen lernen. Freiburg. 1990 S.66

Hier wird deutlich, wie dieses Mädchen auf dem Wege zu einem angemessenen Symbolverständnis ist. „Gott ist *wie Luft*" – das ist seine Lösung für das Problem: Warum kann man Gott nicht sehen? Luft sieht man auch nicht und doch ist sie da und ist sie wirksam – so könnte man den Gedanken des Mädchens weiterführen. – Ein anderes Kind verwendet in dieser Diskussion dieselbe Metapher „Luft", aber ganz entgegengesetzt: „Den Gott, den gibt's doch gar nicht. Der ist doch Luft." Hier ist „Luft" im Sinne unserer alltagssprachlichen Redefigur gebraucht: Der ist Luft für mich – er ist mir gleichgültig, ist für mich wie gestorben. – Daneben kommen aber auch Kinder zu Wort, die sich religiöse Symbole noch sehr viel direkter und buchstäblicher vorstellen:

> „Den [Gott] stellt man sich so vor, wenn ein Kind über die Straße rennt, und dann kommt die große Hand vom Gott, und dann reißt sie ihn [es] wieder zurück, weil zu leicht ein Auto kommt und das Kind dann überfährt"[46] Oder ein anderes Kind: „Aber die Engel sagen dem Gott, was die Leute alles unten machen."[47]

Wie INGO BALDERMANN berichtet, zeigt sich auch unter Kindern eines 4.Schuljahres neben einem wörtlichen Verständnis schon Sinn für übertragene Redeweise. Die Schüler bemühen sich, das Wort „Seele" in einem Psalmtext angemessen zu verstehen und mit ihren Erfahrungen in Verbindung zu bringen:

> Jan: Vielleicht sagt man das zum Herz: Was betrübst du dich, meine Seele.
> Katinka: Da ist die Seele mit gemeint.
> …
> Michael: Wie soll man denn seiner Seele was sagen? Die hat doch keine Ohren!
> (Gelächter)
> Hendrik: Vielleicht muß man das ja nur denken.
> …
> Jens: Wenn es mir langweilig ist, dann rede ich auch irgend was mit mir selbst.
> Christoph: Wenn ich Angst habe, dann rede ich mit mir selber.[48]

Hier zeigt sich einerseits noch ein sehr wörtliches Verständnis: „Wie soll man denn seiner Seele was sagen? Die hat doch keine Ohren!" Andere Schüler hingegen verstehen den Sinn der Metapher besser: „Vielleicht sagt man das zum Herz. – Vielleicht muß man das ja nur denken." So wird wieder deutlich, daß Kinder in der gleichen Altersstufe doch sehr unterschiedlich in ihren Verständnismöglichkeiten sind und vor allem, daß sich ihr Verständnis im Gespräch mit den anderen erweitert.

Konsequenzen

Was für einen Reim soll sich also ein Erzähler auf solche psychologischen Entwicklungstheorien bilden? Sicher nicht den, daß man passiv abwarten solle, bis Kinder ein fortgeschrittenes Verständnis für Symbolsprache entwickelt haben,

---

46 Das Kind übernimmt dabei ein Bild, das zuvor der Pfarrer des Kindergottesdienstes gebraucht hatte [!].
47 Kinder und der liebe Gott. s.o. Anm.44
48 BALDERMANN, INGO S.52. Siehe dazu auch Kap.11A S.104

bevor man ihnen biblische Geschichten (oder überhaupt Geschichten mit bildhafter, symbolischer Rede) anbieten dürfe. Denn – wie gesagt – ein solches Verständnis entwickelt sich nicht von selbst. Kinder brauchen hierzu Anregungen und Training. So warnt PAUL TILLICH: „Niemals sollte man eine religiöse Leere im Kind entstehen lassen und ihm die Symbole so lange vorenthalten, bis es sie begreift."[49]

An dieser Stelle bieten sich z.B. auch die *Märchen* als eine Möglichkeit an, Kindern ein Verstehen für bildhafte, symbolische Sprache zu erschließen: Wenn im Märchen von Frau Holle das Brot ruft: „Ach zieh mich raus, ach zieh mich raus, sonst verbrenn ich, ich bin schon längst ausgebacken" und wenn die Äpfel es ihm nachtun mit der Bitte: „Ach schüttel mich, schüttel mich, wir Äpfel sind alle miteinander reif", dann versteht jeder Zuhörer – und natürlich auch jedes Kind –, daß Brot und Äpfel keinen Mund haben um zu reden, sondern daß hier eine Stimme gemeint ist, die in den Mädchen, in Goldmarie und Pechmarie spricht und die eine hört darauf und findet ihr Glück, die andere aber nicht und geht damit an ihrem Glück vorbei. Ähnlich kann ein Kind bald verstehen – und tut es auch – . daß die Redefigur: „Gott sprach zu Adam" symbolisch gemeint ist: „Gott sprach zu Adam. Wie war das möglich? Oder fühlte er es von innen?", überlegt ein neunjähriges Mädchen. In Kinderzeichnungen von Gott können sehr bald neben gegenständlichen Elementen auch symbolische Elemente auftauchen, die darauf hindeuten, daß sich ein tieferes Verständnis des Symbolwortes „Gott" anbahnt.[50] Wenn etwa eine zehnjährige Schülerin Gott zwar in menschlicher Gestalt, aber mit der Welt, ihrer Sonne, Mond und Sternen, ihren Tieren und Pflanzen wie mit einem Mantel bekleidet darstellt, so würde sie sich sicher mißverstanden fühlen, wenn man sie fragte: „Meinst du, Gott hat einen Mantel an?"[51]

Auch in der Alltagssprache begegnen Kinder in vielfältiger Weise metaphorischen Elementen, mit denen sie umgehen lernen, z.B. der Rede: Du bist mein Engel (= mit Flügeln? Wohl kaum!). Der ist ganz blau. Das liegt mir schwer im Magen. Den kann ich nicht riechen. Ich fühle mich wie im siebenten Himmel etc. Auch daran bildet sich das Sprachverständnis von Kindern, die im übrigen mit ausdrucksstarken und farbigen Sprachbildern ihren eigenen sprachschöpferischen Beitrag leisten.

Nötig ist, daß ein Erzähler mit seiner Erzählweise das Verständnis von Kindern für Symbolsprache fördert und daß er ihren Sinn für unterschiedliche Sprach- und Erzählformen entwickelt (neben dem Märchen auch Legende, Poesie, Lied). Das kann dadurch geschehen, daß man die symbolischen Sprachbilder, die in einem biblischen Text enthalten sind, gedanklich vorbereitet und sinnentsprechend weitermalt. Falsch wäre es dagegen, die symbolischen Bilder in einer Erzählung zu ermäßigen oder gar auszusparen.[52]

---

[49] TILLICH, PAUL : Gesammelte Werke Bd 9. Stuttgart 1967. S.244

[50] REINMAR TSCHIRCH: Gott und Gottesbild. In: ULRICH GEBHARD und FRIEDRICH JOHANNSEN: Glaubst du eigentlich an Gott?" Kind und Religion. Ein Ratgeber für Eltern und Erzieher. Gütersloh 1989 S.109–113

[51] S. dazu das auf S.69 wiedergegebene Bild einer Schülerin von Gott. (Abb.2)

[52] S. hierzu das Gleichnis vom verlorenen Sohn Kap 11.1D S.167f.

Neben der Entwicklung des Denkens ist aber auch das *emotionale* Erleben eines Kindes von Bedeutung für seinen Umgang mit Geschichten. Was es an einer Geschichte interessiert, hängt auch mit dem zusammen, was es im Augenblick innerlich besonders beschäftigt. Verständlich, daß ein Kind Geschichten, in denen es um Angst und Mut geht, anders aufnimmt je nachdem, ob sich sein Lebensmut erst noch bewähren muß gegenüber den Ängsten, die durch zeitweilige Trenungen von den Eltern und von Zuhause geweckt werden und die sich am Abend und im Dunkeln melden (etwa um das dritte Lebensjahr herum), oder ob es mit gewachsenem Vertrauen „Gefahren" zu meistern hat, die das Für-sich-selbst-Einstehen in Schule und Altersgruppe mit sich bringt. Und gleichfalls nachzuvollziehen ist, wenn Gefühle, die ein Kind in seiner eigenen Rivalität mit einem Geschwister oder auch mit einem Mitglied seiner Gruppe im Kindergarten oder in der Schulklasse bewegen, bei dem Gleichnis vom Verlorenen Sohn in Lukas 15 mitschwingen und ihm diese Geschichte interessant machen. Wie ein Kind dieses Gleichnis aufnimmt, mit welchen Farben seine Fantasie es beim Zuhören ausstattet, das hängt aber auch mit den Erfahrungen zusammen, die es mit den eigenen Eltern, speziell mit dem Vater verbindet. Und eine Erzählung wie die von der wunderbaren Speisung trifft verständlicherweise auf Erfahrungen von Kindern mit Hunger und Sattwerden und auf Wünsche nach paradiesischer Fülle. „Was war vor mir? und „Was wird nach mir sein?" – solche Fragen melden sich, wenn sich in Kindern das Bewußtsein eines eigenen Ich allmählich immer klarer herausbildet[53] und damit auch das Bewußtsein einer Grenze, die das eigene Ich von Anderen trennt, einer Grenze auch, vor der etwas war und nach der etwas sein wird. Wenn ein Kind allmählich immer deutlicher ahnt, das eigene Leben könne – wie das der Menschen in der Umgebung des Kindes – begrenzt sein, werden Fragen nach dem Anfang und Ende, nach Leben und Tod, Schöpfung und Gefährdung des Lebens und der Welt wichtig.

Der Erzähler muß sich also von beidem ein Bild machen:
- einerseits von den *kognitiven* Möglichkeiten seiner Zuhörer und
- andererseits auch von ihren *gefühlsmäßigen* und *erlebnisgeprägten* Interessen.

Beides tönt die Art und Weise, wie Kinder mit Geschichten umgehen, beides aber auch gibt ihnen einen eigenen Zugang zu den Geschichten.[54]
Als Erzähler sollte man nun aber nicht von der Voraussetzung ausgehen, die erzählte Geschichte müsse von den Zuhörern „vollständig" verstanden werden können. Das wäre unrealistisch, ja nicht einmal wünschenswert. So kann FULBERT STEFFENSKY von einer guten Geschichte sagen, daß sie „immer etwas Fremdes und

---

[53] S. dazu Kap 5.1D S.66
[54] Hinweise dazu soll in den einzelnen Kapiteln der Abschnitt D „Überlegungen zum Verständnis der Kinder" bieten.

etwas nicht ganz Verstehbares" habe, daß sie „also gerade nicht so mund- und kindgerecht" sein dürfe, „daß sie eingeht wie Kartoffelbrei."[55]
Gleiches gilt auch für den Erzähler: Wer könnte das von sich selbst behaupten, er habe eine Geschichte vollständig erfaßt? Ist nicht vielmehr eine „vollständig" verstandene Geschichte damit auch uninteressant und gleichsam tot? Könnte uns eine solche Geschichte noch irgendwann einmal in neuer Weise ansprechen und herausfordern? Zwar hört man gelegentlich die These, man solle nur Geschichten erzählen, „hinter denen man auch selber stehe". Doch darf dies nicht als Forderung an den Erzähler verstanden werden, er müsse die Geschichten, die er erzählen will, selber restlos verstanden haben. Wer erzählt, sollte sich auch für die eigene Person vom Erzählen einer Geschichte Neues erhoffen gerade, wenn ihm manches darin nicht zugänglich scheint. Es könnte sein, daß zu seiner Überraschung die Zuhörer ihm einen neuen Zugang dazu erschließen mit ihren Einfällen und Fragen.
Auch die Kinder werden jeweils mit einem bestimmten Verständnis ihre Geschichte aufnehmen, so wie sie ihnen im Augenblick wichtig ist, und auf einer späteren Altersstufe wieder neue Gedanken zu dieser Geschichte haben. Nur eines sollte man vermeiden: Eine Geschichte so erzählen, daß man später etwas zurücknehmen muß. Die Versuchung dazu liegt besonders bei biblischen Geschichten nahe, die von Wundern erzählen.

3.8 Vom erzählerischen Umgang mit Wunder- und Symbolgeschichten

Wunder – was ist das?

Daß die biblischen Erzählungen aus einer anderen Welt als der unsrigen stammen, wird besonders spürbar dort, wo von *Wundern* die Rede ist. Sicher auch wir können von Wundern sprechen, die wir in unserem Alltag erleben, von Wundern, die uns zum Staunen und zu Dankbarkeit veranlassen: Wenn uns durch ärztliche Kunst Heilung widerfahren ist, wenn ein glücklicher Zufall uns vor Unfall behütet hat, wenn wir die Schönheit einer Naturerscheinung genießen, wenn ein Gespräch, vor dem wir uns gefürchtet haben, wider Erwarten in Freundschaft und Verständnis geführt werden konnte … Doch sind uns dies keine Symptome dafür, daß hier Naturgesetze durchbrochen wären, es sei denn wir wären Anhänger von Okkultismus und Magie.
Aber daß Sonne und Mond stehenbleiben (Josua 10,12ff), daß die Mauern einer Stadt bei Posaunenschall zusammenstürzen (Josua 6,5.20), daß Blindheit weicht, wenn einem Blinden die Augen mit Speichel berührt werden, daß ein Sturm plötzlich auf einen Befehl hin innehält, daß Lähmung, Aussatz, Besessenheit auf ein Wort hin geheilt sind, daß Tote auferweckt werden (als extremstes Beispiel Lazarus vier Tage nach seinem Tod) und vieles andere mehr – wie sollen wir das verstehen und wie sollen wir davon erzählen?
Naiv davon zu erzählen sollte schon deshalb verboten sein, weil kindliche Zuhörer – ihrer Verständnisstufe entsprechend – gern bereit sind, solche Wunder"berichte"

---

55 STEFFENSKY, FULBERT: Gott im Kinderzimmer. Über den Versuch, Religion weiterzugeben. Unveröffentlichtes Vortragsmanuskript S.9

staunend zur Kenntnis zu nehmen: Es bestätigt ihnen das Bild von einem omnipotenten Jesus, der alles kann. Ein solches Jesusbild aber erhält bei Kindern im Elementarbereich seine besondere innere Bedeutung. Denn Kinder machen – in einer frühen Ablösung von der symbiotischen Einheit mit der Mutter bzw. den Eltern – auch erste und schmerzhafte Erfahrungen mit realer Schwäche und Ohnmacht im Alltag. Vater und Mutter können nicht mehr alles und man selbst ist klein – wie kann man diese Erkenntnis aushalten, ohne vor Angst kopflos zu werden? Diese Schwäche kann nur ertragen werden, wenn man sie ausgleichen kann durch Fantasien und Träume, die oft im Halbbewußten oder Vorbewußten bleiben und in denen man die eigene Person (und fantasierte mythische Gestalten) mit der Allmacht ausgestattet sieht, die man zuvor den „allmächtigen" Eltern zuschrieb: Man muß nur stark an etwas denken, etwas nur fest wünschen, dann kommt es auch so, wie man es haben will (die sog. magische Phase). In die Reihe solcher mit magischer Kraft ausgestatteter Fantasiefiguren „paßt" dann auch ein mächtiger Wunderjesus.

Jesus – der Wundermann

Die Frage, wie ein Erzähler mit den Wundergeschichten der Bibel umgehen soll, stellt sich besonders bei den vielen Erzählungen davon, wie Jesus Kranke heilt hat. Jesus war „ein *Heiland* aller Welt zugleich"[56], ein „Therapeut", wie ihn ein Buch von HANNA WOLF[57] darstellen will, ein „Arzt". Das gehört zu seiner Wirksamkeit. Doch ist dabei zweierlei auseinanderzuhalten:

- Fest steht, daß Jesus Kranke geheilt hat, daß er über heilende Kräfte verfügte. Freilich darin war Jesus nicht einzigartig. Von Anderen in der alten Welt wurden auch Heilungen erzählt. Und Jesu Wunder, weit entfernt, ein „Beweis" für seine Autorität zu sein, waren umstritten: Sind sie von Gott oder vom Satan (Lukas 11,19f)?
- Wenn man sich die Heilungserzählungen im einzelnen genau betrachtet, ist es nicht das Wunder als solches, das im Mittelpunkt steht. Sondern sie enthalten eine *Botschaft*, die weit über die zu kurz greifende Aussage hinausgeht: Der Herr Jesus konnte das (damals). Sie enthalten vielmehr eine Botschaft auch für uns heute. Sehr deutlich ist das im Johannesevangelium: Christus – das Licht der Welt (Heilung des Blindgeborenen), das Brot des Lebens (Wunderbare Speisung). Und diese Botschaft ist in die Sprache von Bildern gefaßt. Die Wundererzählungen sind gewissermaßen *Gleichnisse über das Reich Gottes in Handlungsform*. Auf die Frage Johannes' des Täufers danach, was das Wirken Jesu zu bedeuten habe, lassen die Evangelisten Jesus mit einem Wort aus dem Profeten Jesaja (Jesaja 35,5f und 61,1) antworten:

Geht hin und verkündigt Johannes,
was ihr gesehen und gehört habt:
Blinde sehen, *Lahme* gehen, *Aussätzige* werden rein,
Taube hören, *Tote* stehen auf, *Armen* wird das Evangelium gepredigt.

---

[56] Evangelisches Gesangbuch Nr.1 „Macht hoch die Tür, die Tor macht weit"
[57] WOLF, HANNA : Jesus – der Therapeut.

Die Wundererzählungen reden von diesen Zeichen des Reiches Gottes anders: eben in Handlungsform.

Die Sprache der Wundererzählungen verstehen

Unsere Aufmerksamkeit ist dabei oft viel zu stark auf die äußerlichen „Wunder" in den Wundererzählungen konzentriert. Wir mißverstehen sie, wenn wir sie als „Tatsachenberichte" nehmen, die von einer außerordentlichen wunderhaften Durchbrechung der Naturgesetze Kunde gäben. In der Bibel wird uns dagegen von viel größeren Wundern erzählt, die mit unserem Verständnis von Naturgesetzlichkeiten gar nichts zu tun haben. Von dem Wunder ist da die Rede, daß ein Mensch zum Glauben kommt, daß er Hoffnung schöpft, daß er umkehrt und zurückfindet (die Rückkehr des verlorenen Sohnes wird so als Totenauferweckung beschrieben: „Dieser mein Sohn war *tot* und ist wieder *lebendig* geworden"), daß er einen neuen Blick bekommt (Bartimäus), daß er verwandelt wird zur Liebe. Und über dem allen von dem Wunder, daß mit Jesus Gott den Menschen nahe kommt.

Die spezielle Sprache der Wundererzählungen muß man also gut verstehen (und sie die Kinder verstehen lehren): Sie ist eine andere als die eines wissenschaftlichen Laborprotokolls oder eines Polizeiberichts. Ein Liedvers wie etwa der von PAUL GERHARD: „Mein Herze geht in Sprüngen und kann nicht traurig sein" will uns nicht über die Physiologie eines Körperorgans aufklären. Absurd daraus entnehmen zu wollen, daß ein Herz gehen, gar springen (wie viele Meter etwa?) könnte, statt darin einen poetischen Ausdruck von „Herzensfreude" zu erkennen. Ebenso absurd, in dem wandernden Wunderstern der Weihnachtserzählung ein astronomisches Phänomen zu vermuten: Ein solcher Stern kommt in keinem Lehrbuch der Sternkunde vor. Er ist ein poetischer Stern, der Leitstern eben, dem die drei Weisen folgen und der sie zum Ziel führt. Und der Glaube, der den blinden Bartimäus rettet, ist auch etwas anderes und unendlich viel mehr als die Überzeugung: Jesus kann optische Blindheit heilen. Nein, dieser Glaube läßt den Blinden etwas sehen, was den Augen der Jünger verborgen ist: den Weg Jesu, dem er nachfolgt auf dessen Gang nach Jerusalem ans Kreuz. Unsere Kinder brauchen eine verständnisvolle Einführung in die Sprache der Bilder und Symbole. Dies hat PAUL TILLICH die große Aufgabe der religiösen Erziehung genannt: „Die Überwindung des Buchstabenglaubens, ohne daß die religiösen Symbole verloren gehen."[58]

In die Auswahl von Geschichten sind in diesem Buch mit Bedacht auch einige Wundererzählungen aufgenommen, an denen konkret überlegt werden soll, was darin die jeweilige Botschaft ist und wie sie heutige Hörer, kleine wie große, ansprechen kann.

---

[58] TILLICH, PAUL: Gesammelte Werke Bd 9. Stuttgart 1967. S.244f

3.9 Von Gott erzählen?

Viele Erzählungen in der Bibel lassen Gott direkt als Handlungsfigur auftreten: So schon die Schöpfungserzählungen, aber auch die Geschichten von Abraham, Isaak und Jakob, die Erzählungen von Mose, Hiob, Jona und viele andere mehr.

Der Schöpfungs*"bericht"* in 1.Mose 1 – wie ihn Bibelausgaben immer wieder benennen – macht Gott zum handelnden Subjekt, indem er mit lauter Tätigkeitsworten in der 3.Person Einzahl von Gottes Schöpfertun redet: „Und Gott sprach, schied, nannte, machte, setzte, segnete und ruhte …"

Auch in der Geschichte von der Sintflut ist Gott der Akteur des Geschehens. Er ist es, der die Sintflut plant und geschehen läßt, der Noah den Bau der Arche befiehlt und sie hinter ihm zuschließt:

> Als aber *der HERR sah*, daß der Menschen Bosheit groß war auf Erden und alles Dichten und Trachten ihres Herzens nur böse war immerdar, da *reute es ihn*, daß er die Menschen gemacht hatte auf Erden, und es *bekümmerte ihn in seinem Herzen*, und *er sprach*: Ich will die Menschen, die ich geschaffen habe, vertilgen von der Erde, …

Gott ist es auch, der der Flut schließlich ein Ende bereitet, ja der den Geruch des Opfers riecht und daraufhin zu sich selbst spricht:

> Und *der HERR roch den lieblichen Geruch* und *sprach in seinem Herzen*: Ich will hinfort nicht mehr die Erde verfluchen um der Menschen willen …

Auf diese Weise wird Gott nahtlos als handelndes Subjekt in Begebenheiten eingefügt, die sich in der äußeren Realität der Welt und des Alltagslebens von Menschen abspielen. Daran aber wird deutlich, wie der biblische Erzähler sich selbst versteht, nämlich als einen, „der im himmlischen Rat dabei war und Gottes Absichten genau kennt. Er weiß, was im Inneren der Personen vor sich geht und wie Gott über sie urteilt."[59] Der Erzähler erzählt aus einer höheren Perspektive, in der er zum direkten Zeugen der Gedanken und Handlungen Gottes wird, die er seinen Lesern „berichtet". Er führt damit auch seine Leser gleichsam in den Himmel und gibt ihnen den Eindruck, als könnten sie – wie er in seiner Erzählung – Gott in seinem Denken und Tun unvermittelt direkt sehen.

Können, sollen wir heute so von Gott erzählen? Muß uns heute nicht diese Weise von Gott zu reden, als eine naive Erzählart anmuten, die sich Gott in anthropomorphistischer[60] Weise vorstellt. Daß in der Bibel so erzählt wird, als wäre Gott eine direkte Handlungsfigur neben anderen, das ist eine Sache. Wenn man das so in der Bibel liest, dann ist einem dabei auch bewußt: Die Bibel ist ein Buch, das in einer anderen Zeit entstanden ist. Die Erzähler, die darin zu Wort kommen, lebten in einer anderen Welt als der unsrigen heute, sie hatten andere Vorstellungen als wir von Gott, der Welt und dem Menschen. Sie konnten, mußten – ihrem Denken entsprechend – auf diese Weise Gott zur Sprache bringen. Darin aber fühlen wir uns nicht mit ihnen identisch, auch wenn uns andererseits ihre Geschichten bis ins Innerste bewegen können.

---

[59] NEIDHART, WALTER 1995 S.185
[60] aus dem Griechischen: anthropos = Mensch; morphe = Muster, Modell. Damit bezeichnet man ein Denken, daß sich Gott und die Dinge der Welt nach Menschenmuster vorstellt, ihnen menschliche Gefühle, Gedanken und Handlungen zuschreibt, sie also z.B. reden läßt wie Menschen, Gefühle haben läßt wie Menschen u.s.w.

Wenn jedoch ein heutiger Erzähler, der uns in Person gegenübersitzt und uns anschaut, in dieser Weise aus der Bibel von Gott erzählt, dann ist die Situation für den Zuhörer anders. Der Zuhörer weiß zwar vielleicht: Die Geschichte, die mir erzählt wird, hat nicht der Erzähler aufgebracht. Es ist nicht seine Geschichte. Er hat sie gelesen. Es ist eine alte Geschichte. Aber zugleich muß der Zuhörer doch den Eindruck haben: Der Erzähler ist mit der Art, wie er erzählt, identisch. So stellt auch er sich Gott vor, so denkt auch er von ihm. Man kann also von Gottes Gedanken und Gefühlen wissen, man kann ihn handeln sehen. Und so sollen auch wir von Gott denken.

Aber können wir eine Geschichte wie die von der Sintflut wirklich sozusagen *von oben her*, aus der *Perspektive Gottes*, sehen? Oder müssen wir sie nicht ehrlicherweise als eine *Geschichte von unten* darbieten, die von Noah handelt und davon, wie *er* Gottes bewahrende Güte erlebt hat? Können wir wirklich Gottes Gedanken lesen wie manche Kinderbibeln es tun und z.B. in der Geschichte von Kain und Abel sogar darüber Bescheid zu wissen vorgeben, warum Gott das Opfer des einen angenommen habe, das des anderen aber nicht? Muß der heutige Erzähler nicht auch hier auf der Erde bleiben und die Geschichte aus der Perspektive von unten darbieten, wie es etwa die Kinderbibel von WERNER LAUBI tut, die davon erzählt, wie die Situation von Kain her aussieht[61]: „Kain dachte: ‚Gott gefällt mein Opfer nicht. Aber am Opfer meines Bruders hat er Freude.'" Wenn dagegen eine Geschichte von oben gleichsam aus der Perspektive Gottes erzählt wird, müssen sich die Zuhörer mit Recht fragen: Woher weiß man denn, woher weißt Du denn, was Gott dachte und plante?

An dieser Stelle ist eine Anmerkung angebracht. Die Bibel kennt auch eine verhaltenere, mehr zurückhaltende Weise von Gott zu erzählen. Mose verhüllt sein Haupt vor der Gotteserscheinung am brennenden Dornbusch. Jakob „sieht" Gott im Traum – also nicht mit dem äußeren Auge. Gott begleitet das Volk Israel bei seinem Weg durch die Wüste verborgen in einer Wolken- und Feuersäule. Gott ist also dem menschlichen Blick entzogen. Diese Weise von Gott zu reden achtet die Grenze, die im Neuen Testament so formuliert wird: „Niemand hat Gott je gesehen" (Johannes 1,18) bzw. „Niemand kennt den Vater denn nur der Sohn und wem es der Sohn will offenbaren" (Mattäus 11,27).

Ein solcher Wechsel der erzählerischen Perspektive, wie er hier überlegt wird, nämlich die biblischen Geschichten von unten statt von oben zu erzählen, hat Konsequenzen. Er veranlaßt den heutigen Erzähler, die Geschichten aus der Sicht der Menschen zu erzählen, als deren Erfahrungen, Gedanken, als Offenbarungen auch, wie sie sie aufgenommen und in Worte gekleidet haben. Bei den hier ausgewählten Geschichten, bei denen dies wichtig ist, werden dazu entsprechende Hinweise unter den Erzählideen gegeben.[62]

---

61 LAUBI, WERNER: S.12
62 S. beispielsweise zu den Schöpfungserzählungen und zur Geschichte von der Sintflut Kap.4.1E und 4.2E, zur Erzählung vom brennenden Dornbusch Kap 5.1E und zur Erzählung vom Jakobstraum und vom Durchzug durch das Schilfmeer Kap 10.1E und 10.2E.

4. Gottes Schöpfung – Meine Welt:

Wer bin ich? Und: Woher kommt die Welt? – mit diesen beiden Grundfragen beginnt Sofie, gedanklich Ordnung und Sinn in ihr Leben zu bringen.[63] Was ist denn das? Wie heißt das? Warum ist das so? Und was war, als ich noch nicht war? Mit solchen Fragen beginnt das Denken von Kindern, mit dem sie das Chaos, das ungeordnete Tohuwabohu[64] ihrer Eindrücke und Erfahrungen vom Leben für sich zu ordnen beginnen.

Die Schöpfungserzählungen gehen auf solches Fragen ein: Von Gott kommt alles. Gott ist der Grund von allem. Das ist keine naturwissenschaftliche Auskunft, sondern Ausdruck eines „Grundvertrauens", das unsere Kinder brauchen. „Wenn es Gott nicht gäbe, gäbe es uns auch nicht!" – so die These eines heranwachsenden Schülers.[65] Solch ein Vertrauen kann wie in einer sicheren Arche durch die Bedrohungen und Ängste unseres Lebens tragen.

So sind hier die zwei großen Erzählkomplexe an den Anfang gestellt, aus denen wir Worte und Bilder gewinnen können für unser Vertrauen auf Gott, den Schöpfer und Bewahrer der Welt: die Schöpfungserzählungen und die Erzählung von der rettenden Arche.

4.1 Von Gott kommt alles her: 1. Mose 1 und 2; Psalm 148

A. Einführung
in den
Bibeltext

Zwei Schöpfungserzählungen

Jeder aufmerksame Leser kann bemerken, daß sich am Anfang der Bibel zwei Erzählungen von der Schöpfung finden, die in ihrer Art sehr verschieden sind und jeweils ihr eigenes Bild von der Welt und ihrem Ursprung haben[66]:

Die eine lesen wir in 1.Mose 1,1–2,4 – die Erzählung von dem Sieben-Tage-Werk: Sie endet mit dem Sabbattag, dem Tag der Ruhe für Gott und Menschen.

Daran schließt sich die andere Erzählung von Adam und Eva im Garten Eden in 1.Mose 2,4–25.

---

[63] So in dem Roman von GAARDER, JOSTEIN: Sofies Welt. München 1993

[64] So sagt die Hebräische Bibel 1. Mose 1,2 vom Anfang der Welt mit einem bei uns sprichwörtlich gewordenen Ausdruck.

[65] KLINK, JOHANNA: Kind und Leben. Eine kleine Theologie für Eltern. Düsseldorf: Patmos Verlag 1972 S.23

[66] Diese Tatsache verschleiern viele Kinderbibeln, indem sie eine harmonisierende Wiedergabe von 1.Mose 1 und 2 bringen, die die Unterschiede zwischen den beiden Erzählungen glättet: Einmal wird die Erschaffung der Frau (1.Mose 1,27f) weggelassen; dann erscheint 1.Mose 2 mit der Eva wie eine ergänzende Fortsetzung dazu (so ANNE DE VRIES, ECKART ZUR NIEDEN und IRMGARD WETH). Oder die Erschaffung der Eva im Garten Eden wird in die Sieben-Tage-Schöpfungsgeschichte eingefügt (so ELEONORE BECK). Nur wenige Kinderbibeln zeigen ihren Lesern deutlich, daß es sich hier um zwei verschiedene Erzählungen handelt (so EMMA WITTMANN, KAREL EYKMAN, ANNELIESE POKRANDT).

Leicht lassen sich Unterschiede zwischen den beiden Erzählungen entdecken. Hier nur die wichtigsten: In der einen werden die Menschen, Mann und Frau, gleichzeitig geschaffen (1.Mose 1,27), in der anderen nacheinander (1.Mose 2,7 und 21f). Hier sind die Tiere vor dem Menschen da (1.Mose 1,20 – Fische und Vögel, 1,24f Landtiere), dort nach der Erschaffung des Mannes, vor der Erschaffung der Frau (1.Mose 2,19). Auch die Vegetation ist erst nach der Erschaffung des Mannes da: Gott pflanzt für ihn den Garten (1.Mose 2,8f).

Aber nicht nur hier am Anfang, sondern auch an vielen anderen Stellen der Bibel finden Schöpfungsglaube und Schöpfungsfreude einen reichhaltigen und vielfarbigen Ausdruck als Erzählung, als Poesie und Lied, als Lehre und Bekenntnis des Glaubens (die Schöpfungspsalmen 104[67] und 148, Hiob 38, Jesaja 40,12–28 u.a.m). Immer wieder im Verlauf der über tausend Jahre biblischer Geschichte hat das Staunen über die wunderbare Einrichtung der Natur die Menschen in Israel inspiriert, ihrem Glauben an Gott, den Schöpfer der Welt, Worte zu verleihen.

Bei dieser Vielfalt ist gar nicht zu erwarten, daß die Vorstellungen und Bilder über den Ursprung der Welt und des Menschen deckungsgleich sind. Daß wir beim Thema „Schöpfung" herkömmlicherweise so einseitig auf die ersten Seiten des Bibelbuchs fixiert sind, hat dagegen unsere gedankliche Auseinandersetzung mit dem Schöpfungsthema sehr eingeengt. So erklärt sich z.B. die übergewichtige Bedeutung, die dem Streitthema beigelegt wurde, ob überhaupt und wie sich die alten Vorstellungen von der Weltentstehung, die in den beiden Schöpfungserzählungen 1.Mose 1 und 2 ihren Ausdruck gefunden haben, mit unseren heutigen naturwissenschaftlichen Theorien über die Evolution des Lebens auf der Erde vereinbaren lassen.

Die *ältere* der beiden Erzählungen (1.Mose 2 und ihre Fortsetzung in Kap. 3: Vertreibung aus dem Paradies) stammt von einem Verfasser, den man z.B. daran erkennen kann, daß er durchgängig den Gottesnamen „Jahve" gebraucht. Den Hintergrund dieser Erzählung bildet der Kontrast von wasserloser Wüste und Kulturland, das durch Regen und Arbeit des Menschen erst fruchtbar gemacht wird (Vers 5). Darin spiegelt sich noch die Erinnerung an den Übergang Israels von der früheren Nomadenexistenz (Wüste) zur bäuerlich-bürgerlichen Kultur (Garten). Die schriftliche Fixierung des Erzählwerks dieses „Jahve"-Verfassers mag in die frühe Königszeit (Salomo ca. 925 v.Chr.) gehören: Sie war auch eine erste Blütezeit der Schriftstellerei in Israel.
Man merkt sehr deutlich, daß das Interesse dieser Schöpfungserzählung nicht Geschehnissen in grauer Vorzeit gilt. Sie will vielmehr verstehen lassen, *was jetzt ist*: Wozu lebt der Mensch? Woher haben die Tiere ihre Namen? Warum fühlen sich Mann und Frau so stark zueinander hingezogen? Wie ist der Zwiespalt zu verstehen, in dem der Mensch sich findet? Warum erleben wir Arbeit so zwiespältig:

---

67   Diesen Psalm stellt REGINE SCHINDLER in ihrer Kinderbibel den Schöpfungserzählungen voran.

zwischen Bedürfnis und Streß? Warum dieses Hin und Her zwischen Befriedigung und Unzufriedenheit? Warum wird der Mensch, wenn er stirbt, wieder zu Erde? Warum trägt er – im Unterschied zu den Tieren – Kleidung? Woher die Abneigung vor Schlangen und die Angst vor ihnen?

Die Erzählung von 1.Mose 1 (–2,3) hingegen gehört in eine ganz andere Zeit: Israel ist geschlagen, Jerusalem erobert, der Tempel – Gottes „Wohnung" – ausgeraubt, entweiht und zerstört (587 v.Chr.). Die Großmacht im Osten, Babylonien, ist Sieger. Ein großer Teil der Bevölkerung lebt deportiert in der Fremde, im Land des siegreichen Eroberers. Hat sich mit der eigenen vernichtenden Niederlage nicht auch der Gott des Siegers, Marduk, der Gott der Königsstadt Babylon, als mächtiger erwiesen? Ist er nicht der wahre Herr der Welt und der Völker? Und hat uns nicht unser Gott verlassen? – so fragen sich die Besiegten. Dagegen aber setzt 1.Mose 1 als Glaubensbekenntnis: Nicht Marduk, sondern unser Gott schuf im Anfang Himmel und Erde. Ihm gehört die Welt und die Zeit: Der Sabbat, der Ruhetag, den wir auch im fremden Land halten, ist uns – an Stelle des zerstörten Tempels – Zeichen seiner Gegenwart. Dieser Glaube gibt der jüdischen Gemeinde in Babylon neue Hoffnung. – Den Zusammenhang der Erzählstücke, in dem diese Geschichte in den Mosebüchern erscheint, nennt man die „Priesterschrift". Sie ist insbesonders auch an kultischen Vorgängen interessiert. Auch sonst ist der Charakter dieser Erzählung ganz anders: sie ist systematischer. Sie bringt – nach Art der damaligen „Wissenschaft" – Listen und Einteilungen von Pflanzen und Tieren: Was es alles gibt. Sie will – wie es die Absicht jeder Wissenschaft ist – Ordnung und Zusammenhang in die Vielfalt der Dinge bringen. Natürlich sieht heutige Wissenschaft sehr viel anders aus: Sie denkt sich die Weltentstehung nicht als Sieben-Tage-Werk, sondern als einen langen Evolutionsprozeß von Milliarden Jahren. Aber diese alte Geschichte bietet in den Vorstellungen und Bildern einer vergangenen „Wissenschaft" ein Vertrauen auf Gott als den letzten Grund der Welt an, das auch uns heute gilt, obwohl sich unser Denken über die Welt sehr verändert hat.

Zusammenfassung

Die Verschiedenheit dieser beiden Erzählungen hat also durchaus ihren Sinn. Jede hat ihre eigene Absicht und redet in ihrer Weise von der Schöpfung. Um erzählerische Verschiedenheiten, nicht um Widersprüche handelt es sich dabei. Der Glaube an Gott den Schöpfer ist so umfassend, daß er nicht in einer einzigen Geschichte, nicht in einem einzigen Lied und schon gar nicht in einem einzigen Lehrsatz Platz finden könnte. Er braucht dazu mehr, viel mehr. Und er braucht nicht nur Geschichten und Lieder von damals, wie sie in den biblischen Büchern Aufnahme gefunden haben. Sondern er muß forterzählt werden in Geschichten, die mit den Farben von heute, mit unseren Vorstellungen und Erfahrungen ausgestaltet sind.

DETLEV BLOCK	IRMGARD WETH
… Nun war es soweit, daß Gott an den Menschen dachte. Er sprach: „Jetzt soll der Mensch kommen. Alles ist für ihn vorbereitet." Der Mensch war nicht auf einmal da. Er hatte sich allmählich entwickelt, so wie es Gott bestimmte. Der Mensch trat erst am Ende einer langen Geschichte auf, als Gott ihn rief. Da war er so geworden, wie Gott ihn haben wollte. Mit dem Menschen hatte Gott etwas Besonderes vor. Gott sagte: „Der Mensch soll mein Freund sein. Er soll ein Wesen sein, das mir ähnlich ist. Er soll mir helfen, das Leben auf der Erde zu bewahren. Darum will ich ihm Verstand und Macht geben. Er soll herrschen über die Fische im Meer, über die Vögel in der Luft und über alle Tiere auf der Erde." So machte Gott den Menschen nach seinem Bild, den Mann und die Frau. Er segnete die Menschen und sprach zu ihnen: „Ihr sollt euch lieben und Kinder bekommen. Vermehrt euch, und breitet euch über die Erde aus! Nehmt sie in euren Besitz! Kümmert euch um die Pflanzen und Tiere! Paßt auf, daß die Erde gut bewahrt bleibt, und herrscht über sie! Ich gebe euch Verstand und Macht dazu." Und Gott fügte hinzu: „Von allen Pflanzen und Bäumen könnt ihr die Früchte essen. Den Vögeln und allen Tieren der Erde gebe ich Blätter und Gras zur Nahrung." Und es geschah so. Da sah sich Gott alles an, was er gemacht hatte. Und er hatte große Freude daran, denn alles war sehr gut. Das war der sechste Teil der Schöpfung. … So sind Himmel und Erde entstanden. Gott schuf sie nicht fertig, er baute immer weiter an ihnen. Auch heute ist der Schöpfer am Werk. Wir merken es, wenn ein kleines Kind geboren wird oder ein neuer Stern im Weltraum entsteht.	… Zuletzt aber schuf Gott das Wunderbarste: den Menschen. Gott sprach: „Ich will Menschen machen, die mir gleichen und über allen Tieren stehen." Und Gott schuf Adam, den Menschen. Und Gott sprach zu Adam: „Alles, was ich gemacht habe, soll für dich da sein: die Bäume und die Früchte, die Fische und die Vögel und die Tiere auf dem Land. Alles soll dir gehören und den Menschen, die einmal auf der Erde leben werden. Aber du sollst mir gehören!" Und Gott sah auf alles, was er gemacht hatte: es war sehr gut. Da wurde es Abend. Der sechste Tag war vorüber. So wurden Himmel und Erde geschaffen durch Gott, den Herrn. Alles, was in dieser Welt ist, kommt von ihm.

Die beiden Kinderbibelverfasser verstehen jeweils die Schöpfungserzählung sehr verschieden. So hat IRMGARD WETH z.B. aus dem Zusammenhang 1.Mose 1,27f die *Frau* weggelassen: nur „Adam, der Mensch" wird erschaffen (Von Eva erzählt sie in Fortsetzung dann in der nächsten Geschichte, „Adam und Eva" überschrieben). Wie mag das auf Mädchen wirken, daß sie in dieser fundamentalen Geschichte überhaupt nicht vorkommen? Und das entgegen dem Bibeltext! Auch über das „Macht euch die Erde untertan und herrscht über sie" aus dem Schöpfungssegen denken die beiden Kinderbibelautoren sehr verschieden: Die Erde mit all dem Leben darauf soll für Adam da sein, *ihm gehören* – so IRMGARD WETH; anders DETLEV BLOCK: Die Erde in Besitz nehmen heißt sich um Pflanzen und Tiere *kümmern*, die Erde gut *bewahren* (und nicht ausbeuten!). Wie ein König, der seiner Verantwortung gerecht wird, sein Land und seine „Untertanen" nicht ausbeutet, sondern für sie sorgt: so sollen es die Menschen auch mit der Erde halten.

Bei DETLEV BLOCK fallen noch ein paar andere Dinge auf: Er hat seine Nacherzählung der Schöpfungsgeschichte ausgestaltet mit den Farben unserer heutigen Vorstellung von der Entstehung der Welt und des Menschen, der *Entwicklungstheorie*.[68] Mit den Menschen schließt „der sechste *Teil* [nicht „Tag"!] der Schöpfung": Will der Verfasser seine Leser davor bewahren, in falscher Weise auf die Sieben-Tage-Vorstellung festgelegt zu werden? – Schließlich ist für BLOCK die Schöpfung nicht eine Angelegenheit, die sich in grauer Vorzeit zugetragen hätte und damit ein für alle Mal abgeschlossen wäre. Nein – sie geht weiter – auch heute: „Wir merken es, wenn ein kleines Kind geboren wird oder ein neuer Stern im Weltraum entsteht."

C. Impulse zum eigenen Verständnis	*Die Schöpfungserzählungen – bekannt und unbekannt*

Die Schöpfungserzählungen vom Anfang der Bibel gehören auch heute – bei sonst zunehmender Unvertrautheit mit diesem Buch – zu den weithin verbreiteten Bildungsstoffen. Von daher sind auch dem bibelfremden Zeitgenossen doch wenigstens in Bruchstücken Motive und Sprichwörtliches bekannt: Das sprichwörtlich gewordene Tohuwabohu, das Sieben-Tage-Werk, das ‚Es werde Licht' und ‚Seid fruchtbar und mehret euch', den aus Erde geformten Adam und die Eva aus der Rippe, die verführerische Schlange, den Baum der Erkenntnis und seine Frucht, den vermeintlichen Apfel, das Paradies – den Garten Eden, die Rede vom ‚Vater und Mutter verlassen' und ‚Ein Fleisch sein', die Feigenblätter, den Fluch ‚Im Schweiße deines Angesichts …', die Worte vom ‚Wieder zu Erde werden' u.a.m.

Freilich ist diese „Bekanntschaft" mit den Schöpfungserzählungen nicht ohne Probleme. An den von daher vertrauten Motiven und Worten hängen nämlich auch eine Reihe von Vorurteilen und Abneigungen und das besonders stark, weil oft keine tiefergehende Kenntnis der biblischen Zusammenhänge gegeben ist. Die Weise, wie man als Kind einmal die Erzählungen aus den Anfangskapiteln der Bibel innerlich aufgenommen hat, vermittelt erste Eindrücke darüber, wie Mensch,

---

68   Ähnlich wie die biblische Erzählung in den Vorstellungen einer vergangenen Wissenschaft spricht (s.o. S.48)

Welt und Gott im christlichen Glauben erlebt und gesehen werden. Wo hier nicht oder falsch verstanden wurde, liegen solche elementaren Ersteindrücke bei manchem unter uns gleichsam wie unverdaute Brocken im Magen so, wie sie aus Kinder- und Schulzeiten in Erinnerung geblieben sind. Ist aber dies der Fall, wird eine reife Auseinandersetzung mit der Bibel im Erwachsenenalter weithin be- oder gar verhindert. Das zeigt sich gerade bei solchen grundlegenden Themen wie: Glauben und moderne Welt, Religion und (Natur-)Wissenschaft, das Rollenbild von Mann und Frau, das Verständnis von Moral und Sünde u.a. Als Folge davon ist für so manchen Erwachsenen die Einstellung zu Bibel und hier zu den biblischen Schöpfungserzählungen infantil und unaufgeklärt geblieben.

Worum geht es in den Schöpfungserzählungen?

Auf diese Weise wird der Zugang zu einem *Grundsymbol* christlichen Glaubens versperrt, wie es das der „Schöpfung" darstellt. In ihm wird nicht ein Wissen über den *zeitlichen Anfang* der Welt vermittelt. Nicht um die Weltentstehung (das ist Sache von naturwissenschaftlichen Theorien) geht es hierbei, sondern um den *„inneren Grund"* der Welt, ihren Sinn. Darum ist es auch falsch, wenn Kinderbibeln den ersten Satz der Schöpfungserzählung mit ihrem „Im Anfang schuf Gott Himmel und Erde" so umschreiben: *„Irgendwann vor langer Zeit* wollte Gott, daß unsere Welt entsteht …"[69] Das „Im Anfang" hat die lateinische Bibel so wiedergegeben: *„In principio"*, also „im Prinzip". Das läßt nicht an Zeit denken. Gott der Schöpfer ist nicht der zeitliche Anfang der Welt, sondern „vor aller Zeit und Welt"[70]. Er ist ihr „Prinzip"- und das auch heute.

In diesem Glaubenssymbol „Schöpfung" spricht sich ein fundamentales Lebensverständnis aus: Wie sehe ich die Welt, in der ich lebe, die Menschen, mit denen ich bin, wie sehe ich mich selbst? „Ich glaube, daß *mich* Gott geschaffen hat samt allen Kreaturen, *mir* Leib und Seele, Augen, Ohren und alle Glieder, Vernunft und alle Sinne gegeben hat und noch erhält …" – so erklärt MARTIN LUTHER den Glaubensartikel: „Ich glaube an Gott den Vater, den Allmächtigen, den Schöpfer des Himmels und der Erde." Und das gilt, obwohl LUTHER gleich uns weiß, daß sein Leben „ganz natürlich" zustande gekommen ist und von Vater und Mutter stammt. Ich sage „ja" dazu, daß ich mein Leben nicht selbst gemacht habe. Das ist gerade gut so, denn ich kann es als Geschenk nehmen, als Ausdruck einer größeren Liebe, die mich umfängt und hält. Mein Leben als von Gott geschaffen – das ist Grund zur Freude, wie der Dichter MATTHIAS CLAUDIUS – „täglich singen" kann:

> Ich danke Gott und *freue* mich
> wies Kind zur Weihnachtsgabe,
> daß *ich bin*, bin! Und daß ich dich,
> schön menschlich Antlitz! habe;
>
> daß ich die Sonne, Berg und Meer,
> und Laub und Gras kann sehen,
> und abends unterm Sternenheer
> und lieben Monde gehen …

---

69 PIOCH, WILFRIED S.10. Ähnlich ANNE DE VRIES: „Vor langer, langer Zeit …" (S.9)
70 So das Nizänische Glaubensbekenntnis, das an Festtagen im Gottesdienst gebraucht wird.

Dieser Glaube „kann nicht von außen an den Menschen herangepredigt werden, sondern dessen muß der Mensch selbst inne werden; er muß es in seiner Existenz in der Welt erfahren. Der Glaube an Gott den Schöpfer und Erhalter der Welt beginnt darum nicht mit der Nacherzählung des biblischen Schöpfungsberichtes, sondern mit der Aufdeckung der auf dem Grund allen Lebens ruhenden Erfahrung, daß der Mensch nicht *Macher*, sondern *Empfänger* seines Lebens ist, daß er sich samt seiner Welt nicht selbst gesetzt hat, sondern sich einem anderen verdankt."[71]

Dieser letzte Hinweis mag anregen, das Thema Schöpfung gegenüber Kindern nicht bei einer der beiden Schöpfungserzählungen aus 1.Mose 1 und 2 anzufangen. Angemessener und sinnvoller ist ein Einsatz bei Poesie und Lied. Die Freude, die im Lob eines Psalms (so z.B. Psalm 148) zum Ausdruck kommt, mag auch näher an das Lebensgefühl und das Naturerleben von Kindern reichen. „Im Lob kommt das ursprüngliche Verhältnis zu Gott und zu seinen Werken zur Sprache. Das Lob hat das erste Wort", stellt INGO BALDERMANN fest. Ihm und nicht der Lehre oder der Erzählung von der Schöpfung komme der Vorrang zu.[72]

D. Überlegungen zum Verständnis der Kinder	**Kinder fragen**

Für heranwachsende Kinder ist – je nach ihrem Alter – die Welt eine unerschöpfliche Quelle für Fragen:

„Wie ist es möglich, daß in der Bibel steht, Gott habe die Welt in sieben Tagen erschaffen, wenn es Millionen Jahre gedauert hat? Ist Gott also immer noch am Erschaffen?", fragt ein achtjähriger Junge.

„Wenn es den lieben Gott nicht gäbe, gäbe es uns auch nicht", folgert ein Vierjähriger.

„Warum hat Gott die Welt gemacht? Ich weiß. Zuerst war nichts, dann war alles weiß, oh nein, wenn nichts ist, ist alles schwarz, und dann war Gott so allein, daß er dachte: Ich will eine Welt machen."[73]

Diese Fragen lassen ahnen, daß sich darin Vorstellungen über das Leben und die Welt in den Kindern heranbilden, die an Tiefe sehr wohl an die Gedanken der denkschärfsten Theologen und Philosophen heranreichen. In ihnen melden sich auch Gedanken zu Wort, die wir in den biblischen Überlieferungen finden: so die Vorstellung von der bis heute andauernden Schöpfung (Creatio continua – so nennen Theologen diese Vorstellung mit einem lateinischen Begriff) und die von der Schöpfung aus dem Nichts (creatio ex nihilo). Deswegen hat die holländische Autorin JOHANNA KLINK ihrem Buch, in dem sie solche Kinderfragen gesammelt hatte, mit Recht den anspruchsvollen Titel „Die *Theologie* der Kinder" gegeben.

---

[71] HEINZ ZAHRNT: Gott kann nicht sterben. München 1970 S.135f
[72] BALDERMANN, INGO: Die Bibel – Buch des Lernens. Göttingen 1980 S.40
[73] Diese Kinderfragen nach JOHANNA KLINK: Kind und Leben. Die Theologie der Kinder – eine kleine Theologie für Eltern. Düsseldorf: Patmos Verlag 1972 S.38; 19f.

Daß sich solche Fragen melden, hat auch mit der psychischen Entwicklung der Kinder zu tun, genauer mit der Entwicklung ihres Ich-Bewußtseins. „Daß *ich* bin" – dieses Bewußtsein, über das sich der Dichter MATTHIAS CLAUDIUS „wie's Kind zur Weihnachtsgabe freut" (s.u.), ist für Kinder eine Neuentdeckung. Zunächst ist dem Kleinkind die Vokabel „Ich" noch unbekannt: Es fühlt sich mit der Mutter in Einheit, zu einem „Wir" verbunden. Erst allmählich bildet sich im Kind ein Bewußtsein von sich selbst als einem eigenen Ich, das von einer Grenze nach außen umschlossen ist. Auf diesem Wege beginnt sich in ihm ein Ich zu Wort zu melden, das anders will als die Anderen in seiner Umgebung. Fragen werden in ihm wach: Wer bin ich?[74] Und wer bist du?[75] Und was ist das? – Denn „Ich bin ich" – das bedeutet zugleich: Außerhalb von mir sind die Wesen und Dinge, die *nicht Ich* sind, sondern ein „Du" oder ein „Es". Schließlich richtet sich das Fragen eines Kindes nicht mehr nur auf seine unmittelbare Umwelt, auf die Menschen und Dinge um es herum. Sondern auch die Zeit vor ihm und nach ihm kommt in sein Blickfeld: Was war vor mir? Was wird nach mir sein? Damit aber tritt (so beschreibt die Kindertherapeutin SELMA H.FRAIBERG diesen Entwicklungsfortschritt) „die Idee des ‚Nicht-Seins' auf zwei Arten in seine Gedanken; einmal von der Seite des Anfangs (‚wo war ich, bevor ich geboren wurde?'), dann von der Seite des Endes (‚was geschieht, wenn man stirbt?')." [76]

Dieses neue Ich-Bewußtsein aber ist gleichsam der Motor für die vielen Fragen, die ein Kind bewegen: Hat die Zeit einen Anfang? Was war, bevor Gott die Welt geschaffen hat? Wo war ich, bevor ich auf die Welt kam? Wozu leben wir? Warum gibt es Leiden und das Böse auf der Welt? – das sind Fragen, die Kinder (und hoffentlich nicht nur sie!) beschäftigen.[77] Fragen, auf die der christliche Glaube mit dem Vertrauen antwortet, daß die Welt und mein Leben nicht Zufall, sondern sinnvolle Schöpfung sind.

Dieses Fragen darf nicht mit schnellen Anworten aus der Welt geschafft werden: „Das hat der liebe Gott eben so gemacht – basta!" Die „Anekdote", in der ein Kind auf seine Frage: „Was hat der liebe Gott gemacht, bevor er die Welt erschaffen hat?" zur Antwort erhält: „Er hat Ruten geschnitzt für Leute, die unnütze Fragen stellen!" – ist kennzeichnend für eine solche Haltung, die sich nicht ernsthaft auf Fragen einlassen kann. Aber mit den Fragen lernt ein Kind sich selbst und die Welt

---

74 s. dazu das anregende Bilderbuch von MIRA LOBE: Das kleine Ich Bin Ich. München 1982, das das Thema der Ich-Suche und -Findung in elementarer Weise darstellt. Was diese Neuentdeckung: „Ich bin ich" für ein Kind bedeutet, hat CHRISTA WOLF in ihrem Roman „Kindheitsmuster" (Darmstadt 1981 S.11f) sehr eindrücklich beschrieben. S. zum Ganzen unten Kap 5.1D S.66

75 Kennzeichnend für dieses Interesse, sich vorzustellen, wie es in den Anderen aussieht, sind die beliebten Rollenspiele: In ihnen fantasieren sich Kinder zur Probe in die verschiedenen Rollen und Situationen der Erwachsenen in ihrer Umgebung hinein. Darum spielen sie Hochzeit, Beerdigung, Krankheit, Vater, Mutter. Kind, Berufsrollen etc.

76 SELMA H.FRAIBERG: Das verstandene Kind.Hamburg 1969 S.197

77 Solche Fragen sind Anlaß für den Berliner Pädagogen HANS-LUDWIG FREESE, Kinder als kleine Philosophen ernstzunehmen und mit ihnen zu philosophieren. (HANS-LUDWIG FREESE: Kinder sind Philosophen. Berlin: Quadriga Verlag 1989 S.16)

verstehen. Mit seinen Fragen wächst es auch in den Glauben hinein. So heißt es in der Bibel zum Passafest:

> Und wenn dich heute oder morgen dein Sohn *fragen* wird: Was bedeutet das?, sollst du ihm sagen: Der HERR hat uns mit mächtiger Hand aus Ägypten, aus der Knechtschaft, geführt. (2.Mose 13,14)

Fragen sind also nicht nur zugelassen, sondern notwendig. Auch die Schöpfungsgeschichten sind mißbraucht, wenn damit Kinderfragen „erledigt" werden sollen. Wer von der Schöpfung erzählt, soll Fragen ermutigen, herauslocken, neue Fragen wecken und selber mitfragen. Denn auch die biblischen Schöpfungsgeschichten sind Erzählungen, die mit Fragen zu tun haben (s.o.).
Dieses Rätsel, daß etwas, das jetzt ist, vorher nicht da war und nachher nicht mehr sein wird, die Fragen nach Geburt und Tod, Wachsen und Vergehen, beschäftigen Kinder auch an anderen Stellen und treiben ihre Neugier, ihren Wissensdurst und ihr Nachdenken an. Wie entsteht ein Kind? Wo war es, bevor es in den Bauch der Mutter kam? Wie wird es geboren? Was geschieht mit dem Samenkorn, das in die Erde gelegt wird? Da geht es nicht nur um bloße Vermehrung von Wissen, sondern um viel Existentielleres: Solche Fragen wollen Ordnung und Zusammenhang in die verwirrende Fülle von Eindrücken bringen, die sich Kindern Tag um Tag neu aufdrängen. Kinder können staunen über die vieltausendfältigen Erfahrungen, die sie am Wachstum der Natur um sich herum und an sich selbst machen. Solches Staunen will den Zugang zu der Hoffnung öffnen, daß man nicht so bleibt, wie man ist, daß man nicht so klein bleibt wie jetzt, sondern heranwächst und an Kraft, Erkenntnis, Unabhängigkeit zunimmt: Die Blüte, gestern noch eine Knospe, heute in voller Pracht entfaltet. Das Vogelküken, gestern noch unsichtbar im Ei, heute ausgeschlüpft und hungrig nach Nahrung piepsend. Das Affenbaby, gestern noch verborgen im dicken Bauch seiner Mutter, heute ein kleines niedliches Wesen für sich. Darum möchten Kinder auch gern Lebendiges um sich haben: ein Tier zum Versorgen und Schmusen, Fische, die sich bewegen und vermehren. Pflanzen, die sie beobachten können in ihrem Wachstum.

E. Ideen zum Erzählen

Lieder zuerst

Noch einmal ist wichtig festzuhalten, daß die Schöpfungserzählungen aus dem Anfang der Bibel nicht die einzigen Texte sind, die dem Glauben an Gott den Schöpfer Ausdruck verleihen wollen. So wäre es oftmals sehr viel angemessener, ja auch kindgemäßer, mit der Bibel von Gott dem Schöpfer zu singen. Der Psalm 148[78] bietet sich hier an: Dafür sprechen sowohl das elementare „Weltbild" dieses Psalms in seiner Direktheit (oben der Himmel, unten die Erde), das dem vom unmittelbaren Sinneseindruck geprägten ersten „Weltbild" von Kindern entspricht, wie auch der elementare Aufbau dieses Psalms (eine Aufzählung nach dem Motto: Was es alles gibt), der zu Fortsetzung und Ergänzung beim Singen und Erzählen anregt:

---

[78] Der Psalm ist von mir übersetzt und im Hinblick auf den Gebrauch mit Kindern leicht verändert und vereinfacht.

Lobt Gott!
Lobt Gott im Himmel!
Wer soll Gott loben?
Die Sonne,
der Mond!
alle Sterne!
Feuer und Hagel,
Schnee und Rauch,
Sturmwind
Und der Regen, der vom Himmel kommt!
Lobt Gott!
Gott hat befohlen und alles war da.

Lobt Gott auf der Erde!
Denn groß ist sein Name.
Schön ist er, so schön, daß Erde
und Himmel es nicht fassen.

Wer soll Gott loben?
Ihr Fische im Wasser
Ihr Drachen!
Ihr Berge!
alle Hügel!
Ihr Obstbäume und Wälder!
Ihr Tiere in Feld und Haus!
Alle Tiere, die kriechen und fliegen!
Alle Menschen auf der Erde!
Männer und Frauen,
die Alten und die Kinder –
Sie alle sollen Gott loben!

Zum singenden „Erzählen" von der Schöpfung eignet sich gut das Lied „Lobt alle Gott" von GERTRUD LORENZ, das dem Schöpfungspsalm 148 nachempfunden ist und ebenfalls zur spontanen Ergänzung beim Singen anregt:

Lobt alle Gott.
Lobt alle Gott.
Lobet alle Gott
für die Tage und die Nächte,
für den Morgen und den Abend.
Lobt alle Gott.
Lobt alle Gott.
Lobet alle Gott ...

Lobt alle Gott.
Lobt alle Gott.
Lobet alle Gott
für die Berge
und die Täler,
für die Flüsse
und die Meere.
Lobt alle Gott ...

Lobet alle Gott.
Lobet alle Gott.
Lobet alle Gott
für die Pflanzen
und die Tiere
für die Fische
und die Vögel ...

Lobt alle Gott.
Lobt alle Gott.
Lobet alle Gott
für die Tiere
auf dem Lande
und für alle,
alle Menschen ...[79]

Lobt alle Gott
Für ...

Von der Schöpfung erzählen

Wer sich beim Erzählen an einer der Schöpfungsgeschichten (1.Mose 1 bzw 2) orientieren will, sollte in einer einfachen Einführung deutlich machen, daß es eine Vielfalt solcher Geschichten und Lieder über die Schöpfung in der Bibel gibt: [80]

Immer wieder haben die Menschen nachgedacht: Woher kommt die Welt? Woher kommen die Menschen?

---

[79]   in: ROLF KRENZER (Hg.): 100 einfache Lieder Religion. Lahr: Kaufmann 1978 S.88
[80]   Die Texte, die ich den Lesern als Erzählanregung anbieten möchte, sind im folgenden am Rand mit einem Strich gekennzeichnet.

Darüber gibt es viele Geschichten. Darin haben die Menschen immer wieder neu und anders ihr Vertrauen ausgesprochen: Alles kommt von Gott. Gott ist der Schöpfer allen Lebens – auch heute. Auch mein Leben und dein Leben kommt von Gott. Eine dieser Geschichten davon will ich euch heute erzählen ...

Es war oben[81] dargestellt worden, daß die ältere Schöpfungserzählung von 1.Mose 2 sich auf Fragen bezieht, die nicht in eine ferne Vergangenheit zurückweisen, sondern Erfahrungen und Vorgänge der Gegenwart betreffen, über die Menschen (und besonders Kinder) nachdenken. Von daher läßt sich erwarten, daß diese Erzählung auch für Kinder mit ihren Fragen zunächst einmal interessanter, ansprechender ist als die nüchternere „wissenschaftliche" Auflistung, die die andere Schöpfungserzählung zum Inhalt hat. So sollte man diesen Fragecharakter der Erzählung aufnehmen und mit den Zuhörern beim Erzählen ins Gespräch kommen. Die sollen ihre Fragen, Erfahrungen und Gedanken mit ins Spiel bringen:

... Und einen Garten machte Gott. Und darein setzte er den Menschen: Der sollte den Garten bebauen und pflegen ...

Aber überlegt einmal: Kann ein Mensch allein leben? ...

Das mag sich Gott gedacht haben, wenn überhaupt einer wissen kann, was für Gedanken Gott hat:

„Es ist nicht gut für den Menschen, allein zu sein. Ich will ihm ein Geschöpf machen, das zu ihm paßt, das ihm hilft."

Da waren ja die Tiere und die Vögel und die Fische, viele, viele verschiedene. Gott hatte sie alle geschaffen. Die sollte sich der Mensch anschauen: Vielleicht war ja darunter ein Geschöpf, das zu ihm paßte.

Und wie, meint ihr, sind die Tiere zu ihren Namen gekommen? Warum heißt der Bär „Bär" und nicht „Giraffe"? Und der Hund „Hund"? Warum nennt man die Katze eine „Katze" und nicht eine „Maus" und die Taube eine „Taube"?

So schaute der Mensch sich um unter den Tieren und gab ihnen allen einen Namen. Doch wie ist das mit den Tieren? Kann ein Tier dem Menschen ein Freund sein? ...

Nein, da war keines, das zu dem Menschen paßte, mit dem er reden, mit dem er lachen und weinen, arbeiten und denken konnte.

Aber dann fand sich doch ein Anderer, der mit dem Menschen zusammen leben, sein Leben teilen konnte. Ein Anderer, nein, ich muß genau sagen: Eine andere – die Frau.

Da ließ Gott einen tiefen Schlaf über den Menschen kommen ...

Was meint ihr, was ist es, das Männer und Frauen zueinander hinzieht? Was bindet sie so sehr aneinander, daß sie sich liebhaben, lieber als sie selbst ihren Vater und ihre Mutter haben? Daß sie zusammenleben wollen und sich nicht mehr trennen? – Das haben die Menschen sich immer wieder gefragt. Und unsere Geschichte hat eine Antwort: Natürlich, sie gehören so fest zusammen, weil sie aus demselben Stoff sind, aus Fleisch und Blut – der Eine wie der Andere. Das muß so sein.

---

[81] S. dazu S.47f.

56

4.2 Die Erde wird bewahrt – Noah: 1.Mose 6–9

A. Einführung in den Bibeltext

Zwei Geschichten von der großen Flut

Unsere Sintflutgeschichte besteht eigentlich aus *zwei Geschichten* mit demselben Thema. Wer diese Geschichte aufmerksam liest, dem mag zunächst auffallen, daß sie eine Reihe von Wiederholungen bringt: So lesen wir zweimal vom göttlichen Vernichtungsbeschluß. Zweimal erhält Noah den Befehl, die Arche zu besteigen. Die Entwicklung der Flut und die Vernichtung der Lebewesen werden doppelt geschildert. Auch das Ende ist doppelt: 1.Mose 3 8,20–22 bzw. 9,1–17. Weiterhin enthält die Sintfluterzählung eine Reihe von Widersprüchen, die nicht auf einen Nenner zu bringen sind: Wie kommt die Sintflut zustande (als 40 Tage lang dauernder Platzregen oder als Wasserchaos, weil die Schleusen des Himmels und der Tiefe 150 Tage lang geöffnet waren und die Wassermassen von oben und unten durchließen)? Und wie lange dauerte sie? Wie viele Tiere sollten in die Arche aufgenommen werden: sieben Paare, ein Paar oder zwei Paare von jeder Art?

All diese Auffälligkeiten werden verständlich, wenn man sich klar macht, daß wir hier eigentlich zwei Erzählungen vor uns haben, die der uns unbekannte „Verfasser" der Mosebücher zu einer verbinden wollte: So sollten die wichtigen Elemente der beiden Quellen bewahrt werden. Ein weiterer Hinweis, daß wir es hier mit zwei Ursprungserzählungen zu tun haben, zeigt sich dem, der den Bibeltext in der hebräischen Originalsprache lesen kann: Die eine Erzählung verwendet das Wort „Jahwe" als Gottesbezeichnung, die andere Erzählung dagegen den Gottesnamen „Elohim"[82]. Auch an anderen sprachlichen Eigenarten kann man die beiden Ursprungserzählungen noch identifizieren.

Eine alte Geschichte – neu erzählt

Geschichten von einer großen Flut in grauer Vorzeit und von der wunderbaren Errettung eines Menschen aus dieser Weltkatastrophe sind in ähnlicher Form auch bei anderen Völkern zu finden. Davon erzählt z.B. die babylonische Gilgamesch-Sage, die viele Einzelheiten mit unserer Noahgeschichte gemeinsam hat. Diese alte Sage haben biblische Erzähler nun nicht einfach kopiert, sondern sie haben sie neu erzählt. Dabei haben sie sie mit einem *neuen Akzent* versehen: Es hat sich etwas Entscheidendes verändert. Gott hat einen *Bund* mit den Menschen, ja mit der ganzen Kreatur geschlossen:

> Weiter sagte Gott zu Noach und seinen Söhnen: „Ich schließe meinen *Bund* mit euch und euren Nachkommen und mit allen Tieren, die bei euch im Schiff waren und künftig auf der Erde leben werden. Ich verspreche euch: Ich will das Leben nicht ein zweites Mal vernichten. Die Flut soll nicht noch einmal über die Erde hereinbrechen. Diese Zusage, die ich euch und allen lebenden Wesen mache, soll für alle Zeiten gelten. Als Zeichen dafür setze ich meinen *Bogen* in die Wolken. Jedesmal, wenn ich Regenwolken über der Erde zusammenziehe und der Bogen in den Wolken erscheint, will ich an das Versprechen denken, das ich euch und allen lebenden Wesen gegeben habe. Wenn

---

[82]   s. dazu auch oben S.47

ich den Bogen in den Wolken sehe, soll er mich an den *ewigen Bund* erinnern, den ich mit euch geschlossen habe. Dieser Bogen", sagte Gott zu Noach, „ist das Zeichen für den Bund, den ich jetzt mit allen lebenden Wesen schließe." (1.Mose 9,8–17. Übersetzung nach „Die Gute Nachricht").

Diese schriftstellerische Freiheit, mit der einst der biblischer Verfasser mit seinen Erzählstoffen umgegangen ist, kann uns eine ähnliche Freiheit erlauben, diese Geschichten von unserem Verständnis her neu zu erzählen, sie so zu erzählen, daß sie unsere Kinder heute ansprechen.

B. Wie Kinderbibeln erzählen

Detlev Block	Regine Schindler
Die Menschen vermehrten sich auf der Erde. Sie breiteten sich überall aus. Aber Gott hatte keine Freude an ihnen. Er sah, wie weit es mit ihnen gekommen war. Sie hörten nicht auf Gott. Sie kümmerten sich nicht um das Gute. Sie taten Böses. Da tat es Gott leid, daß er die Menschen geschaffen hatte. Er sagte: „Die Menschheit soll nicht mehr weiterleben. Ich will sie sterben lassen und ausrotten." Und weil Gott keine Freude mehr an den Menschen hatte, darum hatte er auch keine richtige Freude mehr an den Tieren. Auch die Tiere sollten mit untergehen, die auf dem Land und die in der Luft. Gott dachte: Vielleicht wäre es besser gewesen, wenn ich die Lebewesen gar nicht geschaffen hätte. Aber unter den vielen Menschen gab es einen, der war anders als die anderen. Er hieß Noah und war schon ein alter Mann. Noah glaubte an Gott und richtete sich nach Gottes Willen … Gott wollte Noah und seine Familie retten. Darum zog er ihn ins Vertrauen und kündigte ihm an, was er vorhatte. Gott sagte zu Noah: „Die ganze Menschheit ist böse. Sie tut unrecht und hört nicht auf mich. Darum will ich mit ihr ein Ende machen. Ich werde eine große Flut über die Erde kommen lassen. Darin sollen alle umkommen, Mensch und Tier. Aber mit dir, Noah,	(R.Schindler beginnt ihre Erzählung mitten in der Sintflut. Die Kinder der Familie Noah sitzen mit ihren Eltern und Großeltern in der Arche, um sich herum die Tiere, die im Schiff Zuflucht gefunden haben. Es regnet und regnet bald vierzig Tage – „nichts als Wasser. Eine Wasserwelt, sagen die Kinder".) „Jammert nicht", sagt dann Noach ruhig. „Gott wird unsere Familie und alle diese Tiere retten. Darum mußten wir die Arche bauen, so wie Gott es wollte." … Erst als dann der Regen kam, die Felder überschwemmte und die Täler füllte, wurde der Kasten zum Schiff. „Auch die Berge sind jetzt von Wasser bedeckt", hatte eines Tages der Großvater gesagt. Und alle in der Arche merkten: Nur wir sind gerettet. Die Menschen im Schiff wissen: Gott hat mit Noach geredet. Gott meint es gut mit uns. „Was haben die anderen Menschen getan, daß sie ertrinken müssen? Was können die Tiere dafür und die Pflanzen?" fragen die Kinder. „Die Menschen haben Böses getan", sagt der Großvater. „Was heißt das? Haben sie geraubt und getötet? Haben sie ihre Freunde allein gelassen? Haben sie Gott vergessen? Sind wir denn besser?" So fragen die Kinder immer wieder. Sie erhalten keine Antwort. Noach sagt: „Gott will, daß wir am Leben bleiben, wir und die Tiere ….

schließe ich einen Bund. Ich verspreche dir: Du sollst mit deiner Familie gerettet werden. Bau dir ein Schiff aus Holz! …"	Der Regen wird aufhören, ich weiß es. Bleibt ruhig." Der Regen aber rauscht und rauscht. Wellen klatschen ans Schiff. Werden nicht all die wunderbaren Dinge, die Gott erschaffen hat, durch die Wasserfluten zerstört? Die Kinder können es nicht verstehen …

Beide Kinderbibelautoren gehen mit dem Bibeltext sehr frei um. Aber der Gesichtswinkel, aus dem heraus sie erzählen, ist grundverschieden. DETLEV BLOCK erzählt die Geschichte sozusagen *von oben*, aus der „Sicht Gottes". Wie die biblische Geschichte selbst läßt er uns anfangs einen Strafgott sehen, der Schuldige wie Unschuldige, Menschen, Tiere und Pflanzen „ausrotten" will. Ihm setzt er am Ende einen gütigen Gott entgegen, der die Erde in alle Zukunft zu bewahren verspricht. In dieser Nacherzählung erscheint Gott – wie in der Bibel – als unmittelbare Handlungsfigur: „*Gott* hatte keine Freude …, *Gott* tat es leid …. *Er* sagte: … *Gott* wollte Noah retten … Darum zog *er* ihn ins Vertrauen und kündigte ihm an, was *er* vorhatte. *Gott* sagte zu Noah: *Ich* verspreche dir …" Gott ist hier das direkte Subjekt der Handlung: Er trifft den Vernichtungsbeschluß, er läßt die Flut kommen, er setzt ihr ein Ende und läßt Noah aus dem Schiff steigen usw.[83]

Ganz anders dagegen REGINE SCHINDLER: Sie bleibt mit ihrer Erzählung auf der Erde. Nicht was *Gott* denkt und tut, wird erzählt, sondern wie die *Menschen* (besonders die Kinder) in der Arche die Flut erleben und auf die bewahrende Güte Gottes vertrauen. Auch hören wir am Ende von dem Versprechen Gottes, die Erde zu bewahren, nur aus dem Mund des Noah. So ist es eine Geschichte *von unten* (also von der Erfahrung der Menschen her), die REGINE SCHINDLER ihren Lesern anbietet.

Auch in anderer Hinsicht entscheidet sich REGINE SCHINDLER dafür, die Geschichte anders zu nehmen, ihren Anfang und ihr Ende, Vernichtungsbeschluß und Bewahrungsversprechen nicht als gleichwertig nebeneinander zu stellen. Sie versteht vielmehr die Geschichte *von ihrem Ende her* als eine Geschichte über Gottes Güte: Der Ton liegt auf der Rettung Noahs. Gott will Menschen aus solcher Katastrophe retten und das Leben auf der Erde erhalten. Daß Menschen, Tiere und Pflanzen umkommen, wird von der Erzählerin nicht einem Vernichtungsurteil Gottes angelastet – wie es viele Kinderbibeln dem biblischen Text nachtun, die darin diese Katastrophe als eine Strafe Gottes für die Bosheit der Menschen zu verstehen geben. Ob dieser Weltuntergang als Strafe (Gottes?) für die Bosheit der Menschen genommen werden muß, diesen Gedanken läßt REGINE SCHINDLER in den Fragen und Zweifeln der Menschen erscheinen – er wird aber nicht im Himmel festgemacht als Planen und Tun Gottes.

So wird deutlich, wie diese beiden Kinderbibelautoren unsere Noahgeschichte sehr verschieden verstanden haben und den Lesern zu verstehen geben wollten. Das mag auch den Erzählern dieser Geschichte Anlaß geben, über ihr eigenes Verständnis davon nachzudenken.

---

[83]   S. dazu Kap 3.10 S.44f.

Von welchem Gott wollen wir erzählen?

Die Noah-Geschichte zwingt nämlich den heutigen Erzähler zu einer grundsätzlichen Entscheidung. Wie will er für sich selbst über Gott denken und dann, welches Bild von Gott will er vor seinen Zuhörern vertreten: Das Bild vom *strafenden* Gott, den es reut, die Erde geschaffen zu haben, der seine eigene Schöpfung, Mensch und Tier, Schuldige wie Unschuldige vernichtet? Ist das der gleiche Gott, den Jesus unseren Vater im Himmel nennt, der seine Sonne aufgehen läßt über Böse und Gute und regnen läßt über Gerechte und Ungerechte (Mattäus 5,45)? Weiß sich Jesus von Gott nicht gerade dazu bestimmt, die Sünder zu rufen (Mattäus 9,13) – und sie eben nicht „auszurotten". Erzählt auch die Geschichte von der Sintflut nicht vielmehr von Gottes *Güte*, die Noah mit seiner Familie und den Tieren rettet, und endet die Geschichte nicht mit Gottes großem Versprechen, mit seinem Neuen Bund, die Erde zu bewahren? Wie wollen wir also diese Geschichte verstehen und vermitteln: Von ihrem Anfang her, dem göttlichen Vernichtungsbeschluß, oder von ihrem Ende, dem Versprechen Gottes, daß hinfort keine Sintflut mehr kommen soll, die die Erde verdirbt, daß vielmehr Saat und Ernte, Frost und Hitze, Sommer und Winter, Tag und Nacht nicht aufhören sollen. Wo wollen wir als Erzähler den Ton hinlegen? Soll diese Geschichte eine *Strafgeschichte* sein, wie der allmächtige Gott die bösen Menschen bestraft und den einen Guten belohnt? Oder eine *Glaubensgeschichte*, die davon handelt, wie Noah neues Vertrauen zu Gott gewinnt: Gott, der die große Weltkatastrophe im letzten Moment abstoppt und die Erde bewahren will und das – wie wir heute sagen müssen – auch gegen die zerstörerischen Tendenzen der Menschen selbst?

Nur eine alte Geschichte?

Denn überraschenderweise hat die Noahgeschichte in der Gegenwart eine unvermutete Aktualität bekommen. Diese Geschichte läßt uns den Regenbogen, dieses Himmelszeichen, sehen als sichtbares Zeichen für den Neuen Bund, den Gott mit seiner Schöpfung, mit Mensch und Natur geschlossen hat, um beide vor der Vernichtung im Chaos zu behüten. Die Farben des Regenbogens sind heute unter uns zum verbindenden Symbol für viele Gruppen geworden, die die Erde und das Leben auf ihr vor zerstörerischer Ausbeutung bewahren wollen und die Menschen für einen anderen, freundlichen Umgang mit der Natur gewinnen möchten. Und das Katastrophenbild, das diese alte Sagenerzählung vor unseren Augen entstehen läßt, mag uns so vormodern und naiv anmuten und doch spricht es uns an. Unsere Sorge gilt zwar nicht mehr einer Überflutung durch die Wassermassen von oberhalb der Himmelsglocke und von unterhalb aus den Quellen der Tiefe, sondern einer schlimmeren Möglichkeit, nämlich der, daß der Mensch selbst das Ende allen Lebens auf der Erde heraufführen könnte (atomarer Super-Gau, Atombombenkrieg, Umweltverschmutzung u.a.m.).

D. Überlegungen zum Verständnis der Kinder

Die Geschichte von der Sintflut gehört zu den Erzählungen, die besonders gern Kindern dargeboten wird. Das hängt sicher mit den freundlichen Seiten zusammen, die diese Geschichte aufweist: Die Menge der Tiere, die einen ganzen Zoo füllen könnten und immer von neuem Anlaß zu farbenfrohen, lebensvollen Buchillustrationen und Kindermalereien bieten. Das kommt der Zuneigung, die Kinder für Tiere empfinden, entgegen. So ist nicht verwunderlich, daß bei ihnen gerade auch die Vernichtung der Tiere, von der unsere Geschichte erzählt, Fragen und Widerspruch hervorruft. – Weiter gehört zu den ansprechenden Elementen der Sintfluterzählung die abenteuerliche Fahrt mit der Arche, das Bild des Regenbogens, und manches andere. Dem sind viele Lieder, Spiele, Bilder und Basteleien gewidmet.

Aber unsere Geschichte hat auch ihre ernste und dunkle Seite. Sie spricht nicht nur bei Erwachsenen, sondern auch bei Kindern Ängste und Sorgen an, die auf die bedrohte Zukunft unserer Erde und des Lebens auf ihr gehen. Wie erleben gerade Kinder unsere Welt? Wie sehen ihre Sorgen und Ängste um die Zukunft aus? Denn daß auch sie schon betroffen sein können von der Unsicherheit, von der die Zukunft des Lebens auf der Erde gezeichnet ist, dafür gibt es viele Äußerungen von Kindern als Beleg.[84]

Kinder können erkennen, daß die Sintfluterzählung nicht eine realistische Geschichte ist: Eine solche Flut, die auch die höchsten Berge bedecken könnte, ist undenkbar. Man soll ihnen also nicht den falschen Eindruck vermitteln, bei dieser Geschichte handele es sich um einen dokumentarischen Report über eine reale Weltkatastrophe in grauer Vorzeit. Sondern sie ist eine alte Sage, die bei vielen Völkern verbreitet ist. Sie hat zum Hintergrund die Urangst der Menschen, die Welt könnte untergehen. Darin hat sie ihre innere Wahrheit. Aber auch das Vertrauen, das Menschen auf die bewahrende Güte Gottes setzen, kommt in dieser alten Geschichte in anschaulicher Form zum Ausdruck: Ich glaube, daß Gott die Welt „geschaffen hat und noch erhält" (MARTIN LUTHER: Kleiner Katechismus – Erklärung zum Glaubensbekenntnis).

E. Ideen zum Erzählen

Der Erzähler muß also – wie wir gesehen haben – entscheiden, welchen Gott er den Kindern nahebringen will. Und ob er die Geschichte vom Anfang („Da reute es Gott, daß er die Menschen gemacht hatte auf Erden … und er sprach: Ich will die Menschen, die ich geschaffen habe, vertilgen von der Erde") oder vom Ende her erzählen will (Gottes Zusage: Solange die Erde steht, soll nicht aufhören Saat und Ernte, Frost und Hitze, Sommer und Winter, Tag und Nacht)? Je nachdem erhält diese Geschichte eine ganz andere Richtung.

Zur Vermittlung dieser Geschichte gehört auch eine Einleitung, die den Kindern deutlich macht, um was für eine Art von Erzählung es sich hier handelt – um eine alte Sage, in die der biblische Erzähler sein Vertrauen auf Gottes Treue gekleidet hat:

---

[84] S. dazu Kap 12.2D, wo darauf näher eingegangen wird.

Immer wieder erleben Menschen große Katastrophen in der Natur, die ihr Leben gefährden, die ihnen Angst und Sorge machen. Die Flüsse treten über die Ufer, der Sturm treibt die Meereswasser über die Deiche. Die Wassermassen überschwemmen Dörfer und Städte, Menschen und Vieh ertrinken. Die Erde bebt, Häuser stürzen zusammen und ganze Orte werden zu Ruinenstädten, Menschen werden von den Trümmern erschlagen. Berge speien Feuer, Steine und Asche aus, Ströme von glühender Lava fressen sich bergabwärts durch Wälder, Felder und Dörfer und verbrennen alles.

Darüber haben die Menschen sich immer wieder Gedanken gemacht: Bringen solche Katastrophen nicht einmal das Ende allen Lebens auf der Erde? Gibt es einen Schutz davor? Und warum dieses Unglück immer wieder? Warum trifft es gerade uns? Womit haben wir das verdient? Soll das eine Strafe, ein Denkzettel für uns sein?

Eine alte Geschichte, die so und anders bei vielen Völkern erzählt wird, handelt davon, wie Noah und seine Familie in einer großen Flut gerettet wurden und wie ihnen das ein Zeichen dafür war, daß Gott in seiner Güte die Erde und das Leben auf ihr bewahren will: ...

62

5. Wer bin ich? Wer bist du?

Ich komm', weiß nicht woher,
ich bin und weiß nicht wer,
ich leb', weiß nicht wie lang,
ich sterb' und weiß nicht wann,
ich fahr', weiß nicht wohin ...

Fragen über Fragen! „Was ist das? Warum ist das so? Wer bin ich? Wer bist du? Wer ist Gott?" so fragen Kinder und nicht nur sie. Philosophen können den Menschen definieren als ein Wesen, das *fragen* kann. Fragen dient nicht nur dem Vertrautwerden mit der Welt, so wie sie ist. Fragen geht auch über das Bestehende hinaus: Was man in Frage stellt, könnte auch anders sein.

„Theologie der Frage"[85] lautete der Titel eines Buches, das das traditionelle Bild von Glauben und Theologie in Frage stellen wollte, beides seien Bereiche, in denen es nur ewig feststehende Antworten gäbe. Aber Glauben bleibt im Fragen lebendig – die Bibel enthält viele Fragezeichen!

Die Entwicklung von Kindern ist nicht nur dadurch gekennzeichnet, daß sie in Gewohnheiten hineinwachsen, sondern besonders dadurch, daß sie durch Fragen sich einen eigenen Zugang zum Leben erschließen. Der Gebrauch der Fragewörter markiert wichtige Fortschritte in der geistigen Entwicklung von Kindern.

Hier sind zwei „*Frage*"geschichten aus der Bibel ausgewählt – die Erzählung von der Gottesoffenbarung im brennenden Dornbusch: Wer bin ich? Wer ist Gott? Wie ist sein Name? – und das Gleichnis vom barmherzigen Samariter: Wer bist du? Wer ist mein Nächster?

5.1 Wer ist Gott? Gott hat einen Namen: 2.Mose 3

A. Einführung in den Bibeltext

Die Geschichte von der Gottesoffenbarung im brennenden Dornbusch ist eine zentrale Erzählung im Alten Testament. Sie lief wohl in mehreren Versionen um. Unser biblischer Erzähler hat davon zwei Versionen aufgenommen. Dadurch erklären sich Doppelungen und Unausgeglichenheiten in unserer Geschichte. Zweimal wird erzählt, daß Gott das Elend seines Volks in Ägypten gesehen habe (so V.7–8 und V.9 ff.). Moses' Frage nach dem Namen Gottes findet eine doppelte Antwort (V.14 und V.15). Wer ist es, der dem Mose im brennenden Busch erscheint? Ein Engel (so V.2) oder Gott selbst (so ab V.4). Wer soll Israel aus Ägypten herausführen? Auch darüber denkt der Erzähler verschieden: In V.8 ist es Gott, in V.10–12 aber Mose. In V.12 ist vom Volk Israel in der dritten und dann in direkter Anrede in der zweiten Person die Rede.[86]

---

85 BASTIAN, HANS-DIETER: Theologie der Frage. München: Chr. Kaiser Verlag 1969
86 Die Nacherzählung sollte solche Unausgeglichenheiten, die im biblischen Text enthalten sind, nicht an die Zuhörer weiterreichen, sondern glätten.

Unsere Erzählung ist auch eine sog. ätiologische[87] Geschichte. Sie sollte einmal davon erzählen, wie die Heiligkeit eines Ortes entdeckt wurde: der Gottesberg, der später mit dem Berg der Zehn Gebote, dem Sinai, gleichgesetzt wurde.

Dann aber wird hier das alte Bekenntnis zu Gott, daß er Israel aus Ägypten herausgeführt habe (so z.B. 5.Mose 5,15;7,8.19 u.a.m.), erzählerisch entfaltet. Zugleich wollte die Geschichte den Gottesnamen „Jahve" erklären. Sie tut es mit einem Wortspiel: Eh'je ascher eh'je – Ich bin, der ich bin – das hebräische Wort dafür klang dem Gottesnamen ähnlich. Im Unterschied zu anderen Göttern (Marduk, dem Stadtgott von Babylon z.B., der fünfzig Namen hat) hat Jahve nur einen Namen: Da kann man sicher sein.

Daß wir hier die einzige Stelle haben, an der im Alten Testament der Gottesname erklärt ist, gibt unserer Geschichte ihre Bedeutung. Doch will die Namenserklärung keine schwergewichtige Dogmatik liefern etwa in dem Sinne: Gott ist *das Sein selbst*, der einzige in Wahrheit Existierende oder so. Das hebräische Wort „Sein" drückt nicht ein philosophisches „Sein" aus, sondern ein „Wirksam-Sein", wie es auch zuvor (im Vers 12) von Gott heißt: „Ich werde *mit dir sein*". Zugleich drückt diese Erklärung auch das Bewußtsein aus, Gott nicht mit der Kenntnis seines Namens „in der Hand" zu haben: Ich bin, der *ich* bin.

ERNST BLOCH[88] hat sich sehr eingehend gerade mit dieser Geschichte befaßt. Einen Gott „mit Futurum als Seinsbeschaffenheit", einen „Deus Spes", einen Gott Hoffnung findet er darin. Denn das dem hebräischen Wort eh'je (ascher eh'je) zugrunde liegende Verb haja kann sowohl *Sein* wie *Werden* bedeuten, also Zukunft in sich schließen: Ich bin, der ich bin – oder: Ich werde sein, der ich sein werde. Einzigartig nennt BLOCH diese Gottesdefinition, weil sie nicht einen zeitlos unveränderlichen Gott meint wie in anderen Religionen, sondern einen Gott, der „mit seinem Volk, als Eh'je ascher eh'je, sämtliche Schicksale mitmacht, bis zum Ende und gerade bis zum Ende."[89]

Gott aber ist der direkten Anschauung verborgen. Gott ist nicht einer, den man „sehen" kann[90]: Mose verhüllt vor ihm sein Angesicht. Ja in unserer Erzählung scheint es sogar für einen Moment in der Schwebe zu bleiben: Mit wem hat es Mose eigentlich zu tun? Ein Engel ist es, der ihm im Dornbusch erscheint, dann aber ist es die Stimme Gottes, der Mose antwortet.

Bibelwissenschaftler haben sich oft den Kopf darüber zerbrochen, ob es in der Wüste eine Naturerscheinung gibt, die dem Phänomen „Brennender Dornbusch" ähnlich sein könnte. Auch hier wird man daran denken müssen, daß den biblischen Erzählern fern liegt, Vorgänge in der Natur zu beschreiben (in Syrien und Palästina gab es eine Reihe von Erzählungen, die ähnlich von brennenden und doch nicht verbrennenden Bäumen und Büschen erzählten), sondern daß sie ihre Erzählungen in symbolischen Farben ausgestalten.

---

87   Von griechisch aition = Ursache, Grund und Logos = Kunde, Wissen, also Wissen von der Ursache, dem Grund einer Sache, eines Tatbestandes. s. dazu auch die Erzählung vom Traum Jakobs 1.Mose 28 (Kap.10.1A S.150f.) und vom Turmbau zu Babel (Kap. 9.1 A S.132f.).
88   Prinzip Hoffnung. Suhrkamp Taschenbuch Verlag 1985 S.1456ff
89   BLOCH, ERNST a.a.O. S.1458
90   Man bedenke dazu die Kinderfrage: Wie sieht der Gott denn aus?

B. Wie Kinderbibeln erzählen	Kinderbibeln lassen oft den zentralen Satz V.14 mit der Erklärung des Gottesnamens aus: so I.WETH, E.ZUR NIEDEN, ANNE DE VRIES. Warum dies? möchte man fragen. WERNER LAUBI dagegen bringt eine sehr anschauliche Wiedergabe, die dem ursprünglichen Wortsinn nahe

kommt:

Gott sprach: Mein Name ist JAHWE. Mein Name ist: ICHBINDA. Ich bin da gewesen, als die Welt entstand. Ich bin bei Abraham, bei Jakob und bei Josef gewesen. Ich bin bei dir, Mose, und ich bin beim Volk Israel. Ich werde immer bei ihm bleiben, wenn es mir gehorcht.

KAREL EYKMAN wählt eine andere Perspektive. Er erzählt die Geschichte aus der Sicht des Mose:

Ich begreife das Ganze immer noch nicht. Es war warm, und in der flimmernden Luft sah ich ein Feuer auf dem Berg. Ich ging darauf zu und sah in dem Feuer einen Brombeerstrauch. Doch er verbrannte nicht. Es war nur die Flamme, die brannte. Ich kniete nieder. Ich glaubte nämlich: Das hat etwas mit Gott zu tun. Ich wußte ja, daß mein Gott nicht weit weg ist, nicht hoch oben beim Pharao. Mein Gott ist nicht der Gott des Pharaos. Der Gott Abrahams, Isaaks und Jakobs ist ein Gott, der den Menschen *nahe ist*: Wohin wir gehen, dahin geht er auch. *Er ist immer bei uns.* Darum nenne ich ihn den ,*Er ist da*'.

C. Impulse zum eigenen Verständnis	Hier handelt es sich wieder um eine Symbolgeschichte. Ein Erzähler sollte sich nicht mit einem Erklärungsversuch für das Phänomen des brennenden Dornbuschs aufhalten. Hilfreich ist hier die Illustration, die ANNEGERT

FUCHSHUBER dieser Geschichte beigegeben hat: Der kniende Mose, der sein Gesicht verhüllt vor einem „Dornbusch", der die Gestalt eines flammenstrahlenden, siebenarmigen Leuchters, der jüdischen Menora, hat. Das läßt an die brennenden Kerzen auf dem Altar (in Dänischen Kirchen steht oftmals ein solcher siebenarmiger Leuchter auf dem Altartisch) oder an die ewige Lampe in katholischen Kirchen denken – Sinnbild für Gottes Gegenwart.
Wir lesen hier eine Geschichte, in der es um *Identitäten* geht. Wer bin ich, daß ich zum Pharao gehe? fragt Moses. Und er darf von sich wissen: Ich bin einer, der nicht allein ist. „Ich will mit dir sein" – mit dieser Gewißheit von Gott her kann er zum Pharao gehen: Ich bin wer. – Und noch eine Identität steht in Frage, die Identität Gottes: Wer bist du, wie ist dein Name? Ich bin der Gott deines Vaters, so hört Mose. Ich bin, der ich bin.
Wer ist Gott? Gott ist nicht alles, was wir so nennen, sondern – in einer Formulierung LUTHERs, mit der er das erste Gebot näher erklären wollte: „Einen Gott haben ist nichts anderes als ihm von Herzen vertrauen und glauben ... Allein das Vertrauen und Glauben des Herzens macht beide: Gott und Abgott. ... Denn die zwei gehören zusammen: Glaube und Gott. Woran du nun – sage ich – dein Herz hängst und [worauf] dich verläßt, das ist eigentlich dein Gott."[91]

---

91 LUTHERs Werke in Auswahl hg. v. OTTO CLEMEN Band 4. Berlin: Verlag von Walter de Gruyter & Co. 1950 S.4

D. Überlegungen zum Verständnis der Kinder	Kinder fragen nach sich selbst: Wer bin ich? Der Augenblick, wo mit dieser Frage ein neues Wort, das Wort „Ich" für sie alles veränderte, liegt hinter ihnen. CHRISTA WOLF ist auf ihrer Reise in die Vergangenheit, in die Zeit der Kindheit auf diesen entscheidenden Au-

genblick gestoßen, „der so selten erinnert wird" und der doch unsere Weltsicht und unser Verhalten so von Grund auf verändert hat:

> Die Autorin versucht dort, „die Arbeit des Gedächtnisses zu beschreiben, ... als Fallen in einen Zeitschacht, auf dessen Grund das Kind in aller Unschuld auf einer Steinstufe sitzt und zum erstenmal in seinem Leben in Gedanken zu sich selbst ICH sagt ... eine wenn auch abgegriffene Original-Erinnerung ..., denn es ist mehr als unwahrschein- lich, daß ein Außenstehender dem Kind zugesehen und ihm später berichtet haben soll, wie es da vor seines Vaters Ladentür saß und in Gedanken das neue Wort ausprobier- te, ICH ICH ICH ICH ICH, jedesmal mit einem lustvollen Schrecken, von dem es nie- mandem sprechen durfte. Das war ihm gleich gewiß.

> ... Aus dem Wohnzimmerfenster hätte die Mutter nun das Kind zum Abendbrot zu ru- fen, wobei sein Name, der hier gelten soll, zum erstenmal genannt wird: Nelly! (Und so, nebenbei, auch der Taufakt vollzogen wäre, ohne Hinweis auf die langwierigen Mühen bei der Suche nach einem passenden Namen.)

> Nelly hat nun hineinzugehen, langsamer als gewöhnlich, denn ein Kind, das zum er- stenmal in seinem Leben einen Schauder gespürt hat, als es ICH dachte, wird von der Stimme der Mutter nicht mehr gezogen wie von einer festen Schnur. ...[92]

Diese Frage nach dem Ich hat auch ein bekanntes Bilderbuch von MIRA LOBE[93] zum Thema gemacht. Dort fragt das sich selbst unbekannte kleine „bunte Tier":

> Denn ich bin, ich weiß nicht, wer,
> dreh' mich hin und dreh' mich her,
> dreh mich her und dreh' mich hin,
> möchte wissen, wer ich bin.

Nach langer Suche schließlich findet die Frage eine Antwort:

> Aber dann bleibt das Tier mit einem Ruck
> mitten im Spazierengehen
> mitten auf der Straße stehen,
> und es sagt ganz laut zu sich:
> „Sicherlich
> gibt es mich:
> Ich bin ich!"

Wie nach sich selbst so fragen Kinder auch nach Gott: Wie sieht der Gott aus? Hat Gott auch einen Namen? Warum heißt Gott „Gott"?[94]

---

[92] WOLF, CHRISTA: Kindheitsmuster. Roman. Darmstadt: Hermann Luchterhand Verlag 1981 S.11f

[93] Das kleine ICH BIN ICH. Ill. von SUSI WEIGEL. Wien: Verlag Jungbrunnen 1982

[94] Solche Kinderfragen und -vorstellungen hat z.B. JOHANNA KLINK gesammelt. S. auch die Ta- schenbücher aus dem Gütersloher Verlagshaus zum Thema: Kinderbriefe an den lieben Gott.

Zehnjährige Schüler haben gemalt, wie sie sich den Gott denken – die beiden ausgewählten Bilder zeigen, welche „Welten" dabei zwischen den Vorstellungen von Kindern liegen können (S. 68/69).

Das eine Bild zeigt Gott, der mit der Welt wie mit einem Mantel bekleidet ist und der die Menschen liebevoll auf seinen Armen trägt. Es ist ein freundlicher, liebevoller, ja mütterlicher Gott (wenn man sich den Bart wegdenkt, könnte man auch in das Gesicht einer Frau sehen), den die Malerin verinnerlicht hat. Bei diesem Gott kann man sich gut „aufgehoben" fühlen. – Ganz anders dagegen die andere Zeichnung: Eine strenge, strafende Riesengestalt mit stechendem Blick und drohenden Zähnen. Auf die an den Rand gerückte kleine Erdkugel fliegt eine übergroße Rakete zu: „Gottes Sohn herabgesandt" – der Aufprall muß alles erschüttern.
Nicht nur in der äußeren Gestaltung sind die Bilder völlig verschieden, auch der gefühlsmäßige Hintergrund, der den Beschauer instinktiv anrührt, ist sehr anders: Drückt sich in dem einen Bild ein Lebensgefühl von Geborgenheit und Zuversicht, von erfahrener Liebe und Zuwendung aus, so läßt das andere Bild vermuten, der kleine Maler sei in seiner Grundstimmung von Angst und schlechtem Gewissen, von Gefühlen eigener Kleinheit und Unwichtigkeit bestimmt. Es sind also keineswegs nur *kognitive* Vorstellungen, die uns in diesen Bildern begegnen und einen Hinweis darauf geben, wo wir uns die Maler in ihren intellektuellen Entwicklung denken müssen: Auch diese Bilder enthalten schon Elemente des Metaphorischen: die Welt als Mantel Gottes, die Krone als Symbol des „Herrschers" u.a.m.. Darüber hinaus aber enthalten die Bilder der Kinder auch eine unübersehbare gefühlsmäßige Tönung, die zeigt, daß die Frage nach Gott eben keineswegs nur eine theoretische Frage ist – weder für Kinder noch für Erwachsene.

E. Ideen zum Erzählen	In ihrer Elementarbibel bietet ANNELIESE POKRANDT eine Einführung zur Paradieserzählung 1.Mose 2, die sich auch gut als Hinführung zu dieser Geschichte von der Gottesoffenbarung im brennenden Dornbusch verwenden läßt:

Kinder fragen: Wie sieht Gott aus?
Sieht er aus wie ein Mensch?
Auch die Menschen der Bibel
haben so gefragt
und sich Gott in frühen Zeiten
so vorgestellt.
In den alten Erzählungen
tritt Gott deshalb auf wie ein Mensch,
er begegnet den Menschen
und redet sie an.

1973; Wer hat den lieben Gott auf die Welt gebracht. Gottesvorstellungen von Kindern 1974; Wenn ich der liebe Gott wäre … Kinderantworten 1981

Abb. 1 Kinderzeichnung: Gott (Junge, 10 Jahre)

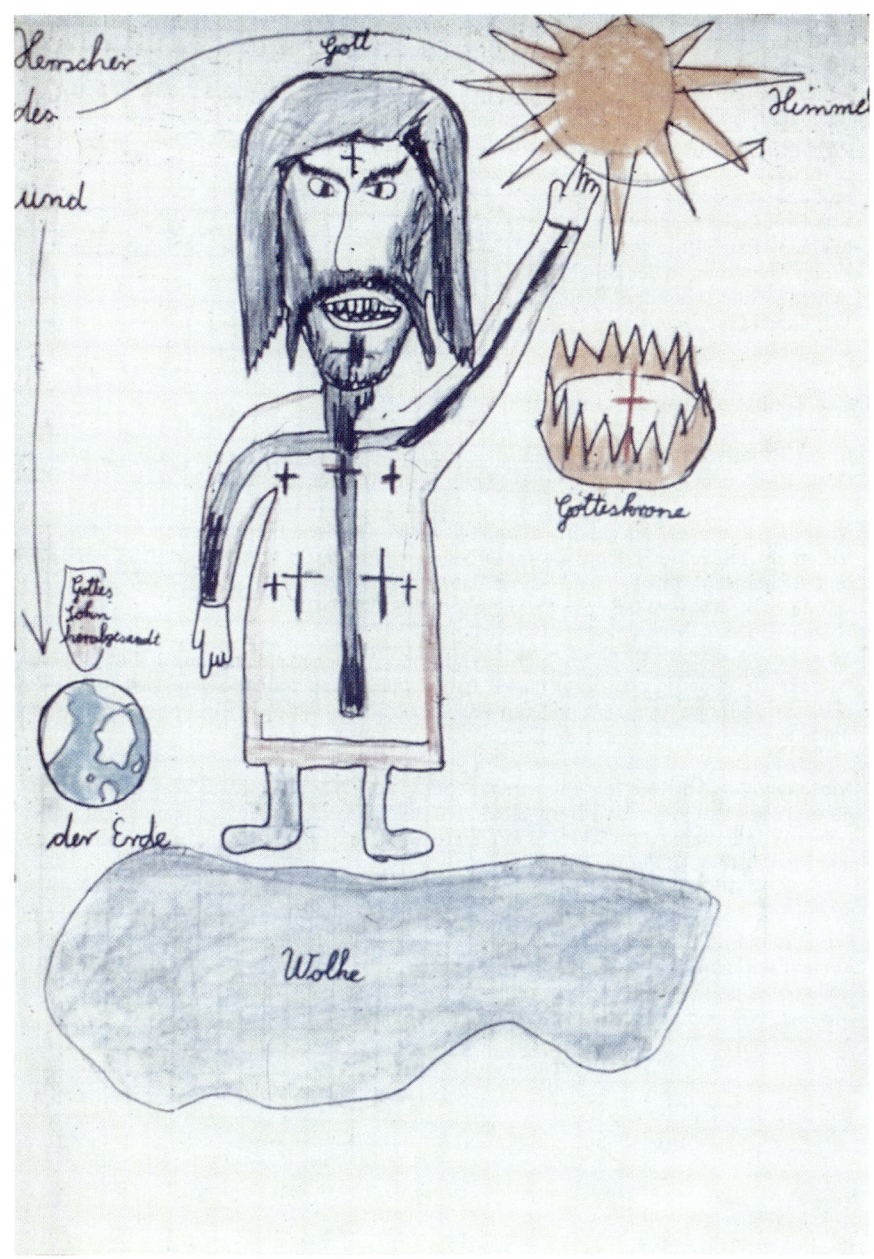

Abb. 2 Kinderzeichnung: Gott (Mädchen, 10 Jahre)

In späterer Zeit wird erzählt,
wie Gott Boten sendet,
die seinen Willen sagen.
In manchen Erzählungen erscheint Gott
im Traum, im Feuer, in Wolken oder im Sturm.
Er läßt sich durch eine Stimme hören.
Menschen werden in die Wüste geführt
und erfahren dort,
was Gott ihnen sagen will.
Niemand hat Gott je gesehen.
Wenn Menschen in der Bibel davon erzählen,
wollen sie auf besondere Weise sagen:
Wir haben Gott in unserem Leben erfahren,
Gott ist unser Herr.[95]

Hieran könnte man so anschließen:

> In der Bibel wird von einem Menschen erzählt, der hat sich auch so gefragt: Wer ist Gott? Kann man ihn sehen? Und wie heißt Gott? Wie ist sein Name?
>
> Mose hat so gefragt. Er gehörte zum Volk Israel. Die Israeliten lebten in Ägypten. Sie hatten ein schlechtes Leben: Zwangsarbeiter waren sie für den Pharao. Und Aufseher mit der Peitsche in der Hand waren dabei, die trieben die Leute zur Arbeit an und schlugen zu, wenn zu langsam gearbeitet wurde ...[96]
>
> Mose war geflohen. Er hatte einen ägyptischen Aufseher erschlagen in Wut darüber, wie der die Israeliten bei ihrer harten Arbeit quälte und prügelte. Nun hatte er Angst und war geflohen. In einem anderen Land, in Midian, lebte er. Ein Priester dort hatte ihn aufgenommen in seine Familie.
>
> Mose lebte als Hirt. Er zog mit seinen Schafen von Wasserstelle zu Wasserstelle. Und eines Tages kam er an den Berg Sinai, den man später Gottes Berg nannte. Da sah er etwas Wunderbares. Das war wie ein Traumbild: Ein Engel erschien ihm in der feurigen Flamme eines Dornbuschs ...
>
> Wenn die Menschen in Israel später zurückdachten, dann dachten sie an Mose und sein Traumbild in der Wüste. Dann sagten sie: Jetzt wissen wir es, wie Gott ist. Jetzt kennen wir seinen Namen. Ich bin da – so ist sein Name. Ich bin mit dir. Er war mit unseren Vorvätern und -müttern in der Wüste. Er ist auch mit uns – Immanuel[97]: Gott mit uns. Wir sind nicht allein, niemals und nirgends.[98]

---

[95] POKRANDT, ANNELIESE: Elementarbibel 4, S.56. s. auch oben Kap 2.1 S.16f.
[96] s. dazu die Erzählung in Kap 10.2 E S.161f.
[97] So soll auch der Name Jesu sein, den der Engel dem Josef im Traum offenbart (Mattäus 1,23)
[98] s. dazu auch oben Kap 2.1 „Ein notwendiges Wort in der Bibel: Gott" S.18ff

5.2 Wer ist mein Nächster? Der barmherzige Samariter: Lukas 10,25–37

A. Einführung
in den
Bibeltext

Nur der Evangelist Lukas überliefert uns das Gleichnis[99] vom barmherzigen Samariter. Den Rahmen, in den er dies Gleichnis eingefügt hat, finden wir auch bei Matthäus (22,34–40) und Markus (12,28–31): Eine Diskussion, ein Lehrgespräch, in dessen Verlauf ein Schriftgelehrter nach dem *wichtigsten Gebot* fragt und Jesus ihn darauf auf das sogenannte Doppelgebot der Liebe hinweist. Hier dagegen ist die Frage: Was muß ich tun, daß ich das *ewige Leben* ererbe?[100] Zu dem Gebot der Nächstenliebe hat der Schriftgelehrter eine weitere Frage: Wer ist denn mein Nächster? Darauf läßt Lukas seinen Jesus mit der Erzählung vom barmherzigen Samariter antworten. Am Ende steht die umgewendete Anfangsfrage: „Welcher dünkt dich, der unter diesen dreien der Nächste gewesen sei dem, der unter die Räuber gefallen ist?" Wer also hat als Nächster gehandelt?[101]

Diese Beispielerzählung selber läßt sich leicht verstehen. Zwei Menschen gehen an dem Überfallenen in seiner Not vorüber[102], erst der Dritte hilft. Er ist der Nächste für den Überfallenen, wie der Schriftgelehrte Jesus zur Antwort geben muß. Soweit eine alltägliche Geschichte – wie es scheint –, alltäglich auch in unserer Welt heute. Freilich – dieser Dritte ist etwas Besonderes: Er ist nämlich genau besehen *nicht der Nächste*, sondern der *Fernste* für den Überfallenen. Ein Samariter, ein Ausländer also ist es, um den es sich hier handelt. Die Provokation, die darin liegt, mag uns aufgehen, wenn wir diese Geschichte in unserer Fantasie nicht auf der fernen Straße von Jerusalem nach Jericho spielen lassen, sondern auf unseren Straßen: Dann wären es nicht deutsche Mitbürger, die bei einem Unfall helfen – die gingen vielmehr achtlos vorbei. Ein Türke dagegen ist es, der hilft![103]

---

99 *„Gleichnis"* – so wird unsere Erzählung herkömmlicherweise genannt, obwohl es sich genau genommen um eine *Beispielerzählung* handelt. Es fehlt der in Gleichniserzählungen übliche Vergleich: „Das Himmelreich ist gleich …"

100 ETA LINNEMANN, S.55, erklärt dazu, daß die theologische Frage nach dem höchsten Gebot außerhalb der jüdischen Kultur für heidnische Leser nicht mehr verständlich gewesen sei und daß Lukas sie deshalb für seine Leser in die Frage nach dem ewigen Leben übersetzt habe.

101 Es ist mit dem der Diskussion zugrundeliegenden hebräischen Wort nach dem „Genossen" gefragt, also nach dem, der dazu gehört im Unterschied zu dem, der nicht dazu gehört, auf wen sich also die Bestimmungen des Gesetzes beziehen. Wer ist drinnen? Wer ist draußen? Das wurde in der damaligen theologischen Debatte im Judentum sehr verschieden beantwortet: Der Kreis konnte weit, aber auch sehr eng gezogen werden. JOACHIM JEREMIAS bemerkt dazu: „Man erbaut das Verständnis der Geschichte, wenn man das [griechische] Wort plesion (= [hebräisch] rea') in Lk 10,29 mit ‚Nächster' übersetzt. Der christliche Begriff des ‚Nächsten' ist das Ergebnis der Geschichte, nicht der Ausgangspunkt." (Die Gleichnisse Jesu. Berlin: Ev. Verlagsanstalt 1955 S.143 Anm.4)

102 Die Ausleger unserer Erzählung haben sich immer wieder mehr oder weniger ausführlich in Vermutungen darüber ergangen, was die Motive von Priester und Levit gewesen sein mögen, an dem Überfallenen vorbeizugehen. Auch manche Nacherzählungen für Kinder schwelgen geradezu in solchen Vermutungen. Für das Verständnis der Geschichte sind sie ziemlich überflüssig, ja sie lenken die Aufmerksamkeit ab, die ganz eindeutig auf das ausführlich bis in pflegerische Details beschriebene helfende Handeln des Samariters gerichtet ist (s. Lukas 10, 33–35).

103 s. weiter unten Abschnitt D S.77

Unser Gleichnis hat mit seiner Wirkungsgeschichte tiefe Spuren in unserem Denken hinterlassen: die Gestalt des barmherzigen Samariters ist unter uns sprichwörtlich geworden. Für viele stellt sie das Urbild christlichen Verhaltens dar. Eine sehr säkulare Hilfsorganisation gar hat sich danach benannt: der Arbeiter-Samariter-Bund, dessen Krankentransportwagen mit lautem „Tatü – tata" durch die Straßen unserer Städte fahren.

B. Wie Kinderbibeln erzählen	Der Anfang unserer Geschichte, der Rahmen mit dem Lehrgespräch zwischen dem Schriftgelehrten und Jesus, ist in seinen Feinheiten Kindern kaum zugänglich zu machen.

„Was muß ich tun, daß ich das ewige Leben ererbe?" – diese Ausgangsfrage unserer Erzählung mag für Kinderohren fremd klingen (und nicht nur für sie allein)[104] Daher hat diese Frage zu mannigfachen Umformulierungen in Kinderbibeln veranlaßt. Was muß ich tun, daß ich (nach dem Tod!) zu Gott komme?[105] (REGINE SCHINDLER bzw. IRMGARD WETH); Was soll ich tun? Ich möchte ins Reich Gottes kommen, ins ewige Leben. Was muß ich tun? (WILHELM BENEKER) W. PIOCH behilft sich mit der Frage, wie sie bei Mattäus und Markus erscheint: „Was erwartet Gott eigentlich von den Menschen? Was ist *das wichtigste Gebot*?" Manche Kinderbibel läßt den Rahmen auch ganz weg und bietet nur die Gleichniserzählung selber (so ANNE DE VRIES). Nun unsere Geschichte spricht auch ohne diesen Rahmen zu ihren Hörern. Ein Verständnis dieser Geschichte „setzt nicht voraus, daß die Kinder in Einzelheiten der Diskussion um die Frage nach der Liebe zum Nächsten eingeführt sind."[106]
Eine aus dem Englischen übersetzte Kinderbibel[107], die sich auf den Bücherstapeln unserer Kaufhäuser findet, bietet eine mit dramatischen Effekten besonders stark aufgeputzte Version unserer Gleichniserzählung:

Ein Mann ging von Jerusalem nach Jericho. Die Straße war einsam, gefährlich für Reisende. Sie führte durch Felsschluchten, in denen Räuber lauerten, um unbewaffnete Wanderer zu überfallen.

Darum schritt er eilig aus. Aufmerksam beobachtete er die Umgebung. Vergebens. Plötzlich sprang eine Räuberbande hervor, schlug den Mann zu Boden, riß ihm die Kleider vom Leib, nahm ihm all seine Habe und verschwand wieder hinter dem Felsen. Halbtot blieb der Mann im Straßengraben liegen.

Lange lag der schwerverletzte Mann in der heißen Sonne. Er war zu schwach, um sich zu bewegen. *Verzweifelt* hoffte er auf Hilfe.

Da! Endlich hörte er Schritte näherkommen.

Es war ein Priester. Der Priester würde ihm bestimmt helfen! Tapp, tap, tapp. Der *arme*, verletzte Mann *konnte es kaum glauben*. Der Priester war auf der anderen Straßenseite einfach vorübergegangen.

---

[104] Schwierig ist auch die Umkehrung, die die Fragestellung des Schriftgelehrten erfährt – nicht: Wer ist denn mein Nächster? sondern: Wem bin ich der Nächste?

[105] Ob das wirklich eine Frage ist, die Kinder bewegen kann? Und durchschnittliche, kirchendistanzierte Erwachsene?

[106] BALDERMANN, INGO 1991 S.85

[107] NEWMANN, MARJORIE: Die große Kinderbibel. Bechtermünz Verlag: Augsburg 1995. Die Illustration, die den Verletzten kopfüber auf den Betrachter hin liegend sehen läßt, verstärkt den Dramatisierungseffekt noch.

Die Wunden schmerzten, der Kopf stach, der Verletzte war durstig. Er schloß die Augen. Wieder hörte er *ganz leise Schritte*. Als sie nahe waren, öffnete der Überfallene die Augen. Ein Levit, ein Tempeldiener, näherte sich. Bestimmt würde der ihm helfen. Ja, der Levit kam zu ihm, beugte sich nieder, sah ihn an ... und machte sich eiligst davon!

Der Verwundete *weinte vor Enttäuschung*. Er hatte Fieber, Schüttelfrost! Sicherlich würde er hier am Straßenrand sterben ...

Wieder Schritte. Das Klippklapp, Klippklapp von Eselshufen. Mühsam öffnete der Mann die Augen. Wer kam da? Mit einem *Schluchzer der Enttäuschung* ließ er den Kopf sinken. Es war ein Ausländer, ein Samariter. Von denen konnte man nichts erwarten ... Von dem kam bestimmt keine Hilfe. Der Mann schloß die Augen und verlor alle Hoffnung. ...

Besonders die betonte Art, wie die Schmerzen, die Erwartung und Enttäuschung des Überfallenen genußvoll ausgemalt werden, bringt diesen künstlichen Dramatisierungseffekt hervor, auf den der gut beratene Erzähler lieber verzichten sollte. Die Ursprungsgeschichte dagegen stellt nüchtern die Fakten dar: Sie sprechen für sich und der Hörer kann sich selbst seinen Reim darauf machen.

Wie ein Bild erzählt

Vincent van Gogh: Der barmherzige Samariter[108]

VINCENT VAN GOGH (1853–1890) hat uns nicht viele Bilder mit ausdrücklich religiösen Inhalten hinterlassen. Seine Geschichte mit dem christlichen Glauben war eine Konfliktgeschichte. Intensivstes Engagement wechselte mit völliger Distanzierung. Seinem „Gebet und innigem Verlangen, ein Christ und ein Christus-Arbeiter zu sein" (VAN GOGH in einem Brief[109]) folgt er, indem er sich als Laienprediger in England und bei Bergarbeitern in Belgien betätigte. Auch der Versuch eines Theologiestudiums gibt Zeugnis davon, wie ernst es ihm mit dem Glauben war. Andererseits schreibt er später – nachdem er unter jahrelangen Mühen seinen eigenen Malstil entwickelt hat – an den Bruder: „Ich kann im Leben und auch in der Malerei sehr gut ohne den lieben Gott auskommen." Freilich heißt es in demselben Brief auch: „Ich möchte Männer und Frauen mit dem gewissen Ewigen malen, wofür früher der Heiligenschein das Symbol war und das wir durch das Leuchten, durch das bebende Schwingen unserer Farben auszudrücken versuchen."[110]

Sein letztes Lebensjahr verbringt VAN GOGH in der psychiatrischen Klinik in St.Remy. Dort wendet er sich, oftmals von psychotischen Anfällen gemartert, wenigen religiösen Motiven zu – schöpferische Kopien von Bildern Delacoix' und

---

108 Öl auf Leinwand 73*60 cm. Otterloo, Rijksmuseum. Bei INGO F. WALTHER/ RAINER METZGER: Vincent van Gogh. Sämtliche Gemälde Bd II Arles Februar 1888 – Auvers sur Oise Juli 1890. Köln: Benedikt Taschen Verlag 1989 S.627. S. auch GOECKE-SEISCHAB, MARGARETE LUISE S.115–132

109 Zit. nach STOLL, ROBERT TH.: Van Gogh, Gauguin, Cèzanne. Zürich: Büchergilde Gutenberg 1960 S.41

110 Zit. nach FRANK, HERBERT: Van Gogh. Reinbek bei Hamburg: Rowohlt Taschenbuch Verlag 1996 S.93

Abb. 3 Vincent van Gogh: Der barmherzige Samariter (1890)

Rembrandt's: eine Pietà, die Auferweckung des Lazarus und der barmherzige Samariter. In das Antlitz des ermordeten Jesus und in das des zu neuem Leben erwachenden Lazarus malt der Künstler seine eigenen Gesichtszüge, sein eigenes Leiden hinein[111].

Kein Zweifel, VAN GOGH will in seinem Bild den barmherzigen Samariter „mit einem gewissen Ewigen" darstellen: das helle Sonnengelb, das von oben kommt und im Zentrum den Samariter und den Verletzten überstrahlt und sich noch auf dem Kopf des Pferdes widerspiegelt, – es zeigt, daß hier Ewiges im Spiel ist. Selbst auf die beiden, zu unwichtigen „Neben"figuren gemachten Gestalten des Priesters und des Leviten fällt noch eine Spur des Hellen. Das Helle auch ist es, das einen Ausweg aus der verschlossenen Schlucht sehen läßt.

Die Helle ist für VAN GOGH Gleichnis. Diese Sonnenhelle will den Betrachter bewahren davor, seinen Blick in moralischer Empörung auf die dunklen Flecken zu fixieren. „Wer ist denn mein Nächster?" – diese Frage, die den Mitmenschen in distanzierte Abstraktheit rückt, ist hier gelöst, „aufgehoben" in der Helle, die der Maler auf die dichte, hautnah dichte Nähe der Beiden, des Überfallenen und seines Helfers, strahlen läßt.

| C. Impulse zum eigenen Verständnis | Es war schon die Rede davon, daß die schriftgelehrte Diskussion um das Gebot der Nächstenliebe Details enthält, die dem heutigen Hörer nicht ohne weiteres zugänglich sind. Aber wie steht es denn mit der Anfangsfrage des Schriftgelehrten? |

Ist die denn in unserer diesseitig ausgerichteten, „verweltlichten" Zeit noch eine Frage, die uns bewegen kann: „Was muß ich tun, daß ich das ewige Leben ererbe"? Sie klingt so theologisch, so dogmatisch. Was hat sie mit unserem wirklichen Leben zu tun abgesehen davon, daß in ihr die Vokabel „Leben" auftaucht?

Von Bedeutung ist dafür, was wir unter „*ewigem Leben*" verstehen wollen. Normalerweise wird damit ein Leben jenseits, nach dem Tode assoziiert (an das – nach einschlägigen Meinungsumfragen – nur noch eine Minderheit unter uns glaubt[112]). „Ewiges Leben" – das scheint eine Angelegenheit in ferner, von unserer Alltagswelt getrennter Zukunft. Der Evangelist Johannes dagegen läßt seinen Jesus vom ewigen Leben betont in der *Gegenwart* reden. Z.B. Johannes 3,36: „Wer an den Sohn glaubt, der *hat* (und nicht: wird haben) das ewige Leben." (s.a. Johannes 3,15f, 5,24; 10,28). Paulus nennt es das *neue* Leben, in dem die Christen wandeln sollen, wie Christus auferweckt ist von den Toten (Römer 6,4).

Die Frage, die der Schriftgelehrte an Jesus stellt, darf also nicht als abstrakte, dogmatische Frage erscheinen; sie war und ist eine (*lebens-*)notwendige Frage! Vielleicht kommen wir ihrer existentiellen Bedeutung näher, wenn wir sie uns so denken: Was *muß* ich tun? – Und wenn ich es nicht tue, dann bin ich nicht mehr ich

---

111 „Hier [in der Lazarus-Figur] fällt sein Antlitz mit der biblischen Gestalt zusammen, die wie Christus selbst durch den Tod gegangen ist." INGO F.WALTHER / RAINER METZGER S.543

112 z.B. nach der NWDR-Studie von 1984 41% der befragten Erwachsenen, 49% der befragten Jugendlichen (nach HEINER BARZ: Religion ohne Institution? Jugend und Religion I Opladen 1992 S. 69). S. auch oben die Formulierung in der Kinderbibel von REGINE SCHINDLER: Was muß ich tun, daß ich (nach dem Tod) zu Gott komme?

selber, dann bin ich um mein Leben gebracht. Wie soll ich dann weiterleben? Was muß ich tun, um ein Leben zu haben, das wirklich den Namen „Leben" verdient? Damit mein Leben Sinn hat? Damit ich Mensch bleibe und mir aufrecht ins Gesicht sehen kann?

Die Gleichniserzählung bei Lukas handelt von individuellen Personen, solchen, die an dem Ruf, Nächste zu sein, vorbeigehen, und einem, der diesem Ruf entspricht. Aber in unserer Welt hat sich die Frage: Wem bin ich Nächster? ausgeweitet, sie ist „*weltweit*" geworden, sie ist eine Sache von Politik und politischer Mitverantwortung geworden. Das kann uns an einer Rede deutlich werden, die MARTIN LUTHER KING im April 1967 in einer New Yorker Kirche bei einer Kundgebung gegen den Vietnamkrieg gehalten hat:

> „Gewiß ist es unsere Verpflichtung, die Rolle des barmherzigen Samariters für alle diejenigen zu übernehmen, die am Wege liegengeblieben sind. Aber das ist nur ein Anfang. Eines Tages müssen wir begreifen, daß die ganze Straße nach Jericho geändert werden muß, damit nicht fortwährend Männer und Frauen geschlagen und ausgeraubt werden, während sie sich auf ihrer Lebensreise befinden. Wahre Solidarität ist mehr als die Münze, die man dem Bettler hinwirft; sie ist nicht so zufällig und gedankenlos. Sie kommt zu der Einsicht, daß ein Haus, das Bettler hervorbringt, umgebaut werden muß."[113]

D. Überlegungen zum Verständnis der Kinder	Wohin geht die Identifikation bei den zuhörenden Kindern (und Erwachsenen)? Es steht zu vermuten, daß sie überwiegend auf der Seite des Opfers und dann des helfenden Samariters zu finden sein wird. Die Ge-

schichte wird bei Kindern spontan ihr Mitgefühl mit dem Überfallenen wachrufen und zugleich Gefühle der Enttäuschung und Empörung über die Gleichgültigkeit, mit der die Vorübergehenden an dem Verletzten vorbeisehen. Eigene Erfahrungen damit, ohnmächtig der Gewalt ausgesetzt gewesen zu sein und keine Hilfe gefunden zu haben, mögen beim Zuhören mitschwingen. Auch können entsprechende Ängste vor solchen Situationen im Hintergrund wirksam sein. Die Geschichte selbst sieht die Hörer aber eben auch in den Gestalten der Vorübergehenden: Priester und Levit stellen durchaus vorbildliche, anständige Menschen für die damaligen Hörer dar, die wichtige Gründe für ihr Verhalten gehabt haben können. Will sagen: die Geschichte wird um ihre Wirkung gebracht, wenn sie vorschnell und ausschließlich zum Gegenstand moralischer Bewunderung oder Empörung wird.

Andererseits kann die Geschichte auch – wie wir gerade gelesen haben – im Sinne einer faszinierenden Räuberstory aufgenommen werden. Dies besonders bei einem Erzählstil, der übertrieben dramatisiert und sich in die Ausmalung von Nebensachen verliert: Wie unheimlich, einsam und gefährlich die Straße von Jerusalem nach Jericho ist, wie brutal und rücksichtslos die Räuber zuschlagen, wie schwer verletzt, ohnmächtig und voller Sehnsucht der Überfallene am Straßenrand liegt und auf Hilfe wartet ...[114]

---

[113] Zitiert nach: MARTIN STÖHR zu Lukas 10,25–37 Vorübergehender Glaube – in: Predigtstudien I/2. Stuttgart: Kreuz Verlag 1973 S.180)
[114] S. oben bei B S.72f. zu NEUMANN, MARJORIE: Die große Kinderbibel.

Das Gleichnis selbst wendet sich nur an einer Stelle aufmerksam den kleinen Details zu: Bei der Schilderung der Pflege, die der Samariter für den Verletzten aufwendet:[115]

Ein Samariter aber, der auf der Reise war, kam dahin; und als er ihn sah, jammerte er ihn; und er ging zu ihm, goß Öl und Wein auf seine Wunden und verband sie ihm, hob ihn auf sein Tier und brachte ihn in eine Herberge und pflegte ihn.

Am nächsten Tag zog er zwei Silbergroschen heraus, gab sie dem Wirt und sprach: Pflege ihn; und wenn du mehr ausgibst, will ich dir's bezahlen, wenn ich wiederkomme.

Hier schlägt das Herz des biblischen Erzählers, wie man dieser liebevollen Schilderung des Verhaltens des Samariters anmerken kann, und hierhin will er auch die Herzen seiner Zuhörer führen: Zu dieser Tat der „Nächsten"liebe. Alles andere kann davon nur ablenken.

Der Religionspädagoge INGO BALDERMANN spricht eine andere Erfahrung an, die schon in die Lebenswelt von Kindern gehört und die im Gleichnis ihren Ausdruck findet: „Sie [die Kinder] müssen nur etwas kennen von den Schwierigkeiten, einander *nahe*zukommen, und von der Erfahrung der *Fremdheit*; und das kennen wir alle. Deshalb spricht sie das Gleichnis direkt an, auch wenn sie die Rahmenhandlung mit der theologischen Diskussion um das höchste Gebot und den Versuch der Selbstrechtfertigung nicht verstehen".[116] Darum warnt BALDERMANN davor, dieses unmittelbare Verständnis der Kinder dadurch zu belasten, daß der Erzähler einen musealen Umweg benutzt und sich in historische Erklärungen zur Diskussion über das höchste Gebot und zum Verhältnis von Samaritern und Juden verliert. Sein Vorschlag: „Ich muß den Samariter ersetzen durch eine Figur, die den Kindern bekannt ist und deren Auftreten ähnliche Empfindungen auslöst wie die des Samariters in der Geschichte. Mir fällt nichts besseres ein: Ich mache den Samariter einfach zum ‚Ausländer'."[117] Ähnlich ist sein Vorschlag zu den Figuren des Priesters (und des Leviten): Um vorurteilsbehafteten negativen Assoziationen zu „Priester" und „Pfarrer" vorzubeugen, läßt er auch diese Beiden in einem anderen Gewand auftreten: „Ich zeige den ersten als einen wohlhabenden Reisenden, mit allem Notwendigen gut ausgestattet, als einen ordentlichen Mann; den zweiten als einen ganz normalen, einfachen Mann aus dem Volke. In beiden kann ich mich selbst wiederfinden, und dadurch bewahre ich sie vor einer vorauslaufenden Diskriminierung."[118]

---

115 S. dazu weiter unten S.78
116 BALDERMANN, INGO 1991 S.85. S. dazu auch oben S.72
117 BALDERMANN a.a.O. S.86
118 BALDERMANN a.a.O. S.86. Wie wäre es übrigens, wenn man als respektable Personen einmal einen Arzt und einen Krankenpfleger statt des Priesters und Leviten einführte?

E. Ideen zum Erzählen

Die Erzählung verlangt zu Beginn nach geographischer Veranschaulichung: Bei der Straße von Jerusalem (760 m über N.N.) nach dem tiefer im Jordantal gelegenen Jericho (250 m unter NN) handelt es sich um 27 km Wegstrecke, bei der der Reisende einen Höhenunterschied von rund tausend Meter überwinden muß. Die Straße führt vom Kamm des judäischen Gebirges herunter in das fruchtbare Jordantal.

Bei dieser in der christlichen Geschichte so fundamentalen Erzählung ist es besonders wichtig, sich möglichst dicht am Original zu halten, dessen elementare Sprache sich dem Gedächtnis des Zuhörers tief einzuprägen vermag[119]. So etwa das wiederholende: „... und da er ihn sah, *ging er vorüber*", das sich beim Samariter wandelt in: „Und da er ihn sah, *jammerte ihn sein*." Oder die bis ins Einzelne genaue, Tätigkeitswörter aufreihende Beschreibung davon, wie der Samariter den Verletzten pflegt:

> Und als er ihn sah, *jammerte* er ihn;
> und er *ging* zu ihm,
> *goß* Öl und Wein auf seine Wunden
> und *verband* sie ihm,
> *hob* ihn auf sein Tier
> und *brachte* ihn in eine Herberge
> und *pflegte* ihn.
> Am nächsten Tag *zog* er zwei Silbergroschen heraus,
> *gab* sie dem Wirt
> und *sprach*:
> *Pflege* ihn;
> und wenn du mehr ausgibst, will ich dir's bezahlen,
> wenn ich wiederkomme.

Wie oben dargestellt, enthält unser Gleichnis, so elementar es erzählerisch wirkt, einige Klippen, die den Nacherzähler auf Nebenwege verlocken könnten. Da ist besonders die Verführung zu falscher Dramatisierung und Psychologisierung bei der Darstellung der Personen. Allenfalls läßt sich denken, daß der heutige Erzähler (und mit ihm vielleicht auch seine heutigen Zuhörer) sich ausdrücklich in die Gleichniserzählung einschaltet und in der Art eines fiktiven inneren Dialogs die Handlungsfiguren reden läßt.

> Was mag der Mann gedacht haben, als er den Verletzten da liegen sah und doch vorüberging? Die Geschichte erzählt uns nichts davon. Vielleicht hat er gedacht: ...

> Was mag der Mann gedacht haben, als er dalag an der Straße, ausgeraubt und halbtot, wie er war? Wir wissen es nicht. Aber ich denke mir: Vielleicht hat er gedacht: ...

---

[119] Daher ist es z.B. nicht empfehlenswert, in unserer Geschichte „Gott lieben" in „Gott gernhaben" und „Nächster" in „Mitmensch" zu verändern, wie es WERNER LAUBI in seiner Kinderbibel tut.

78

6. Licht im Dunkel

„Das ewig *Licht* geht da herein,
gibt der Welt ein' neuen Schein;
es leucht' wohl mitten in der *Nacht*
und uns des Lichtes Kinder macht.
Kyrieleis"

So heißt es in einem Weihnachtslied von MARTIN LUTHER (Evangelisches Gesangbuch Nr.23). Alles Leben lebt vom Licht. In der Dunkelheit des Winters erstarrt die Natur, die doch im Licht des Sommers grünt, wächst und Frucht bringt. Pflanzen verwelken und verdorren, Tiere fallen in den Winterschlaf.
Auch menschliches Leben braucht Licht und das nicht nur physiologisch gesehen. Und wo es Dunkel ist, da schaffen wir uns künstliches Licht, das unsere Häuser, Geschäfte und Straßen erhellt. Gerade die Weihnachtszeit lebt von der Faszination des Lichts.
Auch für Kinder bringt Licht im Dunkel einen Zauber: Mit der Laterne durch das Dämmerlicht des Abends laufen, Kerzen im Dunkel anzünden und in ihrer Flamme Tannenzweige glimmen lassen …

6.1 Wie von Weihnachten erzählen? Lukas 2 und Mattäus 1

A. Einführung
in den
Bibeltext

Christen ohne Weihnachtsgeschichte?

Weihnachten – das ist unter uns jedes Jahr ein wichtiges Thema. Für viele Menschen, für kirchlich engagierte, aber auch für distanzierte Christen, ist es *das* Fest im Jahr. Und die Erzählung dieses Festes, die *Weihnachtsgeschichte,* gehört zu den wenigen Texten der Bibel, die den meisten Zeitgenossen vertraut sind.
Die Weihnachtsgeschichte ist die *Geschichte von einem Kind.* Und zugleich gilt sie unter uns als *die Geschichte für Kinder.* Kinder damit vertraut zu machen, ist eine wichtige Aufgabe. Viele Autoren und Illustratoren haben sich ihr gewidmet. In unendlich vielen Abwandlungen erscheint das Weihnachtsthema immer wieder von neuem: weihnachtliche Bilderbücher, Weihnachtslegenden, Weihnachtslieder und Weihnachtsgedichte, weihnachtliche Erzählungen …
Bei der Bedeutung, die das Weihnachtsfest unter uns gewonnen hat, wird es sicher wundern, daß die ersten Christengemeinden für längere Zeit offenbar kein besonderes Interesse an der Geburt Jesu und an Geschichten darüber gezeigt haben. In den ältesten Teilen des Neuen Testaments, in den Paulusbriefen ist – wenn überhaupt – nur in kurzen lehrhaften Sätzen davon die Rede. Der volle Ton der urchristlichen Predigt über Jesus liegt auf ganz anderen Dingen, nämlich auf seinem Kreuzestod und seiner Auferstehung.
In zwei unserer vier Evangelien (Markus und Johannes) suchen wir vergebens nach Geschichten über die Geburt Jesu. Es gab also Evangelienbücher und mit ihnen Christengemeinden, die ohne Weihnachtserzählungen lebten. Erst allmählich ent-

wickelt sich dann in der zweiten Generation der Kirche ein Interesse an Erzählungen über die Kindheit und Geburt Jesu.

Zur Geschichte des Weihnachtsfestes

Durch die Art unserer Weihnachtsfeiern wird den Kindern eine Vorstellung vermittelt, die nicht den geschichtlichen Tatsachen entspricht: Weihnachten sei der Geburtstag Jesu, sein historisches Geburtsdatum der 25.12. des Jahres 0. So ist es aber nicht: An welchem Tag Jesus geboren ist, bleibt unbekannt.[120] Daß er am 25.Dezember geboren sei, ist keine historische Nachricht, sondern eine spätere Festsetzung. Weder die beiden Evangelien, die von der Geburt Jesu erzählen, noch andere schriftliche Zeugnisse aus den Christengemeinden der ersten zwei Jahrhunderte enthalten dazu Hinweise. Erst danach beschäftigten sich Theologen mit der Frage, wann Jesus geboren sein könnte.
Daß man schließlich die Geburt Jesu auf den 25.Dezember datierte, hat theologische Gründe, die aber auch nicht restlos geklärt sind. Mit diesem Datum wollte man vielleicht etwas über die weltumspannende und weltverändernde Bedeutung des Lebens Jesu sagen: mit seiner Empfängnis – neun Monate zurückgerechnet am 25.März, dem Tag der Frühlingstag- und -nachtgleiche, der in der jüdischen und christlichen Theologie damals symbolisch als erster Schöpfungstag verstanden wurde – fängt gleichsam eine neue Schöpfung der Welt, ihre grundlegende Veränderung an. – Eine andere Theorie geht von dem damaligen Fest der „unbesiegbaren Sonne" aus, das am 25.Dezember im römischen Reich gefeiert wurde. Daß das Fest der Geburt Christi, der wahren Sonne, diesen heidnischen Feiertag eroberte, war Symbol für den Sieg des christlichen Glaubens über die heidnischen Kulte im Römerreich.
Wie dem auch sei, Weihnachten bezieht seinen Sinn nicht aus dem äußeren Datum, sondern aus der Bedeutung Jesu für den Glauben. Nicht dieses Datum an sich ist wichtig: Man konnte die Geburt Jesu auch zu einem anderen Termin feiern, nämlich – so vor allem in der östlichen Kirche – am Epiphaniastag, dem 6.Januar. Bei uns beendet dieser Dreikönigstag heute die Weihnachtszeit – der Weihnachtsbaum wird abgeräumt. Jedenfalls: Vor dem 4. Jahrhundert scheint die Christenheit ohne Weihnachtsfest ausgekommen zu sein.

Mehrzahl, nicht Einzahl: Die Weihnachtsgeschichten

Es gibt nicht *die eine* Weihnachtsgeschichte: Wir haben vielmehr *mehrere voneinander verschiedene Weihnachtsgeschichten* jeweils am Anfang des Mattäus- und Lukas-Evangeliums.

---

[120] Ebenso verhält es sich mit dem Geburtsjahr Jesu. König Herodes hat bis 4 v.Chr. regiert, Kaiser Augustus bis 14 n.Chr. Die Steuerschätzung unter dem Statthalter Quirinius fand 6/7 n.Chr. statt. Der Einschnitt zwischen vor- und nachchristlicher Zeitrechnung, der Nullpunkt ist eine künstliche Setzung von hinterher (aus dem 6.Jahrhundert, ab 1000 im ganzen Abendland geläufig): sie sagt nichts über den historischen Geburtstermin Jesu aus.

Dieser Tatbestand aber wird durch die Weise, wie Weihnachten unter uns dargestellt wird, fast völlig verschleiert. Weihnachtsbilder und Krippenspiele bringen
Teile und Figuren aus den beiden Weihnachtserzählungen, aber auch aus anderen
Quellen schiedlich-friedlich zusammen: die Hirten und die weisen Sterndeuter aus
dem Morgenland, die erst in späteren Legenden zu den „Heiligen drei Königen"
werden, Engelchor und wandernder Wunderstern, Kaiser Augustus und König Herodes, Geschenke der drei Weisen – Gold, Weihrauch und Myrrhe – und Geschenke der Hirten, Ochs und Esel und manches andere.

Auch viele Kinderbibeln machen aus den verschiedenen Geburtsgeschichten bei
Mattäus und Lukas ein unterschiedlose Mischung so, als handle es sich dabei um
eine einheitliche und fortlaufende Geschichte: Der König Herodes und der Kaiser
Augustus, die Hirten und die drei Weisen werden dann in eine Geschichte gesteckt.

Die Weihnachtsgeschichte nach Lukas (Lukas 2,1–20)

Doch jeder aufmerksame Leser kann schnell bemerken, daß die Weihnachtserzählungen der beiden Evangelisten verschieden sind: im Hinblick auf den äußeren
Rahmen, die erzählten Szenen und die darin auftretenden Figuren. Wichtiger noch
ist, daß jeder der beiden Evangelisten die Aufgabe, in einer Erzählung über die
Geburt Jesu dessen Bedeutung und Wirkung vorzustellen, auf je ganz eigene Weise löst, daß ihm dabei ein je verschiedenes theologisches Ziel vor Augen steht,
dem seine Erzählung dienen soll.

Der Weltkaiser und das Krippenkind

Als Höhepunkt und Mitte der Weltgeschichte – so erscheint bei Lukas die Geburt
Jesu, wenn er sie auf der Folie des römischen Reiches mit seinem Kaiser Augustus
darstellt! Welch ein Kontrast! Die ganze Welt scheint in Bewegung zu geraten,
wenn dieser mächtige Kaiser es befiehlt. Zu seinen Ehrentiteln gehören die großen
Worte „Heiland" und „Herr", von ihm erwartet die Welt den großen Frieden, das
Goldene Zeitalter, das Paradies. Kein Zweifel, unter wessen Macht die Menschen
stehen: Auf ein Wort dieses mächtigen Herrschers machen sich alle auf, um sich in
die Steuerlisten eintragen zu lassen.

Und während dies alles geschieht, wird in einem von den Römern besetzten kleinen Land am Rand der Welt der geboren, der die Welt wirklich bewegen und ihr
den Frieden, den Schalom Gottes, bringen soll, ihr wahrer Heiland und Herr.

Für den, der diesem Kind glaubt und ihm nachfolgt, werden sich die Verhältnisse
von Grund auf verändern und umkehren. Davon läßt Lukas seine Maria in einem
Psalmlied singen:

> Er übt Macht aus mit seinem Arm
> und zerstreut, die hoffärtig sind in ihrem Sinn.
> Er stößt die Gewaltigen vom Thron
> und erhebt die Niedrigen.
> Die Hungrigen füllt er mit Gütern
> und läßt die Reichen leer.
> (Lukas 1,46–55)

Kaiser Augustus – das ist nicht eine verklärte Geschichtsfigur, die den Goldhintergrund zu einer romantischen, märchenhaften Festerzählung bieten soll. Kaiser Augustus oder Jesus – hier ist die Machtfrage gestellt. Es gibt eine Grenze für jede politische Macht – so glaubt Lukas, der uns davon erzählt. Und unser in Betlehem geborene Kind markiert diese Grenze.

Krippe und Kreuz

Weiterhin deutet sich in der Lukasgeschichte schon im voraus an, was die Sendung dieses Kindes ausmacht: die Hinwendung zu den am Rand Stehenden, zu den „Niedrigen" und „Hungrigen", den Armen und Kleinen, zu Menschen, „die da sitzen in Finsternis und Schatten des Todes" – wie Vater Zacharias zur Geburt des Johannes lobpreisend sagt (Lukas 1,79). Solche Menschen, nämlich Hirten sind es, die als erste den Weg zum Jesuskind finden. – Und es zeigen sich bereits die Schatten der Passion: Dieses Kind nimmt teil am Leiden der Welt. Es wird abgelehnt, abgeschoben, in eine Futterkrippe gelegt, man verweigert ihm den Platz, niemand nimmt von ihm Notiz, niemand erkennt es, nur ein paar geringe, armselige Hirten.

Die Weihnachtsgeschichte nach Mattäus (Mattäus 1,18–2,15

An der Mattäus-Geschichte fallen dem Leser, der die Lukas-Erzählung im Sinn hat, ein paar Dinge auf:

König Herodes und das Königskind in Betlehem

Wir erfahren hier nichts über den uns vertrauten Wohnort von Maria und Josef: *Nazaret* in Galiläa. Erst nach ihrer Rückkehr aus Ägypten nimmt die Familie dort Wohnung (s. Mattäus 2,22f.)
Die *jungfräuliche* Entstehung Jesu ist betont: Josef wird im Traum durch den Engel veranlaßt, Maria nicht wegen ihrer Schwangerschaft zu verlassen: „Denn das in ihr geboren (richtiger übersetzt: in ihr gezeugt) ist, das ist von dem Heiligen Geist." (Mattäus 1,20) Dazu steht allerdings der Stammbaum Jesu in Widerspruch: Er zielt auf Josef ab und bringt das erwartete Kind über ihn als Vater in Verbindung mit Abraham und David (Mattäus 1,16). Christen konnten sich die göttliche Sendung Jesu also auch ohne die Vorstellung einer direkten „Abstammung" von Gott (an Stelle eines irdischen Vaters) denken: Gott der Vater und Josef als Vater – das mußte einander nicht ausschließen.
Die Mattäus-Erzählung läßt uns den König *Herodes* (er regierte von 37 bis 4 v.Chr. – siehe auch Lukas 1,5) gewissermaßen als Gegenspieler des „neugeborenen Königs der Juden" erscheinen (Mattäus 2,2). Wie einst der Pharao dem kleinen Mosesjungen nach dem Leben trachtete, so sucht auch Herodes Jesus, den neuen Moses, zu töten. Und wie Moses wunderbar errettet wurde, so hält Gott auch hier die schützende Hand über das kleine Kind.

Auch Mattäus erzählt von der *weltumspannenden* Bedeutung dessen, was sich in diesem kleinen judäischen Ort Betlehem ereignet: mit den *Magiern, den Sterndeutern aus dem Osten*, findet sich die weite Welt bei dem neugeborenen Kind ein. Die spätere Legende hat diese Magier zu den Heiligen drei Königen unterschiedlicher Hautfarbe werden lassen: Caspar, Balthasar und Melchior. Sie bringen dem Kind königliche Geschenke, Gold, Weihrauch und Myrrhe mit.

Schließlich ist da der wandernde *Wunderstern*. Sterne, die wandern und dann stille stehen, die verschwinden und plötzlich wieder erscheinen, wird man in einem Fachbuch über Sternkunde vergeblich suchen: Hier ist kein Fixstern, kein Komet oder Planet gemeint, auch wenn sich viele Ausleger der Weihnachtsgeschichte immer wieder bemüht haben, den Stern von Betlehem mit einem astronomischen Ereignis zu identifizieren.[121] Das alles ist vergebliche Mühe: Man muß nur die Symbolsprache dieser Geschichten angemessen verstehen. Denn „seinem Stern folgen" – diese Redefigur in einem Gedicht oder einer poetischen Erzählung hat eben einen anderen Sinn als der Begriff „Stern" in einem astronomischen Fachbuch.

Jeder, der diese Sprache versteht, weiß auch, was hier die Botschaft ist: Gott selbst ist es, der die Männer aus dem Morgenland zu diesem Kind führt – allen Hindernissen zum Trotz.

Für Mattäus ist weiterhin besonders kennzeichnend, daß er in seine Erzählung immer wieder Hinweise auf Stellen in seiner *Bibel* einfügt: Die Botschaft des Profeten Jesaja von dem Sohn der jungen Frau, der den Namen „Immanuel" tragen soll (Mattäus 1,23 = Jesaja 7,14), die Botschaft des Profeten Micha von der Bedeutung, die dem kleinen Betlehem zukommen wird: Heimat des erwarteten Messias zu sein (Mattäus 2,6 = Micha 5,1). Er sieht in Jesus die Hoffnungen sich erfüllen, die in den heiligen Schriften des jüdischen Volkes Ausdruck gefunden haben.

Zusammenfassung

Bei den Weihnachtserzählungen der Evangelisten Mattäus und Lukas handelt es sich um verschiedene, eigenständige Geschichten, die jeweils ihre eigene Farbe haben. Daraus sollte ein Erzähler für seine Nacherzählung Konsequenzen ziehen.
Er sollte dabei deutlich machen: Es gibt viele Erzählungen über Weihnachten. Zwei davon finden sich in der Bibel. Ich will euch jetzt eine davon erzählen. Aber ihr könnt dann auch eine andere Geschichte darüber hören.
Und weiterhin – wer Kindern von Weihnachten erzählt, muß sie auch mit dem poetischen Stil und der symbolhaften Sprache der Bibel und des Glaubens vertraut machen.

---

[121] So erzählt auch eine Kinderbibel von dem Wunderstern als einem auffälligen Himmelsphänomen: Die Sterndeuter aus dem Morgenland „sahen, wie der Stern des Königs, der Jupiter, und der Stern der Juden, der Saturn, immer näher zusammenkamen, so dicht, daß man zuletzt meinte, sie seien nur noch ein großer, sehr heller Stern" J.ZINK S.29

Luther 1984	Eleonore Beck	Wilhelm Beneker
	Du fragst vielleicht, wie es war, als Jesus auf die Welt kam. Damals gab es ja keine Fernsehreporter und keine Fotoapparate. Und alles ist beinahe im verborgenen passiert. Trotzdem können wir Weihnachten feiern. Denn nach dem ersten Osterfest erzählten die Freunde Jesu auch die Geschichte von Jesu Geburt. Sie erzählten sie so, daß jeder merken kann, wer Jesus ist.	
2,1 Es begab sich aber zu der Zeit, daß ein Gebot von dem Kaiser Augustus ausging, daß alle Welt geschätzt würde.	Damals waren viele Leute nach Betlehem gekommen. Die Römer hatten wieder mal etwas ausgedacht! Und weil sie die Herren im Land waren, mußte man gehorchen. Sie wollten	Vom Kaiser Augustus kam ein Befehl. Alle Leute sollten in eine Steuerliste eingeschrieben werden. Jeder sollte sich dort aufschreiben lassen, wo er Land hatte.
2 Und diese Schätzung war die allererste und geschah zur Zeit, da Quirinius Statthalter in Syrien war.	genau wissen, wie viele Menschen es gab, woher sie stammten und wo sie	
3 Und jedermann ging, daß er sich schätzen ließe, ein jeder in seine Stadt.	wohnten. Und dazu mußte jeder sich in seinem Geburtsort in eine Liste eintragen lassen. Das war für	
4 Da machte sich auf auch Josef aus Galiläa, aus der Stadt Nazareth, in das jüdische Land zur Stadt Davids, die da heißt Bethlehem, weil er aus dem Hause und Geschlechte Davids war,	jemand, der in Betlehem geboren war, aber in Nazaret wohnte, ziemlich umständlich. Josef und Maria hatten eine lange Reise hinter sich. Und das, obwohl Maria ein Kind erwartete. Das Baby konnte	Da ging auch Josef in seine Geburtstadt Bethlehem. Das war die Stadt des Königs David. Von ihm stammte Josef ab. Maria war bei Josef. Sie war ihm anvertraut.
5 damit er sich schätzen ließe mit Maria, seinem vertrauten Weibe; die war schwanger.	jeden Tag auf die Welt kommen.	
6 Und als sie dort waren, kam die Zeit, daß sie gebären sollte.	Am Abend versuchten die beiden, eine Unterkunft zu finden. Doch überall hörten sie dasselbe: Kein Platz. Kein Platz. Und weil sie sich keinen anderen Rat	Maria wartete auf ihr Kind

7 Und sie gebar ihren ersten Sohn und wickelte ihn in Windeln und legte ihn in eine Krippe; denn sie hatten sonst keinen Raum in der Herberge.

8 Und es waren Hirten in derselben Gegend auf dem Felde bei den Hürden, die hüteten des Nachts ihre Herde.

9 Und der Engel des Herrn trat zu ihnen, und die Klarheit des Herrn leuchtete um sie; und sie fürchteten sich sehr.

10 Und der Engel sprach zu ihnen: Fürchtet euch nicht! Siehe, ich verkündige euch große Freude, die allem Volk widerfahren wird;
11 denn euch ist heute der Heiland geboren, welcher ist Christus, der Herr, in der Stadt Davids.
12 Und das habt zum Zeichen: ihr werdet finden das Kind in Windeln gewickelt und in einer Krippe liegen.
13 Und alsbald war da bei dem Engel die Menge der himmlischen Heerscharen,

wußten, suchten sie sich eine Ecke in einem Stall. Sie machten ein Bett aus Stroh.
Und in dieser Nacht kam ihr Kind auf die Welt. Sie legten es in eine Krippe. Die beiden freuten sich, so wie Eltern sich über ihr Baby freuen ...

Maria und Josef wären mit ihrem Kind am liebsten allein geblieben.

Doch mitten in der Nacht kamen Hirten zu ihnen in den Stall. Sie suchten das Kind und waren froh, als sie es gefunden hatten. Sie erzählten von einem Engel, der in der Nacht zu ihnen gekommen war, von einer Botschaft und von einem Lied. Vom Licht, das aus dem Himmel kam und die Erde hell machte.

Sie erzählten von diesem Kind, dem Zeichen Gottes dafür, daß nun alles Wirklichkeit werden würde, was die frommen Leute erwarteten: Gott ist bei seinen Menschen; durch Jesus will er ihnen Frieden schenken.

Und als sie nun in Bethlehem waren, da wurde ihr erster Sohn geboren. Und Maria legte den Sohn in Windeln und legte ihn in eine Futterkrippe. Das Kind war in einem Stall geboren worden. Einen anderen Platz hatten sie nicht gefunden. Es war kein anderer Platz in der Welt für dieses Kind. Nur die Armut eines kleinen Stalles.
Es war Nacht. Auf dem Felde bei Bethlehem waren Hirten. Es waren arme Leute. Sie bewachten ihre Schafe. Um sie herum war es dunkel, Finsternis bei den armen Hirten. Aber plötzlich, ganz unverhofft, strahlte es hell. Das helle Licht fiel in ihre Dunkelheit. Der Engel Gottes war da, und Gottes Licht leuchtete bei den Hirten.

Die Hirten erschraken. Sie fürchteten sich. Da sprach der Engel zu ihnen: „Fürchtet euch nicht! Ich bringe große Freude für alle Völker! Hört, ihr Menschen in der Finsternis: Gott kommt zu euch! Der Heiland ist geboren. Für euch! Es ist Christus, der Herr. Ihr werdet ihn in Bethlehem finden, in einer Krippe. Er ist in Windeln gewickelt!"
Und dann, ganz plötzlich, waren da viele Engel. Sie sangen: „Ehre und Herrlichkeit bei Gott und Friede bei seinen Kindern auf Erden!" So sangen sie alle: Die Sterne, die Wolken, der Wind und die Erde – die Heerscharen des Him-

85

die lobten Gott und sprachen:

14 Ehre sei Gott in der Höhe und Friede auf Erden bei den Menschen seines Wohlgefallens.

15 Und als die Engel von ihnen gen Himmel fuhren, sprachen die Hirten untereinander: Laßt uns nun gehen nach Bethlehem und die Geschichte sehen, die da geschehen ist, die uns der Herr kundgetan hat.

16 Und sie kamen eilend und fanden beide, Maria und Josef, dazu das Kind in der Krippe liegen.

17 Als sie es aber gesehen hatten, breiteten sie das Wort aus, das zu ihnen von diesem Kinde gesagt war.

18 Und alle, vor die es kam, wunderten sich über das, was ihnen die Hirten gesagt hatten.

19 Maria aber behielt alle diese Worte und bewegte sie in ihrem Herzen.

20 Und die Hirten kehrten wieder um, priesen und lobten Gott für alles, was sie gehört und gesehen hatten, wie denn zu ihnen gesagt war.

Die Hirten waren voll Freude. Sie erzählten allen, was sie erlebt hatten.
[An dieser Stelle fährt E.Beck mit der Erzählung aus Mattäus 2 fort: Maria und Josef mußten mit ihrem Kind eine Weile in Betlehem bleiben. Und da geschah es, daß andere Besucher kamen. Sie sagten, sie seien einem Stern nachgegangen und sie suchten einen König ....]

Die Hirten kehrten zu ihren Herden zurück. [Die weisen Männer reisten in ihre Heimat zurück.] Maria und Josef sorgten für ihr Kind. Eine ganz gewöhnliche Familie mit einem ganz gewöhnlichen Baby", sagten die einen. Doch andere dachten nach: Jesus. Gott rettet. Jesus. Gott rettet.

---

mels sangen Gottes Lob. Dann waren die Engel nicht mehr bei ihnen. Aber die Welt war erfüllt von ihrem Lobgesang. Da redeten die Hirten miteinander. Sie waren ganz außer sich vor Staunen, Schrecken und Freude. Sie sagten zueinander: „Auf! Schnell! Auf nach Bethlehem! Habt ihr nicht die gute Nachricht gehört? Ein Kind ist geboren! In einem Stall ist es! Dieses Kind ist der Erlöser, der Retter, der Christus! Christ der Retter ist da! Der Engel des Herrn hat es gesagt! – Laßt uns schnell zu ihm gehen. Wir wollen sehen, was da geschehen ist."

Und die Hirten liefen nach Bethlehem. Sie fanden den Stall. Sie fanden Maria und Josef. Sie fanden das Kind. Sie sahen es: Er ist geboren! Für uns ist er ein Mensch geworden, der Heiland, Gottessohn, der Retter der Welt.
Und als sie es gesehen hatten, da sagten sie es überall weiter: „Christus ist geboren – der Retter – der Friede Gottes bei den Menschen!"
Maria aber behielt alle diese Worte, die die Hirten gesagt hatten. In ihrem Herzen dachte sie oft darüber nach. Die Hirten kehrten zurück zu ihren Schafen.

Aber sie lebten nicht mehr in der Dunkelheit. Sie lobten Gott. Das war das Licht ihres Lebens.

Der Vergleich der beiden Kinderbibelerzählungen zeigt eine Reihe von erzählerischen Chancen und Problemen.

So sind die Weihnachtserzählungen oft Anlaß von ausufernden *Ausschmückungen*, die gern an volkstümliche und legendenhafte Abwandlungen anknüpfen[122]: Der beschwerliche Weg nach Betlehem, der Stall, die Höhle, die Tiere. Hier muß Vorsicht geboten sein. Einerseits lenken solche Ausschmückungen von Wichtigem ab, andererseits erschweren sie, daß Kinder die biblischen Weihnachtserzählungen *wiedererkennen*, wenn sie ihnen im biblischen Original begegnen.

Daher sollte man gerade bei einer so geprägten und vertrauten Geschichte möglichst dicht am Bibeltext (LUTHER) bleiben – auf jeden Fall bei den Kernstellen, die ein Hörer geradezu im Wortlaut vorauserwartet, wenn sie gelesen werden. W.BENEKER, der wohl auch erzählerische Erweiterungen bietet, hält sich doch an den Kernstellen damit weitgehend zurück.

Nicht durch weitschweifige erzählerische Ausschmückungen gewinnt ein Text an Anschaulichkeit, sondern – wie man hier besonders deutlich sehen kann – dadurch, daß die Bilder, die eine Erzählung verwendet, hervorgehoben und kräftig markiert werden:

Dies tut W.BENEKER in der Art, wie er mit dem Kontrast von *Dunkel und Licht* in der Hirten-Engel-Szene erzählerisch umgeht. Er verstärkt die Bilder durch Wiederholung und Abwandlung: Nacht, dunkel, Finsternis, Dunkelheit / strahlte es hell, das helle Licht, Gottes Licht leuchtete. Und am Schluß noch einmal: Sie lebten nicht mehr in der Dunkelheit. Licht ihres Lebens.

Der Lobgesang der Engel wird zu einem Lobgesang der ganzen Welt, der Elemente, des Kosmos. Damit schreibt W.BENEKER das poetische Bild der Erzählung von dem Himmelslied fort und so wird ohne jede zusätzliche Erklärung deutlich, was mit Engel gemeint ist – nicht ein beschreibbares metaphysisches Himmelswesen, sondern ein Symbolbild für etwas, das geschieht und das wir doch für gewöhnlich nicht sehen: Die Welt – ein einziger Lobgesang Gottes.

Schließlich verstärkt die Erzählung BENEKERs die Rede von der „*Armut*" des Jesuskindes: In einem Stall geboren, keinen anderen Platz gefunden, kein anderer Platz in der Welt für dieses Kind. Nur die Armut eines kleinen Stalles. Die Hirten – arme Leute.

E.BECK bietet einen *Geschichtenmix* zwischen der Lukas- und der Mattäusgeschichte: Die Hirten und die drei Weisen. Das Erlebnis der Hirten auf dem Feld wird in *indirekter Sprache* wiedergegeben: „Sie erzählten von einem Engel, der ..., und von einer Botschaft und von einem Lied." Das wirkt papieren-trocken. Auch fallen hier wichtige Elemente fort: Die große Freude, der Inhalt des Lobliedes: Ehre sei Gott ... E.BECK versucht zu Anfang ein Verständnis für die Art der Erzählung vorzubereiten: Es ist eine Erzählung *nach Ostern*. Das kann noch klarer und elementarer geschehen (s.u.). Interessant und anregend der Schlußhinweis auf den Tatbestand, daß Jesu Bedeutung umstritten ist:

> „‚Eine ganz gewöhnliche Familie mit einem ganz gewöhnlichen Baby', sagten die einen. Doch andere dachten nach: Jesus. Gott rettet."

---

[122] s. auch oben bei Kap.3.4 S.28ff.

C. Impulse zum eigenen Verständnis

Entscheidend ist, daß sich der Nacherzähler heute für die eigene Person eine klare Vorstellung davon bildet, was für eine Art von Geschichten die Weihnachtserzählungen sind.

Wunderstern und Engelserscheinung, Gottestraum und Himmelsgesang – diese Elemente wollen den heutigen Leser und Erzähler nicht dazu bringen zu denken: Das gibt es oder – das gab es zumindest damals. Das hieße solche Erzählungen mißzuverstehen, als wären sie „Tatsachenberichte" etwa von Augenzeugen, die dabei gewesen wären. Wir haben es hier aber nicht mit gewissermaßen „objektiven" Dokumentationen zu tun über Ereignisse, die sich zu einem bestimmten Datum in Betlehem zugetragen hätten. Wie ließe sich denn auch Engelserscheinung, Himmelsgesang oder gar die Klarheit Gottes selbst „objektiv" dokumentieren? Es handelt sich vielmehr um *Geschichten von hinterher.* Leute haben sie erzählt und aufgeschrieben, die nach Ostern durch die Botschaft von Jesus als dem Christus zum Glauben gekommen sind und nun ihrem Glauben Ausdruck geben wollten.

Was unser Glaubensbekenntnis in knappen Aussagen formuliert: „Ich glaube an Jesus Christus, Gottes eingeborenen Sohn, unsern Herrn, empfangen durch den Heiligen Geist, geboren von der Jungfrau Maria ...", das bringen die Anfangskapitel des Lukas und des Mattäus in eine lebendige Erzählung. *Nicht Lehrformeln,* sondern bildhafte, anschauliche *Erzählung* und poetische, bildhafte Sprache ist die Weise, wie hier der Glaube von Christen Ausdruck gefunden hat. Zu den Farben solcher Erzählung aber gehören eben Engel und Wunderstern und Himmelsmusik.

Was diese Geschichten Maria, die Hirten, die drei Weisen über die Bedeutung dieses neugeborenen Kindes sagen lassen, sind also nicht Erkenntnisse, die schon zum Geburtsdatum Jesu vor aller Augen zu Tage gelegen hätten. Sondern Menschen später sind solche Glaubenseinsichten geschenkt worden, als sie mit der Botschaft von Jesus, dem Christus, in Berührung kamen. Diese Einsichten haben sie gleichsam erzählerisch zurückverlegt an den Anfang des Lebens Jesu: Schon da hätte man es wissen sollen, so überzeugend ist die Botschaft Jesu für uns heute! Es sind also gleichsam Geschichten von hinterher.

Wenn wir aber dementgegen solche Geschichten so lesen, als wollten sie zum vorneherein darüber aufklären, was es mit Jesus auf sich hat, dann muß alles falsch werden. Dann muß alles wie eine dogmatische Selbstverständlichkeit klingen: Natürlich, er ist Gottes Sohn, der Heiland der Welt usw. Das ist von allem Anfang an klar für alle und man braucht sich über nichts mehr zu wundern. Man kann es gleichsam schon im Voraus wissen, Jesus braucht uns mit seinem Wort und Leben gar nicht mehr zu überzeugen. Damit aber wird alles unecht und das Leben Jesu wird so zum bloßen Schein eines menschlichen Lebens.

Konsequenz daraus: Solche *Bekenntnisgeschichten des nachösterlichen Glaubens* an Christus, wie sie unsere Weihnachtserzählungen darstellen, müssen anders gelesen und nacherzählt werden. Das aber muß zugleich mit einem sensiblen Verständnis für *die Symbolsprache der Bibel* geschehen.

Die Geschichten über Jesu Geburt sind als Erzählungen zu nehmen, mit denen Christen damals ihre Zeitgenossen und eben nun auch uns heute für dieses Kind, für Jesus und seine Botschaft gewinnen wollen, so wie sie selber einmal dafür gewonnen worden sind. Und die Bilder darin sind als Bilder zu nehmen und auszumalen (s. dazu z.B. die Nacherzählung von W.BENEKER), statt sie als buchstäblich zu verstehende begriffliche Beschreibungen zu behandeln.

Zugleich sind die Weihnachtserzählungen für uns Festgeschichten. Sie wollen uns einführen in die Bedeutung des Festes, sie wollen uns einstimmen in die „Stimmung" des Festes. Weihnachten – da steht Lied und Musik auf dem Programm, Musik, die dem Himmel und seinen Chören nachsingt. Da sind Geschenke an der Tagesordnung, wie sie die drei Weisen mitbrachten.

D. Überlegungen zum Verständnis der Kinder

- Die Weihnachtszeit ist tief mit sinnlicher Erfahrung verbunden, die auch Kindern zugänglich ist: Sie fällt in die dunkelsten Tage des Jahres, aber eben auch in die Wende von *Dunkel* zu *Licht*. Dunkelheit bedeutet Einschränkung des Lebens: Die Zeit draußen zu spielen ist knapp. Im Dunkeln geht man morgens in den Kindergarten oder in die Schule und im Dunkeln kehrt man womöglich auch wieder heim. Dunkel ist heimlich-unheimlich. Im Dunkeln zeigen sich Ängste, die man im Tageslicht nicht verspürt und die im Hellen von uns weichen.

  Diese Pole von Dunkel und Licht gehören auch zu der Grundstimmung der Lukas-Erzählung: Die Hirten hüten des Nachts ihre Herde und das auf dem Felde draußen. Aber mit dem Engel umleuchtet sie die Klarheit, die Herrlichkeit Gottes. *Die Nacht wird hell!* – Und unsere Bräuche zum Weihnachtsfest nehmen diese Stimmung auf: Lichter im Dunkel, Kerzenschimmer im sonst unbeleuchteten, dämmerigen Raum. Und das Helle, das Licht nimmt mit Weihnachten zu: Waren es zuvor nur die eine Adventskerze, dann zwei, drei, vier, so leuchten jetzt die vielen Kerzen am Weihnachtsbaum.

- Unsere Geschichten erzählen von einer *Mutter*, die schwanger ist, und von einem *Kind*, ja noch interessanter, von einem Baby, das geboren wird und in Windeln gewickelt werden muß. Wenn Kindern davon erzählt wird, richtet sich ihre Aufmerksamkeit nicht nur auf die Vorgänge von *Schwangerschaft und Geburt*, so spannend dies auch für sie sein mag.[123] Hinter diesem Interesse verbirgt sich eine viel existentiellere Frage, die in ihnen wach werden möchte, nämlich die nach dem eigenen *Ursprung*: Wo komme ich her? Wo war ich, als ich noch nicht geboren war? Gab es mich schon, als ich noch nicht da war?

- Und indem die Geschichte Kaiser und Kind gegenüberstellt, läßt sie ein Schlüsselthema für Kinder anklingen: *Groß und klein*, mächtig und ohnmächtig. Und dieses Kind, ohnmächtig und klein wie sie, ist die Hoffnung der Kleinen. Es wird einmal die Kinder zu sich kommen lassen und die Kleinen vor der Abweisung der Großen in Schutz nehmen (Mattäus 19,13–15). Und es wird den kleinen Zachäus unter den Großen entdecken und sehen (Lukas 19,5).

---

[123] s. die Kindheitserinnerung des Bibelwissenschaftlers ERHARDT GÜTTGEMANNS: „Wenn zu Weihnachten die altbekannte und doch immer wieder neue Freudenbotschaft von der Menschwerdung Gottes vorgelesen wurde, so mußte mir schon bald auffallen, daß meine Mutter beim Vorlesen die Schwangerschaft der Maria überschlug, während mein Großvater sie anstandslos vorlas. In: SIEGFRIED RUDOLF DUNDE (Hg.): Vater im Himmel – seine Söhne auf Erden. Männer und Religion. Reinbek bei Hamburg 1986 S.27f

E. Ideen zum Erzählen	*Zu Lukas*

Hier ist eine elementare *Einführung* angebracht, die ein Verständnis für die besondere Eigenart der weihnachtlichen Erzählungen vorbereiten hilft[124]:

Viele Jahre waren vergangen, seit Jesus gelebt hat im Land der Juden. Viele Menschen waren seitdem Christen geworden, waren getauft wie du und ich. Christen waren bald in vielen Städten der damaligen Welt zu finden, in Jerusalem und in Rom und anderswo.

Und sie erzählten sich Geschichten von Jesus, wie er Kranke heilte, Kinder zu sich rief, Menschen wieder froh machte, wenn sie traurig oder bedrückt waren. Wie Jesus Geschichten erzählte. Wie er nach Jerusalem ging und dort von den Römern ans Kreuz geschlagen wurde – als wäre er ein Verbrecher. Und wie Gott ihn zum Leben erweckte, sodaß die Christen spürten: Christus ist bei uns. Mit seinem Geist bewegt er unsere Herzen.

Und dann fragten die Menschen auch danach: Wie war es, als Jesus geboren wurde? Wir wollen dafür auch ein großes Fest haben und schöne Geschichten. Geschichten, die zeigen: Gott ist mit Jesus. Da, mit seiner Geburt, hat es schon begonnen, was wir von Jesus glauben. Niemand von uns ist dabei gewesen damals. Niemand hat das aufgeschrieben. Aber erzählen wollen wir davon. Von Maria wissen wir und von Josef in Nazaret: Das sind die Eltern. Und ein Lied kennen wir. Das singen wir noch heute: Ehre sei Gott in der Höhe und Friede auf Erden und den Menschen ein Wohlgefallen. Und von Betlehem lesen wir in unserer Bibel. ...

Und so kommt es, daß wir heute Erzählungen von Weihnachten haben. Eine davon will ich euch jetzt erzählen. Ihr kennt sie schon:

Vor zweitausend Jahren herrschte ein großer Kaiser über viele Länder: der Kaiser Augustus in der Stadt Rom. ...

... Und plötzlich war um den Engel die ganze Menge der himmlischen Chöre. Die lobten Gott:

Ehre sei Gott in der Höhe
und Friede auf der Erde
bei den Menschen: Gott hat sie lieb.

So sangen die Engel

Und ich denke: Sie waren nicht allein dabei. Wer dafür Ohren hatte, der konnte hören, daß mit den Engeln die ganze Welt sang: Die Sterne, die Wolken, der Wind, Himmel Erde, alles sang das Lob Gottes.

Und so singen wir auch heute an jedem Sonntag: Wenn wir in der Kirche zusammen sind, dann tun wir es den Engeln gleich und singen das gleiche Lied:

---

[124] Zur Vorbereitung der eigenen Nacherzählung ist anregend das Sachbilderbuch von DIETRICH STEINWEDE: Weihnachten mit Lukas. Lahr: Kaufmann Verlag 1974

90

Ehre sei Gott in der Höhe
und Friede auf Erden.

So singen wir in Deutschland und in Frankreich, in Spanien und in Polen, in Indien und in Amerika: Überall wo Christen sind, singen sie, wie es die Engel ihnen vorgesungen haben. ...

Dann nahm der Himmel die Engel wieder auf. Die Hirten aber redeten miteinander: ...

Zum Engelsgesang habe ich Formulierungen von W.BENEKER aufgenommen (s.o.), bin aber in zweierlei Hinsicht andere erzählerische Wege gegangen:
Mit der Einfügung: *Und ich denke* .... habe ich bewußt den jeweiligen Erzähler mit seinem *Ich* ins Spiel gebracht.[125] Er ist es, der mit in die Geschichte verwickelt ist und seine eigenen Gedanken dazu hat. Und daß es *seine* Gedanken sind, wird deutlich markiert.
Mit der weiteren Einfügung: *Und so singen wir auch heute ... und: So singen wir in Deutschland ... Überall wo Christen sind, singen sie, wie es die Engel ihnen vorgesungen haben ...* möchte ich eine Brücke zu *heute* schlagen. Beides – daß der Erzähler mit seinem Ich kenntlich wird und daß seine Erzählung einen Anknüpfungspunkt in der Lebenssituation seiner Zuhörer heute findet, sind wichtige Erfordernisse guten Erzählens.[126]

Zu Mattäus:

Das Jesuskind war geboren in Betlehem im Land Judäa. Das geschah zur Zeit des Königs Herodes.

Da kamen weise Sterndeuter aus Osten aus Morgenland nach Jerusalem. Sie fragten: Wo ist der neugeborene König der Juden? Wir sind gekommen, weil wir ihn anbeten wollen. Wir haben seinen Stern gesehen im Morgenland.

Der hat uns geführt, ein Wunderstern, der vor uns herging und uns den Weg zeigte.

Als der König Herodes davon hörte, erschrak er.

Ein neuer König, so mag er gedacht haben: Wie das? Ich bin doch der König. Ein neuer König – soll das heißen: Ich werde nicht länger König sein?

Da rief der König Herodes die obersten Priester zu sich und die Lehrer, die sich auskannten in den alten Schriften, und fragte sie: Wo soll der Christuskönig geboren werden?

Und sie antworteten ihm: In Betlehem im Land Judäa. Denn so steht es in den alten Schriften. So hat Micha, der Profet, davon geschrieben vor langer Zeit. ...

... Als die Sterndeuter wieder ihren Stern sahen, freuten sie sich sehr. Sie gingen in das Haus und fanden das Jesuskind mit Maria, seiner Mutter. Sie fielen auf ihre Knie und beteten es an. Sie holten ihre Schätze hervor und beschenkten es überreichlich:

---

[125] s. oben Kap. 3.2 S.27f.
[126] s. dazu oben in Kap. 2.1 S.14 und 3.5 S.33

mit Gold und mit köstlichen teuren Gewürzen, mit Weihrauch und Myrrhe, *wie es einem König zukommt.*

In der Nacht darauf aber hatten sie einen Traum: Geht nicht wieder zum König Herodes, so träumte ihnen. Gott will es so. Der König Herodes meint es nämlich nicht ehrlich mit dem Jesuskind, er will es umbringen.

Und so nahmen sie einen anderen Weg und kehrten in ihr Land zurück.

Die Mattäusgeschichte verlangt nach Fortsetzung: Wie geht es weiter mit dem König Herodes und dem Jesuskind? Der König Herodes sinnt auf Mord, aber das Jesuskind wird wunderbar bewahrt: Die Flucht nach Ägypten und die glückliche Rückkehr nach Nazaret – diese Geschichten gehören dazu.

6.2 Die Heilung des blinden Bartimäus: Markus 10,46–52

| A. Einführung in den Bibeltext | *Glaube oder Heilung – was ist das Wunder?* |

Glaube oder Heilung – was ist das Wunder?

Auch die Erzählung von der Heilung des Blinden findet sich mehrfach in den Evangelien (neben Markus 10,46–52 auch Mattäus 20,29–34; Lukas 18,35–43). Zwischen ihnen können wir deutliche Unterschiede bemerken.[127] Die verschiedenen Sichtweisen der Evangelien werden an zwei Fragepunkten besonders deutlich:

- Wie ist die Heilung geschildert? Und:
- Wie verhalten sich die Umstehenden während des Geschehens?

Auf den ersten Blick handelt es sich hier um eine Heilungsgeschichte. Was mit dem blinden Bartimäus geschieht – das steht im Mittelpunkt der Erzählung. Freilich – das Wunder, das uns erzählt wird, ist nicht einfach eine Angelegenheit des optischen Sehen-Könnens. Das große Wunder ist der Glauben: Der rettet und macht den Blinden sehend für den Weg Jesu. Bartimäus sieht am Schluß mehr als das, was man mit dem Gesichtssinn erfassen kann: Er sieht Jesus und seinen Weg. Diesen Weg geht nun auch er: „Und sogleich wurde er sehend und *folgte ihm* [Jesus] nach auf dem Wege." Es ist die Geschichte von einem, der zum Glauben findet und Jesus nachfolgt.

Ein zweites Wunder

Markus erzählt darüber hinaus noch von einem anderen Wunder, nämlich dem der Umwandlung, ja *Bekehrung der Umstehenden*: Auch mit ihnen, nicht nur mit dem Blinden, geschieht eine grundlegende Veränderung. Sie haben ja zunächst den Blinden abgewehrt, ihn zum Schweigen bringen wollen. Dieselben Leute nun las-

---

[127] s. hierzu Kap. 2.2 S.22f.

en sich von Jesus dazu bewegen, den Blinden herbeizurufen und ihm Mut zuzusprechen: „Sei getrost, steh auf, er ruft dich." Damit ist dem Blinden geholfen: Er springt auf wie ein Sehender. Markus läßt so die Umstehenden zu Heilgehilfen, zu Mittherapeuten Jesu werden. Darin bildet er gleichsam das heilende Handeln der Kirche zu seiner Zeit mit ab und gibt es uns als Fortsetzung des heilenden Handelns Jesu zu verstehen.

Wer weiß, wie schwer es fällt, eigenes Verhalten zu verändern (das Problem der „guten Vorsätze", mit denen dem Sprichwort nach ja der Weg zur Hölle gepflastert ist), der wird sich nicht scheuen, die Verwandlung, die in unserer Geschichte an den Umstehenden geschieht, als ein „Wunder" anzusehen. Daß Menschen – wie selten auch immer – fähig werden, einem Unglücklichen Aufmerksamkeit zuzuwenden, das konnte die französische Philosophin SIMONE WEIL (1909–1943) geradezu ein Wunder nennen.[128]

Zusammenfassung:

Zwei Wunder sind es also, von denen Markus erzählt: Das eine vollzieht sich an dem Blinden: der Glaube, der ihn rettet und auf den Weg Jesu bringt. Ihm gehen die Augen für Jesus auf wie den Emmausjüngern, die in dem unbekannten Fremden den Christus erkennen. Das andere Wunder vollzieht sich an den Umstehenden: Sie werden zu Mithelfern Jesu. Auch ihnen gehen die Augen auf – für den Blinden und seine Not.

Der Sinngehalt unserer Geschichte wird verkürzt, wenn eine Nacherzählung den Blick nur auf das Wunder der Heilung von der Blindheit lenkt und dies obendrein oft noch recht mirakelhaft ausschmückt!

B. Wie erzählen Kinderbibeln?

Was ist es, was Bartimäus sieht?

Lutherbibel 1984	Irmgard Weth	Wilhelm Beneker
Die Heilung des Blinden von Jericho	Bartimäus	Die Heilung des Blinden
10,46 Und sie kamen nach Jericho. Und als er	Draußen vor der Stadt Jericho saß ein blinder Mann am Wegrand und	Auf dem Weg nach Jerusalem kam Jesus mit seinen Jüngern durch den

---

[128] „Die Aufmerksamkeit ist nicht nur der wesentliche Gehalt der Gottesliebe. Auch die Nächstenliebe, von der wir wissen, daß sie die gleiche Liebe ist, ist aus dem gleichen Stoff gemacht. Die Unglücklichen bedürfen keines anderen Dinges in dieser Welt als solcher Menschen, die fähig sind, ihnen ihre Aufmerksamkeit zuzuwenden. Die Fähigkeit, einem Unglücklichen seine Aufmerksamkeit zuzuwenden, ist etwas sehr Seltenes und sehr Schwieriges; sie ist beinahe ein Wunder; sie ist ein Wunder." SIMONE WEIL: Das Unglück und die Gottesliebe. München 1961 S.95

aus Jericho wegging, er und seine Jünger und eine große Menge, da saß ein blinder Bettler am Wege, Bartimäus, der Sohn des Timäus.

47 Und als er hörte, daß es Jesus von Nazareth war, fing er an, zu schreien und zu sagen: Jesus, du Sohn Davids, erbarme dich meiner!
48 Und viele fuhren ihn an, er solle stillschweigen.

bettelte. Er kauerte auf der Erde in lumpigen Kleidern und rührte sich nicht. Aber wenn jemand vorbeiging, horchte er auf. Dann hob er seinen Kopf, streckte die Hand aus und rief laut: „Erbarmen, ihr Leute! Habt Erbarmen mit mir!"
Bartimäus hieß der Bettler, der dort am Stadttor von Jericho saß. Tag für Tag saß er da, von morgens bis abends, lauschte und wartete, ob Leute kamen. Viele, die vorübergingen, kannten ihn schon. Einige warfen ihm ein Geldstück hin. Aber die meisten gingen einfach an ihm vorbei und achteten nicht auf sein Geschrei.
Eines Tages aber waren viel mehr Menschen auf der Straße als sonst. Sie lärmten. Sie schrien laut durcheinander. Sie drängten sich an Bartimäus vorbei. „Was ist los?" fragte Bartimäus. „Warum sind heute so viele Menschen auf der Straße?"
„Wie?" antworteten sie. „Das weißt du nicht? Jesus kommt hier vorbei. Gleich wird er da sein. Wir sehen ihn schon!"
Bartimäus horchte auf: Jesus? War er nicht der Mann, von dem die Stadt seit Tagen sprach? Sagten nicht sogar einige, er stamme von König David ab? Gewiß war er der Retter, auf den alle warteten! Vielleicht konnte Jesus sogar ihm helfen? Bartimäus war ganz aufgeregt. Wenn Jesus ihn nur nicht übersah in dem ganzen Gedränge! Wenn er ihn nur nicht überhörte in all dem Lärm! „Jesus!"

Ort Jericho. Viele Pilger waren mit ihm unterwegs. sie wollten alle zum Fest nach Jerusalem. Und als Jesus aus Jericho kam, da saß ein Bettler am Weg und bettelte. Er war blind.

Der Blinde hörte, daß viele Menschen vorbeigingen. Er wollte wissen, was das bedeutete. Da sagten sie: „Jesus kommt! Jesus von Nazareth kommt hier vorbei!"

Als der Blinde das hörte, da rief er mit lauter Stimme: „Herr, gehe nicht an mir vorbei! Hab Erbarmen mit mir, Herr. Hilf mir doch, Jesus, du Sohn Davids!"
Es waren aber viele Menschen dort. Die schimpften mit dem Blinden: „Schweig! Sei still! Störe nicht den Pilgerzug! Störe den Meister nicht! Schweig, still!"

Er aber schrie noch viel mehr: Du Sohn Davids, erbarme dich meiner!

schrie Bartimäus. „Du Sohn Davids, hab Erbarmen mit mir!"
Aber die Leute fuhren ihn an: „Schrei nicht so laut! Halt deinen Mund! Jesus hat keine Zeit für dich. Er hat es eilig. Er muß zum Fest nach Jerusalem ziehen. Dort werden sie ihn zum König machen."
Aber Bartimäus schrie nur noch lauter: „Jesus, du Sohn Davids, hab Erbarmen mit mir!" Er schrie, so laut er konnte, immer und immer wieder. Er hörte gar nicht mehr auf.

Der Blinde jedoch hörte nicht auf zu rufen: Er schrie noch viel lauter: „Jesus, hilf mir doch! Du Sohn Davids, erbarme dich!"

49 Und Jesus blieb stehen und sprach: Ruft ihn her! Und sie riefen den Blinden und sprachen zu ihm: Sei getrost, steh auf! Er ruft dich!
50 Da warf er seinen Mantel von sich, sprang auf und kam zu Jesus.

Da hörte er auf einmal eine Stimme: „Ruft ihn zu mir!" Bartimäus wurde plötzlich ganz still. Er wartete gespannt. Auch der Lärm ringsum verstummte plötzlich. Bartimäus spürte, wie alle auf ihn schauten. „Hab keine Angst!" riefen sie ihm zu. „Freu dich! Jesus ruft nach dir. Steh nur auf!"
Da warf Bartimäus seinen lumpigen Umhang ab, sprang auf von der Erde und tastete sich durch die Menge, bis er vor Jesus stand. Und wieder hörte er dieselbe Stimme, Jesu Stimme: „Was willst du? Was kann ich für dich tun?"

Und Jesus hörte das Rufen. Er blieb stehen. Er sagte: „Bringt diesen Mann zu mir!"

Da brachten sie den Blinden zu Jesus.

51 Und Jesus antwortete und sprach zu ihm: Was willst du, daß ich für dich tun soll?

Der Blinde sprach zu ihm: Rabbuni, daß ich sehend werde.

„Ach Herr!" rief Bartimäus. „Gib doch, daß ich wieder sehen kann!"

Und als er nahe bei ihm war, da fragte Jesus ihn: „Was willst du von mir? Was soll ich für dich tun?" –

Der Blinde sagte: „Herr, lieber Meister, ich möchte sehen können. Gib mir doch mein Augenlicht wieder, dann kann ich sehen und erkennen."

52 Jesus aber sprach zu ihm: Geh hin, dein Glaube hat dir geholfen. Und sogleich wurde er sehend

„Ich will es tun!" sagte Jesus freundlich. „Geh nur heim! Dein Glaube hat dir geholfen."
Da gingen Bartimäus auf einmal die Augen auf.

Da sprach Jesus zu ihm: „Ich will es tun. Sei sehend. Dein Glaube hat dir geholfen!"

95

| | Wie schön war die Welt rings um ihn her! Sie leuchtete ihm in allen Farben entgegen: der blaue Himmel, die grünen Bäume, die Häuser von Jericho. Er sah auch die Menschen, die um ihn standen und auf ihn starrten. Und mitten unter ihnen sah er Jesus, seine Retter, der ihm die Augen geöffnet hatte. | Und als Jesus das gesagt hatte, da konnte der Blinde sehen. Durch sein Wort hatte Jesus ihn geheilt. Sein Wort hatte die Dunkelheit vertrieben. Nun war es hell um den Mann, der blind gewesen war. |
| und folgte ihm nach auf dem Wege. | Da ließ Bartimäus alles liegen und stehen und ging mit Jesus und wich nicht mehr von seiner Seite. | Der aber erhob seine Stimme. Er lobte Gott. Er ging nun auch mit Jesus und folgte ihm. Und auch die vielen Leute im Pilgerzug lobten Gott. |

IRMGARD WETH's Nacherzählung ist gekennzeichnet durch eine Reihe von erzählerischen Erweiterungen. Zunächst einmal ist eine längere recht anschauliche Einführung in die Situation des Blinden vorgeschaltet. Anschaulichkeit erhält ihre Erzählung auch durch den durchgehenden Gebrauch von direkter Rede und durch den inneren Dialog des Blinden. Einige dieser erzählerischen Erweiterungen aber fallen besonders auf, weil sie die Akzente anders setzen, als es die Originalgeschichte tut.

So verhält sich der Blinde vor Jesus – entgegen der Darstellung des Markus (s.o.) noch wie ein Blinder: „… und tastete sich durch die Menge, bis er vor Jesus stand." Und auf die Bitte des Bartimäus sagt Jesus in der Zukunftsform: „Ich will es tun! Geh nur heim! Dein Glaube hat dir geholfen." Für I.WETH jedenfalls geschieht – anders als bei Markus, den sie doch wiedergeben will, das Wunder eindeutig erst nach den Jesusworten. I.WETH bildet dann die symbolische Art der Markusgeschichte in einem sehr ausdrucksvollen Wortbild nach: „Da *gingen* Bartimäus auf einmal *die Augen auf*" – aber wofür? Was kann er nun sehen? Die Welt um ihn, den blauen Himmel, die grünen Bäume, die Häuser, die Menschen und zuletzt erst … „sah er Jesus, seinen Retter, der ihm die Augen geöffnet hatte." Jesus sehen in einer Linie mit Himmel, Bäumen, Menschen? Also geht es scheint's doch um ein optisches Phänomen. Damit aber wird gerade das Entscheidende verwischt: „Jesus sehen können" – das meint noch etwas Anderes als nur optisches Wahrnehmen[129]. Das ist wie eine Jüngerberufung: Bartimäus erkennt den Weg Jesu und geht ihn mit!

---

[129] JÖRG ZINK versucht in seiner Kinderbibel das so auszudrücken: „Ihm gingen nicht nur die *leiblichen Augen* auf, so daß er die Menschen sehen konnte und die Tiere, die Häuser und die Bäume. Ihm gingen auch die *Augen des Herzens* auf, und er konnte verstehen, daß dieser Mann von Gott kam. Das war noch wichtiger für ihn." (S.133f)

BENEKER, der sich an die Lukas-Erzählung anlehnt, versucht, der symbolischen Sprache der Heilungsgeschichte Rechnung zu tragen und Fehlverständnissen durch seine Erzählweise vorzubeugen. Die Bitte des Blinden ergänzt er deshalb so:

„Gib mir doch mein Augenlicht wieder, dann kann ich sehen *und erkennen.*"

Es geht hier um mehr als um die Wiederherstellung der Sehkraft. Am Schluß seiner Nacherzählung führt er eine neue Metapher, ein neues Bild ein, das uns andeutet:

„*Durch sein Wort* hatte Jesus ihn geheilt[130]. Sein Wort hatte die *Dunkelheit* vertrieben. Nun war es *hell* um den Mann, der blind gewesen war.

Damit läßt BENEKER seine Leser an die Weihnachtsnacht denken, in der mit der Engelerscheinung helles Licht in die Dunkelheit der Hirten fällt. Es handelt sich also noch um ganz andere Dunkelheiten, aus denen Jesus den Blinden befreit als nur die Dunkelheit der Augen.

C. Impulse zum eigenen Verständnis

Wir haben hier eine „klassische" Wundergeschichte vor uns, genauer die Geschichte einer Wunderheilung[131]. Die wichtigste Frage, vor der der Erzähler heute steht, ist die: Wie denkt er sich selbst das bzw. die Wunder in der Geschichte? Wie will er die Heilung darstellen, was ist es, was der Blinde neu sehen kann?

Was ist die Botschaft dieser Geschichte? Ein optisch Blinder erhält bei Jesus seine Sehkraft wieder? Aber was wäre dann die Botschaft für uns heute? Ist überhaupt dies – ob man mit den Augen sehen kann oder nicht – der Unterschied, der für den Sinn unserer Geschichte wesentlich ist? Dazu muß der heutige Nacherzähler sich seine Meinung bilden.

- Für Markus ist unsere Erzählung gleichsam ein Gegenstück zu der voraufgegangenen von den „blinden" Zebedäus-Söhnen (Markus 10,35–45 – vor allem Vers 36). Von Jesus gefragt: Was wollt ihr, daß ich euch tun soll? wünschen die sich ja unvernünftigerweise die ersten Plätze im Gottesreich. Bartimäus dagegen bittet auf die gleiche Frage: „Was willst du, daß ich dir tun soll?" um das Angemessene: Er will Jesus sehen. Wo aber ist Jesus? Auf dem Weg nach Jerusalem, dem Weg, der ihm das Kreuz bringt. Mit dem letzten Satz der Erzählung von Bartimäus leitet Markus dazu über: „Und alsbald sah er wieder und *folgte ihm* [Jesus] auf dem *Wege*" – d.h. aber auf dem Kreuzeswege. Es handelt sich also um eine Nachfolgegeschichte, um eine Berufung: „Die Nachfolge ist das Gotteswunder" – hat dazu ein Bibelwissenschaftler angemerkt (EDUARD SCHWEIZER): ein drittes Wunder gleichsam. So überlagert das Symbolische den äußeren Hergang der Geschichte:
Auch bei Lukas geht das Unverständnis, die „Blindheit" der Jünger unserer Erzählung vorauf – hier betrifft es aber die Passion Jesu : „Und sie erfaßten nichts

---

130 Mattäus 20,34 zeigt dagegen Jesus wie einen zeitgenössischen Arzt, der die blinden Augen durch Berührung heilt.
131 s. dazu oben im Kap. 3.8 S.41ff.

von diesen Dingen, und dieses Wort [über den Weg Jesu zum Kreuz und die Auferstehung] war vor ihnen verborgen, und sie begriffen das Gesagte nicht" (Lukas 18,34). Sie sind so blind wie die Emmausjünger, deren „Augen gehalten waren, damit sie ihn [den sie begleitenden Auferstandenen] nicht erkannten" (Lukas 24,16). Der Blinde dagegen sieht besser als die Jünger, die gesunde Augen haben.

Man kann also die biblischen Texte oft nur in ihrem Zusammenhang verstehen. Und der Zusammenhang bei Markus wie bei Lukas weist daraufhin, daß von etwas erzählt wird, das über den Rahmen dieser Geschichte hinaus geht: Hier wird sichtbar, was „blinden" Jüngern überhaupt, was Christen bei Jesus geschieht: Ihnen gehen die Augen auf, sie bekommen einen neuen Blick. Sie können Jesus sehen und den Weg vor sich. Das ist das Wunder, das niemand erwarten konnte. „Ich bin das Licht der Welt. Wer mir nachfolgt, der wird nicht wandeln in der Finsternis, sondern wird das Licht des Lebens haben" – mit diesen Worten läßt der Evangelist Johannes seinen Jesus beschreiben, was Christen in seiner Nachfolge finden (Johannes 8,12). „Mir geht ein Licht auf", so können wir sagen, wenn uns eine entscheidende Einsicht widerfahren ist. Was können Christen – blind und nicht-blind –, wenn sie wirklich Jesus sehen, davon erwarten? „Rettung" – so nennt es unsere Geschichte, Rettung, die der Glaube zuwege bringt. Einen Weg vor uns, den wir zuvor nicht sahen, Licht, Klarheit, die wir zuvor nicht hatten, Hoffnung für unser Leben – nicht weniger als dies.

• Und noch an einer anderen Stelle reicht die Bartimäuserzählung hinaus bis zu uns heute. Hinter den Umstehenden, die aus Bedrohern zu Helfern und Mittherapeuten werden, sieht Markus die Christen seiner Zeit: Auch sie sollen umkehren und zu Leuten werden, die Jesu Sorge um Menschen teilen. Und wir tun der Geschichte nicht Unrecht an, wenn wir sie bis zu uns heute weitergehen lassen und wenn auch wir uns darin mit gemeint sehen: Leute, die die Not, Ungerechtigkeit, das Elend von Menschen zwar täglich im Fernsehen vor Augen geführt erhalten, es aber ebenso schnell verdrängen, wie die Bilder auf dem Bildschirm wechseln, – sie sollen zu Menschen verwandelt werden, die wirklich Augen haben für das, was sie sehen, die auf dem Weg Jesu bleiben und sich als Helfer in seinem Dienst verstehen, die sprechen und tun wie die Umstehenden in der Geschichte: „Sei getrost! Stehe auf! Er ruft dich!"

D. Überlegungen zum Verständnis der Kinder	Was ist es, was Kinder mit dieser Geschichte verbinden? Wo stecken darin Erfahrungen und Gefühle, die sie kennen? Was an der Geschichte interessiert sie?

• Da ist zunächst das Phänomen des *Blindseins*, das das Interesse von Kindern wecken kann. Wie ist das, wenn man blind ist? Kinder kennen blinde Menschen in ihrer Umgebung oder Menschen, die schlecht sehen können. Manche haben eigene Erfahrungen mit Sehbehinderungen, müssen eine Brille tragen. Zu ihren Rollenspielen gehört auch das Nachspielen von Blindheit: Blinde Kuh oder Ratespiele wie „Ich sehe was, was du nicht siehst …"

Blindheit ist natürlich für Kinder zunächst ein äußeres, optisches Faktum. Und in diesem Sinn müssen sie auch erst einmal die Geschichte von Bartimäus auffassen. Darum darf der erwachsene Nacherzähler die Bartimäus-Geschichte nicht einfach Wort für Wort wie in dem knappen Bibeltext vorlesen, eine Notlösung, zu der Erzähler gerade dann gern greifen, wenn sie selber Schwierigkeiten mit einer Geschichte haben. Das wäre falsche Bibeltreue. Der kindliche Zuhörer muß denken, daß seine „naive" Auffassung der Geschichte von dem erwachsenen Erzähler geteilt werde. Will man etwas dafür tun, daß Kinder Sinn für die symbolischen Gehalte dieser Erzählung entwickeln, will man vor allem einem magischen (Miß-)Verständnis dessen, was Jesus ist und tut, vorbeugen, dann muß man deutliche Signale dafür setzen, daß das eigene Verständnis des Erwachsenen nicht beim Äußeren stehenbleibt, sondern die symbolischen Anteile mit umfaßt.

- Zu dem Bisherigen mag für Kinder weiterhin das Phänomen des *Dunkels* in zweierlei Richtung bedeutsam sein: Es ist unheimlich, im Dunklen meldet sich Angst. Der dunkle Zimmer abends, wenn das Licht gelöscht wird und man schlafen soll, der dunkle Wald sind Orte, an denen einem (wahrhaft nicht nur Kindern!) bange wird. Aber das Dunkle verfügt auch über eine anziehende Seite: das Unheimliche kann faszinieren. Man kann sich verbergen, kann Gespenst spielen, andere erschrecken. Mit einer Laterne gehen, in das Licht einer Kerze schauen, das wirkt erst im Dunklen.
- Die Position, in der unsere Geschichte uns schließlich den Blinden sehen läßt, ist eine den Kindern vertraute Lage: Bartimäus sitzt am Wege. Er ist unten, „sieht" die Welt von unten – die Großen ziehen da oben an ihm vorbei. Er gehört nicht dazu. Die *Zurückweisung*, wie sie hier den Bartimäus trifft, gehört zu den häufigen Erfahrungen von Kindern. In milder Form mag sie sich so aussprechen: Sei nicht so laut! Sprich nicht dazwischen! Du störst! Aber das kann eben auch heftig und sehr kränkend geschehen: Halts Maul! Kinder werden beim Anstehen in der Schlange gerne zurückgedrängt: Du kannst warten! Du hast Zeit! Oder schließlich die schlimme Erfahrung: Wer schreit, wer weint, wird gerade nicht getröstet – im Gegenteil: Ihm werden auch noch die Tränen verboten: Hör' auf mit dem Geheule, so schlimm ist das doch gar nicht!

Es ist also keine fremde, ferne Welt, die Straße in Jericho mit dem blinden Mann am Rand, die den kindlichen Zuhörern erst groß erklärt und „nahe"gebracht werden müßte. Andersherum – die Figur des Bartimäus und das Verhalten der Umstehenden rufen Erfahrungen wach, die in der Welt der Kinder heute ihre (unveränderte) Rolle spielen und dazu führen, daß Kinder sich in der Gestalt des Bartimäus wiederfinden. Aber ob sie sich auch auf der Seite der Umstehenden mit deren abweisendem Verhalten entdecken können?

| E. Ideen zum Erzählen | Die Nacherzählung sollte für den Zuhörer die Akzente dieser biblischen Geschichte hervorheben und verstärken: Das doppelte Wunder, das an den Umstehenden und das am Blinden. Sie sollte zugleich ein erweitertes Verständnis der Geschichte ermöglichen und den Kindern zeigen: |

Der Erwachsene hat nicht einfach ein direktes, äußeres, buchstäbliches Verständnis von den Hergängen in der Geschichte. Wichtig ist schon, welche Überschrift man dieser Geschichte gibt: „Bartimäus" (I.WETH), „Die Heilung des Blinden" (W.BENEKER) oder z.B.

> „Wie einer bei Jesus einen *neuen Blick* bekam"
>
> Viele, die sehen können, sind doch blind für Gott. Und mancher, der blind ist, kann doch Augen haben für Jesus und seinen Weg.

So ist es Bartimäus ergangen, einem Blinden. der saß am Weg, ganz im Dunkeln, und bettelte, als Jesus nach Jericho kam ...

> Und Jesus stand still und sprach: Ruft ihn her! Und da geschah ein Wunder: Eben noch hatten die Leute den Blinden beschimpft: Sei still! Halt's Maul! Und jetzt sind sie ganz anders. Jetzt rufen sie den Blinden zu Jesus und sagen zu ihm: Nur Mut! Steh auf! Jesus ruft dich! Das waren doch dieselben, die eben noch den Blinden weghaben wollten. Und die helfen ihm nun auf! Was hatte sie nur so verwandelt?
>
> Und der Blinde – was tut er? Er wirft seinen Mantel weg, er springt auf und kommt zu Jesus! Was ist mit ihm geschehen? Es ist, als wenn er gar nicht mehr blind ist! ...
>
> Jesus aber spricht zu dem Blinden: Gehe hin! Dein Glaube hat dich gerettet! Gerettet? Ja, gerettet – so hat Jesus gesagt. Als wenn es für den Blinden um mehr gegangen wäre, um Leben und Tod. Dein Glaube hat dich gerettet. Das ist schon passiert. Ich brauche gar nichts mehr für dich zu tun. Du hast alles. Du siehst mich, du siehst den Weg, den ich gehen muß. ...

Gerade solche erzählerischen Verstärkungen können auch Reaktionen der kleinen Zuhörer hervorrufen, auf die der Erzähler sich unbedingt einlassen sollte: Gerettet – wieso? War Bartimäus denn in Lebensgefahr? – Ein Wunder – wieso ein Wunder, wenn die Leute dem Blinden helfen?

100

7. Angst und Vertrauen

Mein Gott, mein Gott, warum hast du mich verlassen?
Ich schreie, aber meine Hilfe ist ferne.
Mein Gott, des Tages rufe ich, doch antwortest du nicht,
und des Nachts, doch finde ich keine Ruhe.
Du hast mich aus meiner Mutter Leibe gezogen;
du ließest mich geborgen sein an der Brust meiner Mutter.
Auf dich bin ich geworfen von Mutterleib an,
du bist mein Gott von meiner Mutter Schoß an.
Sei nicht ferne von mir, denn Angst ist nahe;
denn es ist hier kein Helfer.
(Psalm 22,2–3.10–12)

„Man ist doch eigentlich immer allein? Man wird allein geboren, man hat allein Schmerzen und man stirbt allein." Junge 8 Jahre[132]

Im Märchen wird von einem erzählt, der auszog, das Fürchten zu lernen. Der dänische Philosoph SÖREN KIERKEGAARD nennt dies „ein Abenteuer, das jeder Mensch zu bestehen hat: Sich ängstigen lernen."
Angst gehört zum Leben. In ihr zeigt sich, daß unser Leben endlich ist, bedroht von Vergänglichkeit und Nichtsein. Mit Angst umgehen lernen, ist eine lebenslange Aufgabe. Nicht wer keine Angst kennt und sie verdrängt, ist mutig, sondern wer die Angst auf sich nimmt und dennoch beim Mut bleibt.
Kinder sind nicht ohne Angst. Angst gehört von allem Anfang an zum Leben: Angst vor Alleinsein, vor Verlust von Liebe, Gewissensangst. Es nützt nicht, die kleinen und großen Ängste von Kindern mit Schweigen zu übergehen oder sie gar schlicht verbieten zu wollen nach dem Motto: „Ein Junge hat keine Angst." Kinder brauchen Sprache und Bilder, mit deren Hilfe sie ihren Ängsten Ausdruck verleihen und zu Mut und Vertrauen finden können. Und sie brauchen Worte, Bilder und Gesten der Hoffnung, die gegen Verzweiflung und Resignation stehen und Zuversicht geben. Angst nämlich schnürt die Kehle zu und macht stumm. Sie isoliert. Wie eine Mauer um uns herum, undurchdringlich, unüberwindbar – so ist Angst.
Psalmworte bieten sich an, in denen menschliche Angst und Vertrauen zu Wort kommt. Und ein solches Bild, an dem sich Vertrauen festmachen kann, ist das Schiff, das mit Jesus im Sturm bewahrt bleibt[133].

---

132 KLINK, JOHANNA 1972 S.46
133 Ähnlich auch das Bild der Arche, das die Menschen sicher durch die drohenden Fluten trägt. S. hierzu Kap 4.2C S.60

7.1 „Ich rufe ... und du antwortest nicht ...": Aus Psalm 22[134]

<table>
<tr><td>A. Einführung
in den
Bibeltext</td><td>Können Kinder überhaupt einen Zugang zu Psalmen finden? Sind Psalmen in ihrer Sprache und in ihren Bildern nicht allzu fremd für Kinder und dann eben auch langweilig für sie? Sind ihnen nicht nur erzählende Stoffe mit einer spannenden Handlung interessant?</td></tr>
</table>

Der Religionspädagoge INGO BALDERMANN hat dem widersprochen und seine Erfahrungen damit beschrieben, wie „Kinder sich selbst in den Psalmen entdecken". Er sei „früher der Meinung gewesen, nur ein erzählender Text sei in der Lage, Kinder zu eigenen Beobachtungen und Assoziationen anzustoßen." An diesem Punkt habe er aber nachhaltig umgelernt: Ein biblischer Text müsse nur „offen für die eigenen Erfahrungen der Kinder" sein – dann würde er sich ihnen auch aufschließen.[135] So sind es z.B. gerade einzelne kurze Sätze aus den Psalmen, die zu Kindern sprechen und an denen ihre Erfahrungen und Gefühle, ihre Ängste[136] und Wünsche, Enttäuschungen und Hoffnungen und ihre Freude Ausdruck finden. Kinder können die starken Bilder aus den Klagepsalmen mit ihren Erlebnissen füllen und an Sätzen aus den Vertrauenspsalmen als Worten der Hoffnung Zugang zu neuer Zuversicht gewinnen:

Ich rufe ... und du antwortest nicht. (Psalm 22,3)

Das Wasser geht mir bis an die Kehle.
Ich versinke in tiefem Schlamm, wo kein Grund ist. (Psalm 69,2f)

Ich habe mich müde geschrien, mein Hals ist heiser. (Psalm 69,4)

Du bist bei mir. (Psalm 23,4)

Gott hört mein Weinen. (Psalm 6,9)

Deine rechte Hand hält mich. (Psalm 63,9)

Gott – mein Fels, meine Hilfe, mein Schutz. (Psalm 62,3)

Gott ist mein Licht und mein Heil;
vor wem sollte ich mich fürchten?
Gott ist meines Lebens Kraft (Psalm 27,1)

Gott, meine Stärke, mein Fels, meine Burg, mein Erretter. (Psalm 18,2f)

Gott ist meine Kraft und mein Lied. (Psalm 118,14)

---

[134] Beim Thema: Kinder und Psalmen verdanke ich Anstoß und viele Anregungen dem Buch des Religionspädagogen BALDERMANN, INGO: Wer hört mein Weinen? 1986. Darin hat er Schritt für Schritt den Weg dokumentiert, auf dem ihm selber immer deutlicher wurde, daß Kinder sich in der Sprache der Psalmen wiederfinden können.

[135] BALDERMANN, INGO 1986: S.37

[136] Psalmworte sind z.B. Anlaß, mit Kindern über ihre Ängste zu sprechen: Sie „ermöglichen Kindern, eine Sprache zu finden, in der sie von solchen Ängsten sprechen können, ohne sich selbst zu entblößen." BALDERMANN, INGO 1986 S.47. S. auch S.80, wo der Autor als sein Ziel formuliert, daß die Kinder an den Psalmen eine Sprache für ihre Ängste finden sollen, denn in der Klage der Psalmen ginge es um die Durchbrechung und Überwindung der Angst.

Gerade „die vielen Namen Gottes, die der Psalter kennt, [sind] die elementaren Gegenworte gegen die Angst", die „erst auf dem dunklen Hintergrund der Klage ... wirklich zu leuchten [beginnen]",.[137] Diese bildreiche und gefühlsstarke Redeweise der Psalmen ist anders als etwa die verniedlichende Sprache mancher Kindergebetbücher (und auch die oft abgehobene, unkonkrete Sprache der Gebetstexte in unseren Gottesdiensten). Solche ausdrucksvollen Psalmworte leihen den Kindern Worte, in die sie *ihre eigenen Erlebnisse und Gefühle* von Verlassenheit und Angst, aber auch von Trost und Hoffnung und Freude kleiden können. Denn schon in den Worten der Klage ist ein Element von Hoffnung enthalten: Klagepsalmen erschöpfen sich nicht einfach nur in einer bloßen Beschreibung der Not, sondern sind zugleich Anfang oder zumindest Versuch eines Widerspruchs und Widerstands dagegen. Sie enthalten mehr oder weniger ausdrücklich die Aufforderung an den „Adressaten" der Klage, an Gott: Du kannst dir das doch nicht untätig anschauen, du kannst das doch nicht wirklich hingehen lassen! Darum liegen Worte der Klage, ja Anklage gegen Gott und Worte des Vertrauens, der Zuversicht in den Psalmen oft so nahe beieinander.

Dafür ist etwa Psalm 22, der sich für die ersten Christen wie eine Darstellung der Leidensgeschichte Jesu las, ein beredtes Beispiel: Verzweifelte Klage: Mein Gott, warum hast du mich verlassen? (V.2), vertrauensvolle Gewißheit: Du bist mein Gott von meiner Mutter Schoß an (V.11), dringliche Bitte: Sei nicht ferne von mir, denn Angst ist nahe; denn es ist hier kein Helfer (V.12) und Lob: Ich will dich in der Gemeinde rühmen (V.23) – wechseln einander ab.

So ist ein ebenso wichtiges Ziel, Kinder an den Psalmen eine Sprache für ihre *Freude* finden zu lassen. Auch dafür gibt BALDERMANN eindrucksvolle Beispiele, wie Kinder ihre eigenen Freuden- und Lobpsalmen dichten. So etwa haben Kinder auf seine Anregung hin eine „Psalmensymphonie" entwickelt: „Wir machen das schönste Lied der Welt":

Gott, ich will dir ein neues Lied singen (Psalm 144,9)

Die Liedstrophen, die die Kinder in Gruppen gedichtet haben, „sprechen einfach die Freude aus: ‚Wir freuen uns, daß wir singen können!' oder ‚Alles ist schön, alles ist schön, alles ist wunderbar!' Bäume und Blumen werden thematisiert, das Wasser in mehrfacher Gestalt: der Bach, der See, der Regen; mit Abstand am häufigsten aber kommt die Freude an Tieren zu Wort. Hier empfinden die Kinder am stärksten so etwas wie Mitgeschöpflichkeit."[138]

Die Freude darüber, wie „schön und prächtig Gott geschmückt" ist mit seiner Schöpfung (Psalm 104,1), kann auch zum Ausdruck kommen in Bildern, die Kinder malen.[139]

Psalmen helfen aber nicht nur, mit Gefühlen verbundene Erfahrungen zu versprachlichen, sondern auch, in das *Gespräch mit sich selbst* einzuüben. Immer wieder treffen wir in den Psalmen Sätze an, in denen der Beter sich selbst, seine Seele mit ihren Gefühlen anredet: „Was betrübst du dich, meine Seele, und bist so unruhig in mir? Harre auf Gott ..." (Psalm 42,6.12; 43,5).

---

137 BALDERMANN 1986 S.74
138 BALDERMANN 1986 S.118
139 s. hierzu das Gottesbild eines Mädchens: Gott mit der Welt bekleidet S.69 Abb.2

BALDERMANN[140] hat einen Gesprächsgang zwischen Kindern des 4.Schuljahres festgehalten, in dem sich die Schüler um ein Verständnis des Wortes „Seele" bemühen und zugleich zeigen, wie wichtig für sie selber ein innerer Gesprächspartner ist:

> Jan: Vielleicht sagt man das zum Herz: Was betrübst du dich, meine Seele.
> Katinka: Da ist die Seele mit gemeint.
> …
> Michael: Wie soll man denn seiner Seele was sagen? Die hat doch keine Ohren!
> (Gelächter)
> Hendrik: Vielleicht muß man das ja nur denken.
> …
> Jens: Wenn es mir langweilig ist, dann rede ich auch irgend was mit mir selbst.
> Christoph: Wenn ich Angst habe, dann rede ich mit mir selber.
> …
> Jan: Die Seele, die könnte man ja eigentlich mit 'ner Puppe vergleichen.
> Frau Heide [Lehrerin]: Wie kommst du denn darauf?
> Jan: Mit 'ner Puppe spricht man ja auch, und die kann ja auch nicht hören.
> …
> Melanie: Mein Bruder, der spricht auch immer mit 'nem Teddybär.
> …
> Michael: Aber manchmal rede ich auch mit meinem Teddybär: Dann frage ich den: Was soll ich denn jetzt mal machen?
> Christoph: Ich rede auch abends manchmal noch mit dem Teddybär …

Was ist Beten?

Gespräch mit sich selbst, mit der eigenen Seele und betendes Gespräch mit Gott gehen in den Psalmen oft fließend ineinander über. Dabei ist Beten noch anderes als bloßes Selbstgespräch. Selbst die Klage Jesu am Kreuz: Warum hast du mich verlassen? enthält ja noch eine Anrede: Mein Gott. Und doch ist dies ein wichtiges Element im Gebet: In und mit dem „Gespräch mit Gott" denkt und spricht der Beter mit sich selbst. Er nimmt Abstand von sich selbst, tritt sich selbst gleichsam gegenüber und sieht sich selbst an: „Meine Seele …" Beten heißt nicht nur, Gottes gewiß zu werden, sondern eben auch, sich seiner selbst gewiß zu werden. So kann MARTIN LUTHER vom Gebet sagen, daß wir damit nicht Gott darüber „lehren sollten, was er geben soll, sondern darum, daß wir erkennen und bekennen, was er uns für Güter gibt … Also unterrichten wir durch unser Gebet mehr *uns selbst* als ihn." Wer betet, der findet daran etwas für sich selbst, ja er findet sich selbst dabei. Das kann man vielenorts an den Psalmen und dem betonten *Ich*, dem Benennen der eigenen Person (mir, mich, mein) lernen, das wir dort an vielen Stellen lesen:

> Der Herr ist *mein* Hirte: *mir* wird nichts mangeln. (Psalm 23,1)

> Der Herr ist *mein* Licht und *mein* Heil;
> vor wem sollte *ich mich* fürchten? (Psalm 27,1)

---

[140] BALDERMANN 1986 S.52f

Ich hebe *meine* Augen auf zu den Bergen: Woher kommt *mir* Hilfe? (Psalm 121,1)

Herr, du erforschst *mich* und kennst *mich*.
Ich sitze oder stehe auf, so weißt du es ...
Von allen Seiten umgibst du *mich*
und hältst deine Hand über *mir*. (Psalm 139,1+5)

Das ist es auch, was INGO BALDERMANNs Erfahrung war: „Kinder entdecken *sich selbst* in den Psalmen". Selbst ein radikaler Kritiker von religiöser Erziehung wie TILMAN MOSER[141] kann im Rückblick von sich sagen, daß er dabei die „Wirklichkeit vieler Gefühle und Gedanken, oder überhaupt: die innere Dimension, die *Seele*, den inneren Raum" für sich entdeckt habe.

| B. Wie Kinderbibeln erzählen | Wer Kinderbibeln durchblättert, wird in der Regel vergeblich nach Psalmen suchen. In einigen neuen Kinderbibelausgaben findet sich wenigstens der Psalm 23: bei BLOCK, ZUR NIEDEN und WETH. Erst die neue Kinderbibel von REGINE SCHINDLER enthält eine größere Zahl an |

Psalmen, so Psalm 104 zu den Schöpfungserzählungen und neben Psalm 23 auch die Psalmen 18, 29, 137. Die reiche Psalmenauswahl, die ANNELIESE POKRANDT bietet, stellte bisher eine lobenswerte Ausnahme dar[142].
Autoren von Kinderbibeln gehen offensichtlich von dem Standpunkt aus, daß nur erzählender Stoff für kindliche Leser geeignet und interessant sei.[143]

Wie ein Bild erzählt

Edvard Munch: Der Schrei (1893)

Der norwegische Maler EDVARD MUNCH (1863 – 1944) war in seinem künstlerischen Schaffen von den großen existentiellen Themen: Liebe, Tod, Angst bewegt. Schon ein flüchtiger Überblick über Titel, die er seinen Bildern gegeben hat, macht das deutlich: Das kranke Kind, Der Tod im Krankenzimmer, Der Tod und das Mädchen, Mann und Frau, Madonna, Eifersucht, Die Angst, Verzweiflung (so einige Titel). Alle seine Gemälde und Grafiken, die in oftmaliger Wiederholung und Abwandlung diese Lebensthemen behandeln, können ihren Betrachter unmittelbar anrühren mit der elementaren Wucht, in der sie menschliche Gefühle ausdrücken. Der Schrei ist wohl das bekannteste und eindrücklichste Bild des Künstlers. Von der Angst, die uns in diesem Bild anblickt, ja geradezu an"schreit", hat MUNCH bekannt, sie habe ihn begleitet, seit sein Denken erwachte. Und von dem Bild selbst sagt der Künstler:

---

141 Gottesvergiftung. Frankfurt/Main 1976 S.99f. S. oben Kap.2.1 S.19f.
142 Elementarbibel Band 6: z.B. Psalm 8, 19, 23, 90, 121, 139, 150. Ebenfalls ein größeres Angebot an Psalmen in der Bibelausgabe des Moritz Diesterweg-Verlages: Die Nacht leuchtet wie der Tag. Bibel für junge Leute. Frankfurt/Main 1992
143 Diese Anschauung hat wohl auch dazu beigetragen, daß die Bergpredigt kaum Aufnahme in Kinderbibeln gefunden hat. S. jetzt aber die Kinderbibelausgaben von LAUBI, POKRANDT u.a.

Abb. 4 Edvard Munch: Der Schrei (1893)

„Die Sonne ging unter – die Wolken färbten sich rot – wie Blut. Ich fühlte es wie einen Schrei durch die Natur – ich dachte, ich höre einen Schrei. Ich malte dieses Bild – malte die Wolken wie wirkliches Blut. Die Farben schrien. Das wurde das Bild ‚Schrei‘ im ‚Lebensfries‘.“[144]

In diesem Bild kehrt der Künstler „eine extreme innere Angst nach außen, wandelt sie in die Hörvorstellung eines Schreis um.“[145] In übermächtigen Wellen scheint die Angst die ganze Natur zu überfluten. Die von panischem Schrecken ergriffene Gestalt erscheint ihr wie ohnmächtig ausgeliefert: Ganz Schrei, nichts als Schrei ist sie. Eindrücklich ist die Isolation des Schreienden – unberührt entfernen sich zwei ferne Männer.

Ich habe mich müde geschrien, mein Hals ist heiser. (Psalm 69,4)

Ich rufe … und du antwortest nicht. (Psalm 22,3)

Gewiß hat es MUNCH fern gelegen, mit seinem Bild biblische Texte zu „illustrieren“. Aber der Erfahrung von den Schrecken menschlicher Einsamkeit und Verlassenheit, die sich in diesen Psalmworten aus ferner Zeit in einer Weise ausspricht, daß sie auch heute bei uns als Lesern auf Resonanz stößt, – dieser Erfahrung hat auch MUNCH mit seiner zum Schrei gewordenen Gestalt und mit seinen Farben einen authentischen Ausdruck verliehen, der den Betrachter in der Tiefe seiner Seele zu bewegen vermag, sodaß er mit seinem eigenen Erleben in dieses Bild hineingezogen wird.

C. Impulse zum eigenen Verständnis	Psalmen sind Lieder, Gebete, Poesie einer lange vergangenen Zeit. Sie sprechen eine Sprache, die uns nicht vertraut ist – so scheint es. Sie malen oft Bilder, die uns fremd anmuten. Sie führen uns in eine Welt, die lange vergangen ist. Und doch: Unter den Zeilen eines Psalms

findet sich plötzlich ein Wort, ein Vers, der uns unmittelbar ansprechen kann, in dem wir uns mit unseren Gefühlen und Gedanken wiederfinden können.
Darin verhält es sich mit den Psalmen ähnlich wie mit der ganzen Bibel. Auch in diesem großen Buch spricht nicht alles in gleicher Weise zu uns. Vieles darin findet nicht unser Interesse. Manches bleibt uns verschlossen. Und dann plötzlich ist da ein Wort, das für uns Bedeutung gewinnt. Eine Geschichte, die uns anrührt.

D. Überlegungen zum Verständnis der Kinder	Natürlich kann man Kindern nicht einen Psalm in seiner ganzen Länge anbieten. Ein Satz, ein Gedanke, der der Erfahrung von Kindern nahe ist, genügt. Dafür sind oben (im Anschluß an BALDERMANN's Vorschläge) Beispiele gegeben. Hier und da muß dazu der Text von Psalmen der

Sprache von Kindern angenähert werden, klingt doch LUTHERS Übersetzung, so ausdrucksstark sie in sich ist, an manchen Stellen altertümlich und fremd.
Wie Kinder ein Psalmwort aufnehmen, wird z.B. deutlich an Kinderzeichnungen dazu.

---

144 Zitiert in: STANG, RAGNA: Mennesket og kunstneren Edvard Munch. Politikens Forlag Kopenhagen 1978 S.90 (Übersetzung vom Verf.)
145 MESSER, THOMAS M.: Edvard Munch. Köln: DuMont Buch Verlag 1978 S.84

Abb. 5 Kinderzeichnung zu Psalm 22,10

BALDERMANN berichtet dazu, daß zu seiner Überraschung viele Kinder sich gerade dieses Wort aus Psalm 22, 10 „Ich rufe, ... und du antwortest nicht" zum Malen gewählt hätten:

> Das Bild zeigt „ein Kind mit dem Gesicht gegen eine schwarze Wand. Auch oben, unten und im Rücken das gleiche drohende Schwarz. Unmittelbar um das Kind herum ein Raum warmer Farben, aber hart begrenzt durch schwarz und grau.
> Die stärkste Farbe befindet sich in der Mitte des Bildes: Der leuchtend rote, offenbar weit offene Mund zeigt das Rufen. Die Hände sind erhoben, das könnte der Gestus des Hilferufs sein, aber hier sieht es eher aus, als ob das Kind mit den Fäusten gegen die schwarze Wand schlägt.
> Völlig aus dem Rahmen fallen die Farben jenseits der schwarzen Wand. Sie sind offenbar bewußt von den warmen Farben, die das Kind ausstrahlt, abgehoben: Es sind leuchtende, aber kalte Farben, beherrscht von pink und türkis. Merkwürdig ist, daß die Wand gegenüber dem Mund und den Fäusten des Kindes offenbar nicht ganz undurchdringlich bleibt. Aber es ist ganz eindeutig an den Farben erkennbar, daß diese Auflockerung der Wand von innen her erfolgt, durch das Rufen des Kindes, nicht von außen her, von wo eine Antwort erhofft wird."[146]

| E. Ideen zum Erzählen | Bei den Psalmen hat ein Erzähler zunächst nichts, was es zu erzählen gibt. Aber Psalmworte geben Gelegenheit, daß die Kinder selber reden und erzählen: |

> Was denkt ihr, was mag der erlebt haben, der so spricht: Ich habe mich müde geschrien, mein Hals ist heiser (Psalm 69,4)?
>
> Oder der sich so freut: Mein Herz ist bereit, daß ich singe und lobe ... (Psalm 57,8),
>
> der so singen will: Singt für Gott ein neues Lied (Psalm 33,3,)?

Ebenso kann man mit Kindern in ein Gespräch darüber eintreten:

> Was mich traurig macht ...
>
> Was ich schlecht / ungerecht finde ...
>
> Worüber ich mich freue ...
>
> Wenn ich keinen habe, dem ich was erzählen kann ...

Gespräche mit den Kindern können sich auch beim Betrachten der Bilder Abb. 4 und 5 (S.106 und 108) entwickeln:

> Schaut euch die *Bilder* an:
>
> – Was schreit der?
>
> – Warum schreit die?

---

146 BALDERMANN, INGO 1986 S.40

7.2 Vertrauen in der Angst – Die Stillung des Sturms: Matthäus 8,23–27

A. Einführung in den Bibeltext

Daß die Erzählung von der Stillung des Sturms in allen drei ersten Evangelien (Matthäus 8,23–27, Markus 4,35–41, Lukas 8,22–25) zu lesen ist, zeigt, daß ihr ein besonderes Gewicht unter den Jesusgeschichten zukommt. Eine Abwandlung dieser Geschichte findet sich noch in der Erzählung Matthäus 14,22–33: Jesus wandelt auf dem See (auch bei Markus 6,45–52 und Johannes 6,16–21)[147].

Matthäus beginnt seine Erzählung so: „Und Jesus stieg in das Boot, und seine Jünger *folgten ihm*." Das ist wörtlich zu verstehen – hier soll eine *Nachfolge*geschichte erzählt werden: Was erleben die, die Jesus nachfolgen. Zuvor hat Matthäus Jesu Rede über die Nachfolge gebracht: „*Folge* du *mir [nach]*, und laß die Toten ihre Toten begraben!" (8,22) Matthäus versteht „den Weg über das Meer gleichnishaft als Weg der Nachfolge, und was auf diesem Weg passiert, gilt ihm als Schicksal in der Nachfolge", so beschreibt ein Bibelwissenschaftler[148] die Erzählabsicht des Evangelienautors. Auch die christliche Überlieferung hat seit alters in dem vom Sturm bewegten Fischerboot auf dem See Genezareth immer wieder das Schicksal der Kirche im Gleichnis abgebildet gesehen: Das Schiff der Kirche, die Gemeinde Christi unterwegs in den Stürmen des Lebens.

Ein Vergleich mit Texten aus dem Alten Testament kann uns wiederum zeigen, daß eine solche Wundergeschichte anders gemeint ist als ein Tatsachenbericht, der objektiv über ein Geschehen, das sich in der äußeren Realität abgespielt hätte, „berichten" wollte. Was hier an Jesus geschildert wird, rechnet nämlich in der Bibel zu den großen Taten Gottes, die Psalmbeter mit staunenden und dankbarem Herzen bekennen: „Gott, der du stillest das Brausen des Meeres, das Brausen seiner Wellen …" heißt es in den Psalmen (Psalm 65,8); „Gott, du herrschst über das ungestüme Meer, du stillest seine Wellen, wenn sie sich erheben …" (Psalm 89,10; siehe auch Jona 1,4 und 15). Das sind die Farben, mit denen Matthäus auch unsere Erzählung von der Stillung des Sturms malt. Gottes Tun ist es, das in Jesu Tun hier abgebildet ist: Bei der Schöpfung „flohen die Wasser, die über den Bergen standen, vor Gottes Schelten" (Psalm 104,7), so wie hier Wind und Meer vor dem Drohen Jesu „ganz stille" werden. Gott „schalt das Schilfmeer, da wurde es trocken, und führte sie [die Israeliten auf ihrer Flucht vor dem Pharao] durch die Tiefen wie durch trockenes Land" (Psalm 106,9).

Für Matthäus handelt es sich denn auch um mehr als einen gewöhnlichen Sturm. Die Rede ist bei ihm vielmehr von einem „großen Beben im Meer", dem Beben ähnlich, das die Erde nach Jesu Tod erschüttert (Matthäus 27,51) und in dem sich das Ende aller Tage anzukündigen scheint. Ein solches apokalyptisches Bild zeich-

---

[147] Diese Erzählung vom Seewandel Jesu beeindruckt wegen ihrer inneren „Verwandtschaft" mit den Ostererscheinungen des Auferstandenen: Der Auferstandene „erscheint" in seiner neuen, den irdischen Beschränkungen entnommenen Lebendigkeit den Jüngern, die sich in ihrer Angst nach dem Kreuzestod Jesu als allein gelassen erleben, und befreit sie aus der Angst. So kann man diese Erzählung lesen als Ostergeschichte, die in das Leben Jesu zurückgedacht ist – über dem Leben Jesu liegt schon der Glanz der Auferstehung, der Hoffnung auf neues, dem Tod entnommenes Leben.

[148] WALTER SCHMITHALS: Das Evangelium nach Markus. Ökumenischer Taschenbuchkommentar zum Neuen Testament 2/1 Gütersloh 1979 S.258

net der Evangelist auch hier: Es scheint, als wenn die Erde mit ihren Grundfesten ins Wanken gerät, als wenn die chaotischen Wasser der Urflut heraufbrechen und das Boot der Jünger von ihnen verschlungen wird. Aber Jesus bleibt nicht im (Todes-) Schlaf. Wie es später in den Ostergeschichten die Engelsbotschaft sagen wird: Er ist *auferstanden*, so heißt es auch hier mit dem gleichen Wort: „Und [Jesus] *stand auf.*" (Mattäus 8,26)

Auch diese Wundererzählung ist also gewissermaßen ein *Gleichnis über das Reich Gottes in Handlungsform*[149] und benutzt dazu die Sprache der Bilder und Symbole. Wenn unsere Geschichte aber so starke symbolische Züge trägt, dann wäre es sehr falsch und würde die Zuhörer in die Irre führen, wollte man in der Erzählung das Schwergewicht auf den äußeren Hergang der Sturmstillung legen und – zur Erhöhung der Anschaulichkeit etwa – äußerliche Details breit ausmalen wie das Wüten des Sturms, das Hereinbrechen der Wellen, die Gefährdung des Schiffes, wie es voll Wasser läuft, wie der Mast bricht, die Segel zerfetzen etc. Damit fixiert der Erzähler den Blick seiner Zuhörer einseitig auf die Außenansicht der Geschichte: Die symbolischen Farben, mit denen unsere Geschichte ausgestattet ist, würden dahinter verblassen.

B. Wie Bilder erzählen

Bei dieser Geschichte bietet es sich an, einmal zwei *bildliche* Darstellungen aus Kinderbibeln gegenüberzustellen: Die von ANNEGERT FUCHSHUBER[150] und die von HANS DEININGER[151]. Die beiden Illustratoren haben jeweils die gleiche Szene zur bildlichen Darstellung gewählt: „Und siehe, da erhob sich ein gewaltiger Sturm auf dem See, so daß auch das Boot von Wellen zugedeckt wurde. Er aber schlief."

ANNEGERT FUCHSHUBERS Bild zeigt im Zentrum den ruhig entspannt schlafenden Jesus. Seine Figur beherrscht das Bild. Er liegt an der Spitze des Schiffes, die steil, ja fast senkrecht nach oben weist und den Schläfer wie ein Dach unter sich zu bergen scheint. Darunter im Schiffsbauch die Jünger: Die Angst steht ihnen in ihren Gesichtern geschrieben. Ihre Augen sind weit aufgerissen, gebannt von dem Unheil, das sie von allen Seiten bedroht. Eine überdimensionale Welle bricht von oben über das Schiff herein. Sie scheint das Schiff wie ein scharfes Schwert auseinanderzuschneiden und teilt die Jüngergruppe: Die Jünger im hinteren Teil des Schiffes, das ganz ins Wasser eingesunken ist, sind von Jesus getrennt, ganz ihrer Angst überlassen. Das Schiff und vor allem der Sturm sind nicht realistisch dargestellt. Man versteht, dies ist ein Sturm, wie ihm keiner gleichkommt – auf allen Meeren der Welt nicht. Er scheint einem Weltuntergang ähnlicher als einem metereologischen Phänomen: ein Alptraum von Angst. So setzt das Bild die *Angst der Jünger* und die *Ruhe Jesu* als Kontrapunkte gegeneinander. Und in der Ruhe des schlafenden Jesus schon liegt die Rettung beschlossen.

---

149   s. dazu oben Kap. 3.8 S.41ff. Vom erzählerischen Umgang mit Wunder- und Symbolgeschichten
150   In WERNER LAUBI: Kinderbibel S.207. Dieses Bild ist auch im Foliensatz zur Kinderbibel (Lahr: Kaufmann Verlag 1995) zum Gebrauch für den Overheadprojektor erhältlich.
151   In JÖRG ZINK: Der Morgen weiß mehr als der Abend S.125

Abb. 6 Annegert Fuchshuber: Sturmstillung

Abb. 7 Hans Deininger: Sturmstillung

Anders malt HANS DEININGER ein in grellem Blau-Grün und Rötlich-Schwarz gehaltenes Sturmbild. Schwere dunkle Wolken drücken von oben herunter. Das von den Wellen getriebene, schwankende Schiff ist in seiner Gänze dargestellt und füllt das Bild aus. Darauf sind einige Jüngerfiguren zu sehen, deren Gesichter, wenn auf ihnen überhaupt Mimik zu erkennen ist, auf die tosenden Wellen starren. Zwei Jünger stützen den brechenden Mast. Im Heckteil des Schiffes liegt eine im Verhältnis zu den anderen Figuren klein erscheinende und anonym wirkende Figur ohne ausgeführte Gestaltung auf dem Schiffsboden – man könnte fast denken, da liegt ein Sack oder ähnliches: Sie soll den schlafenden Jesus darstellen, auf dessen Gesicht kein Ausdruck erkennbar ist. Jesus ist – so scheint es – nur eine Randfigur, deren Bedeutung aus dem Bild nicht hervorgeht[152] – jedenfalls kein Kontrapunkt zu der Erregung der Jünger, zu dem Tosen der Elemente.

Bei DEININGER ist allein die Dramatik des Sturms das Thema. Die Jünger scheinen im Grunde im Sturm allein zu sein – diese Botschaft muß man dem Bild entnehmen: Das ist jedoch eine sehr andere Botschaft, als sie die Geschichte selbst vermitteln will.

Für den, der seine Erzählung mit einem visuellen Eindruck unterstützen und erweitern möchte, bietet ANNEGERT FUCHSHUBER mit ihrem Bild hingegen eine Hilfe, die den symbolischen Charakter der Erzählung unmittelbar verständlich macht. Sie setzt ausdrücklich die Ruhe des schlafenden Jesus der Angst der Jünger entgegen und führt so mitten ins Zentrum der Geschichte.

C. Impulse
zum eigenen
Verständnis

Nur auf den ersten Blick schien unsere Geschichte von einem wunderbaren Vorgang zu „berichten", der sich in der äußeren Natur abgespielt hat: Wie einmal ein Sturm auf dem See Genezareth durch Jesus zum Aufhören gebracht und das Schiff der Jünger dadurch aus der Gefahr unterzugehen gerettet worden ist. Dazu hat es immer wieder rationalistische Erklärungen gegeben, die verständlich machen wollten, wie sich ein solches „Wunder" zutragen konnte und wie wir es uns vernünftigerweise denken könnten: Jesus habe den Jüngern beruhigend zugesprochen und ihre Angst gestillt. Währenddessen habe sich der Sturm überraschend gelegt, wie es mit den Fallwinden bei Binnenseen, die von Bergen umgeben sind, plötzlich geschehen könne – schon eine kleine Änderung der Windrichtung habe die Winde ferngehalten und die Gewalt des Sturms gebrochen. Aber solche Erklärungen helfen nicht. Sie verkennen den besonderen Charakter dieser Geschichte, eine Symbolgeschichte zu sein[153], und verstellen damit ihren Sinn.

Es hilft nur, wenn man das Wunder an der richtigen Stelle sehen kann: Das Wunder des Glaubens, der hier den Jüngern fehlt. PAUL TILLICH hat ihn den Mut zum

---

[152] Im Nachwort zu seiner Kinderbibel erklärt JÖRG ZINK, daß er mit voller Absicht auf förmliche Jesusbilder verzichtet hat: Jesus sei deshalb nur einmal als Kind und zweimal als entfernte Gestalt zu sehen. Das sei im Interesse eines reifen Jesusbildes: „Das Bild, das ein Mensch von Christus hat, soll ja von seiner Kindheit an mit ihm wachsen und am Ende nicht einen kindlichen Jesus zeigen, sondern einen erwachsenen, der der veränderten Sehweise des Erwachsenen etwas von seinem Wesen vermittelt." A.a.O. S. 182

[153] s. dazu oben S.110f.

Sein genannt, der sich im Letzten als bejaht glaubt *trotz* der Drohung des Nicht-Seins[154], des Untergangs, des Sterbens, also *im* Sturm und in den Wellen auf dem See Genezareth. Von dieser Drohung des Nicht-Seins – so hat es TILLICH ausgedrückt – rühre die Angst hinter allen Ängsten her. Es ist der Schrecken, der uns anrührt, wenn uns die Sicherheit des Alltäglichen verläßt, wenn uns das Wissen um die Endlichkeit und Gefährdung unseres Lebens wie ein Schwindel befällt und uns der Gedanke unruhig macht: Es könnte mich auch nicht geben. Ist es ein Spiel des Schicksals, daß ich überhaupt da bin? Oder wenn wir unter der Last des Lebens gegen den Gedanken ankämpfen müssen: Es möchte mich nicht mehr geben. Ich möchte nicht mehr leben. Oder auch die Angst, es könnte mich nicht mehr geben. Daß ich noch lebe, ist ein bloßer Zufall: Warum ich und nicht andere? Wenn uns aufgeht, daß unsere Lebenssicherheit auf dem schwankenden, dünnen Eis verleugneter, verdrängter Unsicherheit steht und jeden Moment einbrechen kann.

Glaube weicht solcher Unsicherheit nicht aus: Er kann sie auf sich nehmen. Er kann sich der Angst, dem Sturm aussetzen. Denn solch ein Glaube darf sich mit Jesus in einem Schiff sehen. Und wer ist es, dem der Glaubende nachfolgt in das Schiff? Der, dessen Weg zum Kreuz geht, dem Ort der tiefsten Verlassenheit, die in der Klage des Psalmbeters Worte gefunden hat: Mein Gott, warum hast du mich verlassen? Mit Jesus in einem Schiff. Und eben nicht nur mit Jesus. Sondern wer sich an Jesus hält, ihm nachfolgt, bei dem ist Gott, der seine Gläubigen durch Wasser und Sturm führt und ihre Angst stillt. „Diese Gegenwart Jesu ist nichts anderes als die Gegenwart Gottes selbst in unserer Welt der Angst und des Todes."[155] Die Geschichte ist gleichsam um unsertwillen geschehen. Unsere Erfahrungen mit Gott sind hier aufgenommen und durchgearbeitet: Die Erfahrung, daß Gott zu schlafen scheint, daß er nicht hört, wenn Beter zu ihm schreien, daß ihm nichts an uns liegt, daß er uns in der Not allein läßt: „Meister, fragst du nichts danach, daß wir umkommen?" In diesen Erfahrungen, ja diesen Erfahrungen zum Trotz will uns und den Kindern unsere Geschichte Mut geben: Wir sind nicht allein in Sturm und Angst. Der Glaube, der sich an Jesus hält, trägt.

D. Überlegungen zum Verständnis der Kinder

Die Geschichte spricht Erfahrungen an, die die Kinder selber mit Angst gemacht haben. Dabei geht es eigentlich nicht um diese und jene kleinen Ängstlichkeiten, sondern um tiefe existentielle Grundängste: Die Angst verlassen zu werden, nicht geliebt zu werden – wie in unserer Erzählung bei Markus die vorwurfsvolle Frage der Jünger lautet: Meister, fragst du nichts danach, daß wir umkommen?

Die elementare Wucht des Angstbildes in unserer Geschichte mag an Situationen erinnern, in denen Kinder (und Erwachsene) sich ähnlich gefangen und ausgeliefert in Angst erleben: In Angstträumen der Nacht, in Schreckbildern im Dunkel. Daß man allein ist in der Angst, das läßt die Angst noch größer werden.

Wasser ist dabei ein sehr zwiespältig erfahrenes Element. Hier in der Geschichte steht die bedrohliche, gefährliche Seite von Wasser im Vordergrund (ähnlich wie

---

154 PAUL TILLICH: Der Mut zum Sein. In: Gesammelte Werke Bd XI Stuttgart 1969
155 WALTER SCHMITHALS S.261

in manchen anderen biblischen Wassergeschichten: Die Sintflut 1.Mose 6–9, der Durchzug durch das Schilfmeer 2.Mose 14, Jona im Meer Jona 1–2). Und auch von den Kindern wird Wasser sehr unterschiedlich erfahren: als erfrischend, belebend, reinigend, aber eben auch als gefährlich: Man kann darin ertrinken, Wasser kann über die Ufer treten, das Land überschwemmen und die Häuser verwüsten. Schiffe können im Meer auf Grund laufen, kentern und untergehen. Eigene Erlebnisse mit Schiffahrt klingen an. Und schließlich wird man mit Kindern zu tun haben, die „wasserscheu" sind und ängstlich vor Wasser sind.

Wie die Angst, mit der man allein ist, bedrohlicher erscheint, so hilft, wenn man der Angst nicht einsam ausgeliefert ist, sondern einen bei sich hat, der mit Macht sagen kann, wie es Jesus in der Geschichte vom Seewandel tut: Fürchtet euch nicht! (Johannes 6,20):[156]

Das wünsch ich sehr, daß immer einer bei mir wär' der zu mir spricht: Fürchte dich nicht.

| E. Ideen zum Erzählen |

Wie wir oben gesehen haben, hat der Erzähler es bei unserer Geschichte mit einer Symbolgeschichte zu tun. Daher ist es wichtig, in der Nacherzählung solche symbolischen Elemente deutlich zu machen. „*Gewaltiger Sturm im Meer*"– dieses Bild des Matthäus muß verstärkt werden, sodaß klar ist: Es handelt sich um mehr als ein gewöhnliches Unwetter auf dem See Genezareth. Hier ist vielmehr so etwas wie ein Weltuntergang im Anzug! Und die *Angst* der Jünger ist wirkliche Angst (nicht gemildert durch ein sicheres Wissen: Uns kann ja nichts Schlimmes passieren: Der mächtige Wundertäter ist ja unter uns). Sie geht nicht auf dieses oder jenes, sondern es ist Existenzangst, die Angst, verlassen zu sein, unterzugehen, zu versinken, zu sterben, panische Angst, wie sie uns z.B. auch in so manchem Angsttraum befallen kann.

So wäre zum richtigen Verständnis der Geschichte vielleicht eine kurze Einleitung hilfreich:

---

[156] Evangelisches Gesangbuch Nr.608

Manchmal, wenn ich Angst habe, wenn mir Mut fehlt, kommt mir eine Geschichte mit Jesus in den Sinn. Und ich denke: Die ist nicht von damals, sondern die ist für mich geschehen. Die Geschichte erzählt von Jesus und seinen Jüngern: Wie die Angst haben im Sturm, der ihr Schiff in Gefahr bringt. Aber mir ist, als wenn sie auch von uns heute erzählen will: Wir mit unserer Angst – wie man in einem gewaltigen Sturm Angst hat.

Von den Freunden Jesu, von seinen Jüngern erzählt die Geschichte: Sie sind mit Jesus in einem Schiff. Sie sind bei ihm und folgen ihm nach. Und wie sie unterwegs sind, auf dem großen Meer von Galiläa: Da bricht es plötzlich los – ein ungeheures Beben, ein Ungetüm von Sturm, ein Höllensturm, ein Sturm, wie du und ich oder sonst irgend jemand noch keinen erlebt haben – auf allen Meeren der Welt. Die Wassermassen kommen über das Schiff, sie bedecken es mit ihren Riesenwellen. Sie wollen es verschlingen in ihren Höllenschlund. Und Jesus – schläft. Er schläft, wo alles um ihn herum tobt und braust. Und die Jünger denken: Das ist das Ende. Die Welt geht unter. Sie haben Angst, große Angst, Angst um ihr Leben, Angst um alles. Schrecken kommt sie an. Und Jesus schläft! Wie kann er schlafen? Hat er keine Angst? Ist es ihm gleichgültig, daß wir in Gefahr sind, in tödlicher Gefahr? Hört er uns nicht? …

8. Groß und Klein

„Ich bin klein,
mein Herz ist rein,
soll niemand drin wohnen
als Jesus allein"

Das war einmal ein verbreitetes Kindergebet. Problematische Verse – wenn
man genauer darüber nachdenkt. Wunschvorstellungen und Fehlbilder über die
Kindheit kommen darin zu Wort. „Klein" – das scheint zunächst zu stimmen.
Aber bald begreift jedes Kind, daß sein Lebensziel nicht ist, klein und niedlich
zu bleiben, sondern heranzuwachsen und groß zu werden. „Wenn ich einmal
groß bin …", so fangen die Zukunftsträume von Kindern an. Daß Kinderherzen
„rein" seien, entspricht auch mehr dem Wunschdenken von Erwachsenen, die
sich Kinder als Wesen jenseits von gut und böse vorstellen möchten. Und:
„Soll niemand drin wohnen als Jesus allein" – welche Überforderung!
Geschichten, in denen Kleine die Hauptpersonen sind, in denen also die Kleinen auch eine Chance haben, in denen sie „groß" sind, solche Geschichten sind
von besonderem Interesse für unsere kindlichen Zuhörer: Der kleine David vor
dem Riesen Goliat, der kleine Zöllner Zachäus, die Kinder mit Jesus … Und
die Mahnung Jesu: „Wer um meines Namens willen ein solches Kind aufnimmt, der nimmt mich auf" (Mattäus 18,5) – gilt auch für Erzähler.

8.1 Kinder gehören dazu – Die Segnung der Kinder: Mattäus 19,13–15

A. Einführung
in den
Bibeltext

Wer ist gemeint: Kinder oder Erwachsene?

Die Erzählung von der Kindersegnung findet sich in allen
drei synoptischen Evangelien (also auch Markus 10,13–
16 und Lukas 18,15–17). Die Mattäuserzählung spricht
wirklich von Kindern und zu Kindern: Ihnen wendet sich Jesus zu. Diesen Kleinen
gehört das Reich Gottes:

Da wurden Kinder zu ihm gebracht, damit er die Hände auf sie legte und betete. Die
Jünger aber fuhren sie an.

Aber Jesus sprach: Lasset die Kinder und wehret ihnen nicht, zu mir zu kommen; denn
solchen gehört das Himmelreich.

Und er legte die Hände auf sie und zog von dort weiter.

Die beiden anderen Evangelien dagegen richten sich an Erwachsene – ihnen gilt
die Lektion. Deshalb haben sie in die Geschichte eingefügt: „Wer das Reich Gottes
nicht aufnimmt *wie* [er] *ein Kind* [aufnimmt]*,* der wird nicht hineinkommen"
(Markus 10,15 und Lukas 18,17). Damit ist die Geschichte in die Zeit der ersten
Kirche weitergeschrieben: Die Christen werden aufgefordert, unversorgte, verwai-

ste, ausgesetzte Kinder aufzunehmen. Wer das tut, der empfängt dann auch das Reich Gottes. Eine Lektion, die offenbar nötig war. Denn es wird wohl nicht nur in einer solchen Geschichte wie der vorliegenden vorgekommen sein, daß Jünger, daß Christen Kinder in ihrer Not zurückgewiesen haben.

Auch Mattäus spricht die Erwachsenen an. Das wird deutlich an der Szene mit dem Kind, die er im Kapitel vorher (18,1–5) erzählt: Die Jünger streiten darum, wer der Größte im Himmelreich (das meint zugleich konkret: in der Kirche) sei. Antwort: Wer sich selbst erniedrigt, wie dieses Kind niedrig ist, das Jesus herbeigerufen und unter die Jünger gestellt hatte, – der ist es. Die Jünger, das heißt für Mattäus aber auch: die Christen seiner Zeit – sollen umkehren und *wie Kinder werden* (Mattäus 18,3). Mattäus versteht die Worte: „*Wie ein Kind"* – so: Nicht eine besondere Eigenschaft von Kindern, nicht ihre angebliche Demut, ihre Unschuld, ihre Offenheit, ihr Vertrauenkönnen ist es, was sie gleichsam zu Vorbildern für den Glauben von Erwachsenen werden läßt. Sondern ihre Niedrigkeit also ist es, weshalb ihnen das Gottesreich zugesagt wird.

Kinder hatten in der Gesellschaft der Alten Welt einen niedrigen sozialen Rang: abhängig, nicht rechtsfähig, bedroht von Aussetzung, Verstoßung, Ausbeutung, Versklavung. Sie gehören zu den Kleinen – wie die Armen, Sklaven, Frauen, Niedrigen, Geringen. Unsere Erzählung ist ein Gleichnis über Groß und Klein bei Jesus: Die Kleinen, Geringen – wie es Kinder sind –, die Niedrigen, die dienen müssen – die sind Vorbild für die Jünger, die nach Größe streben: Groß ist, wer dient wie die Kleinen.[157] So ist „dieses Wort ... keine Einladung zu kindlicher Unschuld und Naivität, sondern die Aufforderung, alle Macht- und Herrschaftsansprüche über andere aufzugeben"[158] – also auch über die uns als LehrerInnen und ErzieherInnen anvertrauten Kinder.

B. Wie Kinderbibeln erzählen

I. Weth	K. Knoke	Luther Markus 10,13–16
„Laßt die Kinder kommen!" *Einmal war Jesus mit gelehrten Männern in ein Gespräch vertieft.*[159]	Jesus und die Kinder	Die Segnung der Kinder.

---

157 Lukas 9,47f: Jesus nahm ein Kind und stellte es neben sich und sprach zu ihnen [den Jüngern]: ... Wer der Kleinste ist unter euch allen, der ist groß.

158 ELISABETH SCHÜSSLER FIORENZA: Zu ihrem Gedächtnis ... Eine feministisch-theologische Rekonstruktion der christlichen Ursprünge. München: Chr. Kaiser Verlag 1988 S.198

159 Kursiv gesetzt sind Wörter und Passagen, in denen die Nacherzählung über die Originalgeschichte hinausgeht und deutlich das Verständnis zeigt, das der Kinderbibelautor davon hat.

Da kamen *Frauen* mit ihren Kindern auf der Straße daher.
Die einen führten sie an der Hand. Die anderen trugen sie auf dem Arm.
Wie zu einem Fest kamen sie an: eine fröhliche, lärmende Schar.
Als aber die Jünger sie sahen, wurden sie ärgerlich. *Jesus hatte doch genug mit den Männern zu tun! Und nun auch noch Frauen und schreiende Kinder? Das ging wirklich zu weit!*
„Was wollt ihr hier?" herrschten sie die Frauen an. „Wollt ihr etwa die Kinder zu Jesus bringen? *Die sind doch viel zu klein! Die verstehen ja noch nichts! Geht nur wieder heim! Ihr stört Jesus!"*

Aber Jesus fuhr seine Jünger an. „Laßt sie!" rief er. „Laßt die Kinder zu mir kommen und haltet sie nicht zurück! Denn sie gehören *mehr* zu Gott *als ihr alle.*

Und ich sage euch: *Wenn ihr nicht werdet wie die Kinder, werdet ihr nie zu Gott kommen!"*

Und er winkte die Kinder zu sich, schloß sie fest in seine Arme und segnete sie.

(Markus 10,13–16)

Die Leute brachten Kinder zu Jesus. Er sollte ihnen seine Hände auflegen und sie segnen.

Aber die Jünger wollten die Kinder nicht zu Jesus lassen.

Als Jesus das sah, wurde er ärgerlich.
Und er sprach zu den Jüngern: „Laßt doch die Kinder zu mir kommen und haltet sie nicht ab!

Denn in das Reich Gottes können *nur Menschen* hineinkommen, *die so sind wie die Kinder.*

Ich sage euch: Wer sich das Reich Gottes nicht *schenken* läßt, so *wie ein Kind sich etwas schenken läßt,* der kommt nicht hinein."
Dann nahm er die Kinder in den Arm und legte jedem seine Hände auf den Kopf und segnete sie.

(Markus 10)

Und sie brachten Kinder zu ihm, damit er sie anrühre.

Die Jünger aber fuhren sie an.

Als es aber Jesus sah, wurde er unwillig und sprach zu ihnen: Laßt die Kinder zu mir kommen und wehret ihnen nicht; denn solchen gehört das Reich Gottes

Wahrlich, ich sage euch: Wer das Reich Gottes nicht empfängt wie ein Kind, der wird nicht hineinkommen.

Und er herzte sie und legte die Hände auf sie und segnete sie.

120

Beide Kinderbibeln bieten nicht einfach Kopien der originalen biblischen Erzählung. Die Veränderungen und Erweiterungen, die die Kinderbibeln aufweisen, sind geprägt durch das Verständnis, das ihre Autoren von dieser Geschichte haben.

So bringt I.Weth ein neues Thema in die Geschichte: den Gegensatz zwischen *Männern und Frauen* – Frauen mit ihren Kindern gegen die Männer (die gelehrten Männer und die Jünger), mit denen Jesus zu tun hat. Die Originalgeschichte dagegen verrät uns nicht, wer die „sie" oder „man" sind, die die Kinder zu Jesus bringen: Es könnten auch Väter sein.[160]

I.WETH bringt – wie übrigens viele andere Kinderbibeln auch – ihre Vermutungen darüber, warum die Jünger die Kinder zurückwiesen: Kinder sind zu klein, verstehen noch nichts, stören Jesus. Das hängt natürlich mit dem Bild zusammen, das wir uns heute von Kindern machen, und hat wenig zu tun mit der Wirklichkeit von Kindern damals. Während die Ursprungsgeschichte schlicht Kindern das Himmelreich zuspricht, dies allerdings nicht exklusiv tut im Sinne von „nur den Kindern", läßt uns I.Weth verstehen, daß Kinder zumindest ein Voraus haben: „Sie gehören *mehr* zu Gott als ihr alle."

Schließlich tauscht I.WETH den Markus-Text: „Wer das Reich Gottes nicht empfängt wie ein Kind …" gegen Mattäus 18,3 aus: „Wenn ihr nicht werdet wie die Kinder, werdet ihr nie zu Gott kommen!" Damit läßt sie die Kinder in der Geschichte zu einem Vorbild werden, das Erwachsenen vorgehalten wird.

Was I.WETH offen läßt: Was ist es, das Erwachsenen fehlt, das ist bei K.KNOKE ausgesprochen: Kinder lassen sich *schenken* – so muß man sich Gottes Reich schenken lassen. Darin sind die Kinder in der Geschichte wiederum als Gleichnis verstanden, das für Erwachsene bestimmt ist.

Wir sehen: Wie in frühchristlicher Zeit[161] so wird auch heute an unserer Geschichte weitergeschrieben. Das zeigt: Diese Geschichte ist keine tote Geschichte – sie lebt, sie redet. Jedoch: Sie soll ja Kindern erzählt werden als eine Geschichte, die sie meint. Da ist weniger interessant, was sie auch Erwachsenen bedeuten mag.

Wie ein Bild erzählt

Emil Nolde: Christus und die Kinder (1910)[162]

EMIL NOLDE (1867–1956) entstammt einer nordschleswigschen Bauernfamilie. Er erzählt von sich selber, daß er als Junge viel in der Bibel gelesen habe und daß ihn religiöse Probleme beschäftigt hätten. So weist auch der Katalog seines bildnerischen Schaffens eine Vielzahl von Gemälden auf, die ausdrücklich Inhalte aus der Bibel zum Gegenstand haben: „Die biblischen Bilder sind intensive Jugenderinnerungen, denen ich als Erwachsener Form gab", so schreibt NOLDE in einem Brief (1916). Besonders produktiv in dieser Hinsicht war Nolde in den Jahren 1909–12 („Abendmahl", „Pfingsten", ein neunteiliges Werk zum „Leben Christi", das wie ein mittelalterlicher Flügelaltar aufgebaut, im Mittelbild die Kreuzigung zeigt, auf

---

160 s. dazu HANS RUEDI WEBER: Jesus und die Kinder. Hamburg: Lutherisches Verlagshaus. 1980 S.34. Daß I.WETH die Absicht übergeht, in der die Kinder zu Jesus gebracht werden: „damit er sie anrühre", ist wohl nur Versehen (?).

161 s. oben S.118f.

162 HAFTMANN, WERNER: Emil Nolde. Köln: Verlag M.DuMont Schauberg 1978 Farbtafel 6 S.57.

Abb. 8 Emil Nolde: Christus und die Kinder

den Flügeln viele biblische Szenen z.B. „Heilige Nacht" und „Der ungläubige Thomas"). Auch gedanklich hat er sich immer wieder mit Problemen auseinandergesetzt, die religiöse Themen für das künstlerische Gestalten darstellen. So schrieb er, provoziert durch den Widerstand, den seine auf einer Ausstellung gezeigten religiösen Bilder hervorriefen:

> Gefragt hatte ich selbstredend niemand, wie religiöse Bilder aussehen müssen. Sie waren ganz eigenem Instinkt folgend entstanden, die Menschentypen als Juden, Christus und die Apostel auch, wie es doch auch war, die Apostel als einfache jüdische Land- und Fischermenschen. ... Daß während der Renaissancezeit die Apostel und Christus als arische, italienische oder deutsche Gelehrte gemalt wurden, mag in der Geistlichkeit die Meinung festgelegt haben, daß diese Art für immer bleiben müsse. ... Wo führt das hin? Wenn wir die biblischen Gestalten als Arier gemalt sehen wollen, soll dann nicht auch dem christlichen Chinesen gestattet sein, sie als Chinesen, dem Neger, sie als Schwarze darzustellen?[163]

Nolde wurde in der Nazizeit zum „entarteten Künstler" gestempelt und mit Malverbot belegt. Dieses Berufsverbot ließ ihm nur Gelegenheit, in aller Verborgenheit kleine Aquarelle zu malen, die er seine „ungemalten Bilder" nannte und im Haus verstecken mußte.

Das Bild „Christus und die Kinder" stammt aus der Schaffensperiode des Künstlers vor dem Ersten Weltkrieg. Es beeindruckt – wie alle Nolde-Bilder – durch seine kräftige Farbigkeit: Die Verteilung der Farben und des Lichts trennt das Bild in zwei Hälften: Da ist die leuchtend farbenfrohe, bewegte, lebendige, fröhliche Seite der Kinder. Wie eine strahlend-helle Welle bricht sie in das Bild von links herein; ihr Orange-rot spiegelt sich noch auf den Gesichtern der Jünger. Und im Kontrast dazu die dunkle Seite der skeptischen, abweisenden Großen mit ihrem feierlich-ernsten Schwarz-Violett. Dazwischen in der Mitte Jesus, sich zu den ihm entgegenjubelnden Kindern herabbeugend, ihnen zugewandt, sie aufnehmend.

---

[163] NOLDE, EMIL: Mein Leben. DuMont Buchverlag 1979 S.191f

Ein romantisches Bild vom Kind

C. Impulse
zum eigenen
Verständnis

Womit in dieser Geschichte identifiziert sich der erwachsene Leser? Er mag sich an der Seite Jesu fühlen in dem pädagogischen Impuls, für Kinder da zu sein, sie zu unterstützen, zu fördern, zu schützen, für ihre Rechte, ihre Zukunft einzutreten. Er mag sein religionspädagogisches Engagement, Kindern einen Zugang zu Jesus zu vermitteln, ihnen Vertrauen, Hoffnung, Glauben zu erschließen, wiederfinden in den Erwachsenen, die in der Geschichte die Kinder zu Jesus bringen.

Aber auch ein anderes Bedürfnis mag dabei mitspielen: In der Gemeinschaft mit Kindern wieder einen Zugang zur eigenen Kindheit zu finden und das Schöne noch einmal nachzuerleben, das man damit verbindet. Dieser Wunsch kann eine Brücke zu den Kindern bilden, Einfühlung und Miterleben mit Kindern ermöglichen. Freilich, wo dabei die Schattenseiten, die Konflikte, die auch mit Kindheit verknüpft sind, ausgeblendet werden, droht eine unrealistische, romantische Verklärung des Kindes. Hier liegt die gefühlsmäßige Wurzel für die idealisierende Auslegung, die das Verständnis unserer Geschichte in der Tradition so weitgehend bestimmt hat: Noch einmal wie ein Kind sein dürfen …

Ein solches Verständnis, das Kindheit romantisch verklärt und idealisiert, kennzeichnet auch die Wiedergabe unserer Erzählung in einer Schulbibel aus dem Anfang des vorigen Jahrhunderts:

> Jesus rief die Kinder voll himmlischer Freundlichkeit zu sich her und sagte zu den Jüngern: „Wer immer das Reich Gottes nicht annimmt, wie ein Kind – so voll *Demuth* und *Einfalt* – der wird nicht hineinkommen. … Der Anblick der *holden, unschuldsvollen* Kleinen, die wie junge Rosenknospen freudig aufblühten, derer Angesicht noch mit dem schönen Roth der *Unschuld* geschmückt, noch von keiner Leidenschaft verwüstet war – rührte sein menschenfreundliches Herz. Er dachte mit Wehmuth daran, wie leicht sie durch böse Menschen verführt, um ihre *Unschuld* und um den süßen Frieden eines *unbefleckten Gewissens* gebracht werden könnten …"[164]

Es ist leicht zu erkennen, daß es sich hier um ein „einseitiges" Wunschbild von Kindheit handelt, das mit den Stichworten „Demut, Einfalt, Unschuld, Unbeflecktheit" gemalt wird. Damit wird in keiner Weise die wirkliche Situation von Kindern wiedergegeben.

Unsere Erzählung mag aber auch Anlaß sein, uns mit der anderen, „stressigen" Seite unserer Beziehung zu Kindern auseinanderzusetzen: mit dem, was uns an Kindern nicht sympathisch ist, was uns an ihnen ärgert, strapaziert, auf die Nerven geht. Die Jünger in der Geschichte sind uns nicht so fern, wie wir im ersten Moment denken mögen. Und die Auslegung auf die Erwachsenen hin, die unsere Kinderszene immer wieder gefunden hat, versteht sie zu Recht als eine Aufforderung zur Umkehr, zu einem anderen Denken: So, wie wir sind (und das natürlich nicht nur in der Beziehung zu den Kindern), sind wir nicht „geschickt für das Reich

---

164 SCHMID, CHRISTOPH VON : Biblische Geschichte für Kinder zum planmäßigen Unterrichte in sämmtlichen deutschen Schulen Baierns [1801] Zweyter Theil. Die Geschichte des neuen Testaments. Neueste Ausgabe München 1819 S.234f. VON SCHMID (1768–1854) war ein erfolgreicher Kinderbuchautor seiner Zeit mit einer umfangreichen Produktion von christlich-moralischen Schriften.

Gottes".[165] Darum: „Denkt um, werdet anderen Sinnes!" – so ist der Umkehrruf „Tut Buße" in den Evangelien genau und verständlicher zu übersetzen.

D. Überlegungen zum Verständnis der Kinder	Unsere Geschichte ist eine Erzählung, in der sich Kinder ganz eindeutig in den handelnden Personen wiederfinden können: nämlich in den Kindern.

• Hier werden Erfahrungen angesprochen, die zum Alltag von Kindern gehören: Daß sie zurückgestoßen und ausgeschlossen werden. Ihr seid dafür noch zu klein. Davon versteht ihr noch nichts. Ihr könnt warten – ihr habt Zeit. – Auch in der Kirche machen Kinder solche Erfahrungen. Auch hier haben sie lange Zeit als eine Art Christen zweiter Klasse gegolten: Getaufte Glieder am Leib Christi, aber minderen Rechts. Deutlich drückt sich das in der Geringerschätzung des Kindergottesdienstes (Im Konfliktfall wird der Pfarrer die Präsenz im Erwachsenengottesdienst vorziehen und den Kindergottesdienst ehrenamtlichen Laienkräften überlassen) und in dem Widerstand gegen das Kinderabendmahl aus. Wer sich hier für die Beteiligung der Kinder einsetzte, hatte es mit einem Arsenal von Argumenten zu tun, deren „Stärke" schlußendlich nur darin bestand, daß sie den Erwachsenen, seinen Glauben, sein Verständnis zum Maß des Christseins machten.

• Aber unsere Geschichte läßt auch Erfahrungen wachwerden, die Kinder mit Zuwendung und Zärtlichkeit machen: „Und Jesus herzte sie und legte die Hände auf sie und segnete sie." (Markus 10,16). Solche Erfahrungen verbinden sie auch mit den Erzählern, den LehrerInnen und ErzieherInnen, deren Zuwendung sie suchen, in deren Nähe sie sich wohl fühlen können.

E. Ideen zum Erzählen	Unsere Geschichte von der Kindersegnung ist eine relativ kurze anekdotenhafte Erzählung. Das hat die Nacherzähler oftmals dazu verführt, sie mit fantasievollen Erweiterungen und „Ausschmückungen" gleichsam zu „vervollständigen".

Wir sahen bei I.WETH, aber auch an der Schulbibel von CHR.V.SCHMID, wie hier die Nacherzähler gern ihre eigenen Ideen eintrugen, die oft am Sinn der Ursprungsgeschichte vorbeigehen. Hier ist nötig, daß der Erzähler sich zurückhält und Selbstkontrolle übt.

Ein sachlich besserer Weg bietet sich an, wenn man – wie es bei dieser Geschichte eigentlich unerläßlich ist – die Erfahrungen von Kindern (s.o.) beim Erzählen miteinbezieht. Selbst wo sie nicht ausdrücklich angesprochen werden, muß der Erzähler einkalkulieren, daß sie bei den Zuhörern zumindest unbewußt mitschwingen und wirksam sind. Dabei kann man den Blick der Zuhörer ausweiten und einbeziehen, was sie von Kindern und ihren Schicksalen in der Welt wissen: Kinderarbeit, Kinder im Krieg, Kinder auf der Flucht, hungernde Kinder … die Liste ist lang.

---

[165] Lukas 9,62 Jesus aber sprach zu ihm: Wer seine Hand an den Pflug legt und sieht zurück, der ist nicht geschickt für das Reich Gottes.

Wichtig ist, daß die Spitze dieser Geschichte nicht verwässert wird: Gott ist für Kinder, wie Jesus für Kinder ist. Wichtig auch, daß diese Botschaft nicht exklusiv gewendet wird: Kinder gehören mehr zu Gott als die Großen – wenn das (wie I.WETH es tut) von einem erwachsenen Erzähler dargeboten wird, kann es in Kinderohren kaum glaubhaft klingen – so wenig wie es auch in der Originalgeschichte gemeint ist. Liebe und Fürsorge für Kinder – wo immer sie stattfindet – ist ein Stück von dieser Liebe Gottes zu den Kindern, ja lebt von dieser Liebe Gottes. Das Zutrauen dazu mag unserer pädagogischen Zuwendung zu Kindern Kraft und Geduld verleihen auch gegen gegenteilige Impulse und Gefühle, auch gegen Enttäuschungen und Resignation im beruflichen Tun von Erziehern und Lehrern.

Wichtig ist auch, daß die gefühlshaften Elemente in der Erzählung nicht gestrichen oder beschönigt werden: Die Jünger „fuhren sie an" (im griechischen Text: „sie drohten ihnen"). Markus sagt von Jesus: Er wurde unwillig, zornig, wütend. Daß solche Gefühle der heimlichen „Zensur", die in Kinderbibeln wirksam ist, oft zum Opfer fallen, trägt mit zu einem unwirklichen, naiv-kindlichen Bild von Jesus bei, das ihn nicht als wirklichen Menschen, sondern nur als liebliche Himmelsgestalt vorstellen läßt. So wird es Kindern später einmal schwer, im Laufe ihrer menschlichen und christlichen Entwicklung ein wirklichkeitsnäheres, reiferes und erwachseneres Verständnis von Jesus und seiner Sache zu gewinnen.

Die Erzählung kann durch den Erzähler dadurch eingeleitet werden, daß er die Kinder das Bild von EMIL NOLDE: Christus und die Kinder betrachten läßt und auf ihre Einfälle und Gedanken dazu wartet.[166]

> Kinder in der Kirche? Was erlebt Ihr da? Erinnerungen an freundliche Erzählerinnen im Kindergottesdienst, an einen freundlichen Pfarrer – aber auch an Erwachsene, die ärgerlich zur Ruhe mahnen, an Zurechtweisungen: Lauft hier nicht so herum! Sitzt still! Seid nicht so laut! …
>
> In den Jesusgeschichten wird nicht nur von den Großen erzählt, von Frauen und Männern, von den Jüngern, von Kranken, die geheilt werden, von Priestern und Lehrern – nein es gibt auch Geschichten, die erzählen von Kindern. Eine solche Geschichte ist die, die davon erzählt, wie Eltern, Mütter und Väter, ihre Kinder zu Jesus bringen: Er möchte sie anfassen, sie liebhaben und segnen, ihnen zeigen, daß sie auch dazu gehören.
>
> Die Großen aber, die Jünger, schimpften und scheuchten sie weg. Warum? Ich könnte mir denken … Was denkt ihr?
>
> Als Jesus das sah, wurde er richtig böse mit seinen Jüngern. Er sagte zu ihnen: …
>
> … Und dann schloß er die Kinder in seine Arme. Er hatte sie lieb und legte ihnen zärtlich die Hände auf den Kopf und segnete sie.

---

[166] s. oben Abb.8 S.122: EMIL NOLDE „Christus und die Kinder" (1910)

Je ---sus hat die Kin ----der lieb. Er lädt sie al -----le

ein. Keins ist bei ihm aus--ge---schlossen. Al --le sind sie sein.

2. Jesus hat die Kinder lieb.
Für ihn sind alle gleich.
Großen und auch Kleinen schon
gibt er das Gottesreich.

3. Jesus hat die Kinder leib.
So geht es um die Welt.
Liebe ist es, die uns alle
und die Welt erhält.

166a

8.2 Groß durch Jesus – Zachäus: Lukas 19,1–10

A. Einführung in den Bibeltext

Unsere Geschichte von Zachäus gibt es nur im Lukasevangelium. In ihr spiegelt sich sehr deutlich, was Lukas als das Wichtige an Jesus empfunden hat: daß er die „*Verlorenen*" sucht und rettet. „Verloren" und „wiedergefunden" sind auch die Stichworte in der Gleichniskette von der Freude über das Wiedergefundene im 15. Kapitel[167]. Schon einmal hat Jesus seine Gemeinschaft mit den Zöllnern (Lukas 5,31f) so verteidigt: Die Sünder zu suchen ist er gekommen, nicht die Gerechten. Die Kranken brauchen den Arzt, nicht die Gesunden.

Unsere Geschichte hat geschichtliche Umstände zum Hintergrund, die uns fremd sind. Steuern und Abgaben wurden im Römerstaat gegen einen Pachtzins an private Unternehmer verpachtet. Die hatten dann die Berechtigung, von sich aus Zoll und Gebühren einzutreiben. Dabei mußte neben dem an den Staat entrichteten Pachtzins natürlich auch ein Gewinn herausspringen und der konnte hoch oder weniger hoch sein, je nach der Geschäftstüchtigkeit der Zollpächter. Diese Gewinnorientierung und die ökonomische Zusammenarbeit mit der römischen Besatzungsmacht machte die Zöllner in der jüdischen Bevölkerung verhaßt.

Für Lukas kommt noch hinzu, daß Zachäus ein „Ober"zöllner ist, also ein Mann von Rang und Macht und ein *reicher* Mann. Das Thema „Reich und Arm" ist ein wichtiges Thema im Lukasevangelium: Gegenstück zu Zachäus ist der reiche

---

166a Aus: Rosewich, Gerhard: Wir singen vor Freude. Lieder für den Religionsunterricht in der Grundschule und für Gottesdienst mit Kindern. Lahr: Verlag Ernst Kaufmann. 1995 S.103
167 s. Kap.11.1 A S.163ff.

Jüngling (Lukas 18,18–30): Der folgt nicht dem Rat Jesu, seinen Besitz zu verkaufen und den Erlös an die Armen zu verteilen. Zachäus dagegen verhält sich anders: Er gibt die Hälfte seines Besitzes den Armen und ersetzt vierfach, was er durch Betrug erworben hat (Vers 8). So wird an ihm für Lukas der christliche Gebrauch von persönlichem Reichtum deutlich.

„Und er begehrte, Jesus zu sehen, *wer er wäre*" (V.3) – das meint nicht nur optisches Sehen, sondern mehr als dies: Zachäus wollte erkennen, was es mit Jesus und seiner Sache auf sich hat. Es ist das „Sehen" des blinden Bartimäus (s. Kap.6.2: Bartimäus), das Sehen und Erkennen der Emmausjünger (s. Kap.11.3: Leben und Tod: Die Emmausjünger), denen aufgeht, wer der unbekannte Dritte ist, der mit ihnen wandert, – nämlich der Auferstandene. Der kleinwüchsige Zachäus bemüht sich um den Blick auf Jesus, um einen guten Aussichtspunkt. Aber die Augen gehen ihm erst auf, als Jesus den Schritt auf ihn zu macht und in sein Haus einkehrt: „Heute ist diesem Hause Heil widerfahren, denn auch er ist Abrahams Sohn [= auch er gehört dazu, zum Volk Gottes. Er steht nicht mehr außen vor]." „Heil" – das klingt so fromm und unverbindlich. Doch Lukas benutzt hier das gleiche gewichtige Wort wie bei Bartimäus, der blind war: „*Rettung*" – wieder geht es darum, um eine Sache von Leben und Tod sozusagen: „Dein Glaube hat dich *gerettet*."

B. Wie Kinderbibeln erzählen	Ein Blick in Kinderbibeln kann uns kritische Punkte bei der Wiedergabe der Zachäusgeschichte zeigen: Manche Kinderbibel beschreibt den Zachäus mit dem Gegensatz: Reich, aber nicht glücklich.[168] Dabei gibt uns

die Geschichte selber darüber überhaupt keine Auskunft.
Genau so gut ist denkbar, daß Zachäus bis dahin mit seinem Leben recht zufrieden war. – Das Motiv des *unglücklichen Reichen*, als Motiv besonders in den moralischen Beispielgeschichten der Aufklärungszeit sehr beliebt, soll die kleinen Leser wohl davon abhalten, die Ungleichheit der Besitzverhältnisse im Leben als allzu problematisch zu empfinden. Wer reich ist, hat als Ausgleich anderes Schwere zu tragen. Und wer nicht reich ist, kann doch glücklich und gesund sein.[169] Aber es ist nicht eine innere letzte Unzufriedenheit, sein Unglücklichsein, was Zachäus auf die Straße bringt, sondern Jesus ist es, der ihn anzieht: „Und er begehrte, Jesus zu sehen, *wer er wäre*" (V.3) – Und erst in der Begegnung mit Jesus kommt Zachäus zu einer anderen Einschätzung seines Lebens und einem veränderten Verhalten.

---

168 So EVERT KUIJT: Stephanusbibel: Komm und sieh. Uhldingen/Bodensee. 1992 S.156
169 So setzte der Pädagoge CHRISTIAN GOTTHILF SALZMANN in seinem Moralischen Elementarbuch 1782 den armen, aber sehr glücklichen Tagelöhner Hans dem reichen, aber unglücklichen Gutsbesitzer Heilberg entgegen: der sich oft wünschte, „an meiner [seiner] Stelle zu seyn: denn diese genießen doch ihr Leben. Sie essen, sie trinken, sie lachen, sie scherzen, sie schlafen, aber ich – ich – armer Mann — . Er sah gen Himmel, und ein Paar Thränen liefen ihm über die Bakken ..." (Zitiert nach: HANS-HEINO EWERS: Kinder- und Jugendliteratur der Aufklärung. Stuttgart: Philipp Reclam Junior 1980 S.111f). Man kann hier auch an die Korrektur denken, mit der die Brüder GRIMM für Kindergemüter jene Abfuhr entschärfen wollten, die der arme Mann dem lieben Gott erteilte, als der sich als Paten anbot: Du gibst dem Reichen und lässest den Armen hungern: „Das sprach der Mann, weil er nicht wußte, wie weislich Gott Reichtum und Armut verteilte." (BRÜDER GRIMM: Kinder- und Hausmärchen Nr.44 „Der Gevatter Tod")

Weiterhin machen Kinderbibeln zuweilen aus der Anrede Jesu an Zachäus eine Art wunderbares Wissen und bestärken damit ein Fehlbild, das sich Kinder ihrem Verständnis entsprechend zunächst gerne von Jesus machen: der mit magischen Kräften ausgerüstete geheimnisvolle Zauberer. In dieser Weise erzählt eine Kinderbibel:

> Wie erschrak Zachäus, als der Herr Jesus gerade unter dem Baum stehenblieb, auf dem er saß, und zu ihm hinaufschaute. Wenn die Äste den Zachäus auch noch so gut zudeckten, Jesus hatte ihn doch gesehen. Kannte Jesus denn den Zachäus? Ja, bis ins Herz hinein, und er wußte sofort: Dieser Zachäus braucht mich, und schon hörte Zachäus den Herrn Jesus rufen: „Zachäus, steig eilend herunter; denn heute muß ich in deinem Hause einkehren!" Wie horchte da Zachäus auf. Jesus wollte zu ihm in sein Haus kommen, wollte sein Gast sein? Jesus wußte sogar, wie er hieß: „Zachäus" hatte er gerufen.[170]

Interessant ist der Versuch der Kinderbibel von MARKUS HARTENSTEIN, biblische Geschichten den Stufen der seelischen Entwicklung von Kindern zuzuordnen. Die Zachäus-Geschichte erscheint dann in einem Zusammenhang, der der Entwicklungsphase zugehört, in der für Kinder Erfahrungen mit dem Festhalten und Hergeben wichtig werden. Den Mut, auch loszulassen und herzugeben, kann nur ein Kind entwickeln, das sich selbst „in der Liebe und Anerkennung anderer geborgen und gehalten weiß." Zachäus zeigt sich hier als einer, der einseitig nur festhalten konnte und damit nicht am vollen guten Leben teilhaben kann. Die Begegnung mit Jesus aber befreit ihn zum Loslassen können.[171]
ELEONORE BECK[172] gibt dem Schlußwort Jesu in der Geschichte eine entsprechende Gestalt: „Heute wird deinem Haus mehr geschenkt, als du hergibst. Die Freundschaft Gottes. Und eben deshalb bin ich gekommen: Ich suche die Verlorenen und rette sie. Ich bringe sie zurück in den Freundschaftsbund Gottes."

C. Impulse zum eigenen Verständnis	Die Geschichte läßt auch uns nach der Stelle fragen, an der unsere eigene Identifikation festhaftet. Wo sind wir in dieser Geschichte? Unter denen, die einem anderen – wie hier dem Zachäus – den Blick auf Jesus verstellen? Z.B.

wir als die Großen, die Kindern die Aussicht auf Jesus verwehren? Die es ihnen unmöglich machen, Jesus zu sehen? Wir als die Reichen der „Ersten" Welt, die auf Kosten Armer, der Menschen in der „Dritten" Welt leben[173]: Was würde Lukas dazu sagen?
Auch ein anderes Thema ist hier angerührt: Unser Umgang mit *Besitz*. Das ist die Antwort des Zachäus auf den Besuch Jesu:

> „Siehe, Herr, die Hälfte von meinem Besitz gebe ich den Armen, und wenn ich jemanden betrogen habe, so gebe ich es vierfach zurück."

---

[170] WITTMANN, EMMA S.201f
[171] So MARKUS HARTENSTEIN im Beiheft: Schlüssel für Meine erste Bibel. Stuttgart: Quell Verlag 1982 S.15
[172] BECK, ELEONORE S.198
[173] s. dazu Kap.9.2C und D S.147ff.

Dieses Thema berührt uns und die Kinder: Wie gehen wir mit Eigentum um? Wie leiten wir die Kinder darin an (z.B. Taschengeld, Geschenke)? Welche Bilder vermitteln wir davon durch unser eigenes Verhalten? Wie ist es mit Teilen, Abgeben (Siehe die Solidaritätsabgabe oder Spenden für „Brot für die Welt"), Wiedergutmachen?

D. Überlegungen zum Verständnis der Kinder	Worauf das Interesse von Kindern bei dieser Geschichte geht, zeigt sehr eindrücklich die Art, wie sie ein kleiner Schüler nacherzählt hat:

„Johlende Menschen und Kinder winkten mit Palmblättern Jesus und seinen neuen Aposteln zu, die ihn sein ganzes Leben lang begleiten sollten beim Predigen zu den Menschen. Es gab einen Mann, der mit seinem Schicksal nicht zufrieden war; er war zu *klein* und zu unterdrückt. Dieser Mann hatte bei seiner Geburt den Namen Zachäus erhalten. … Aber … wenn er nur Jesus einmal gesehen hätte. Und das hatte er noch nie, weil er zu *klein* war.

Und diesmal faßte er einen Entschluß und kletterte in eine Dattelpalme. Es war drei Uhr mittags. Jesus sah im Nu den *kleinen* Zachäus im Baum. Er sprach zu ihm und sagte: ‚Warum sitzt du in dem Baum?' Er sprach zu ihm und sagte: ‚Weil ich zu *klein* bin, um dich zu sehen, Herr.' Jesus antwortete: ‚Klettere aus dem Baum, und du bist genauso *groß* wie jeder normale Mensch.' Das tat er. Zum Erstaunen der Menschen war er so *groß* geworden, daß sein Kopf einen Dezimeter über eines jeden Kopf hinausragte. Alle Menschen sagten: ‚Es ist ein Wunder geschehen!' Und das war richtig. Zachäus fiel vor die Füße Jesu und dankte ihm. Überglücklich ging er nach Hause. Er ergriff einen anderen Beruf: und das war der Beruf: Er wollte Sklave Jesu sein. Und damit verdiente er Dankbarkeit und 10 Bronzemünzen."[174]

„*Groß*" und „*Klein*" – diese häufig wiederholten Stichwörter verraten das Interesse, das den Schüler bei seiner Nacherzählung leitet und ihn die Ursprungsgeschichte so auffällig ändern läßt. Der Erzähler identifiziert sich ganz unverhüllt mit dem „*kleinen*, unterdrückten" Zachäus und verwandelt die Geschichte in eine Erzählung – fast möchte man sagen: in ein Wundermärchen[175] – darüber, wie bei Jesus ein *Kleiner* (= Kind) „genauso groß wie jeder normale Mensch" wird, ja noch einen ganzen Dezimeter größer! Der kleine Zachäus also ist es, der die volle Sympathie unseres Schülers genießt.[176]

Das paßt natürlich nicht nahtlos zu der Absicht der Originalgeschichte: Hier wird Zachäus als einer vorgestellt, der – mit Grund – auf die Ablehnung der Leute stößt: Wer kann diesen Menschen, der zu einer verachtenswürdigen Klasse, der der be-

---

174 KLINK, JOHANNA: Der kleine Mensch und das große Buch. Ist die Bibel ein Buch für Kinder? Düsseldorf: Patmos Verlag 1978 S.118

175 KAREL EYKMAN schließt seine Zachäus-Erzählung mit Grund so: „Es war ein *Wunder* geschehen. An Zachäus." (S.331). Die Einführung des Wortes „Wunder" an einer solchen Stelle kann der Eingrenzung des Wunder-Begriffs auf die sog. „Wundergeschichten" entgegenwirken und dazu beitragen, daß die symbolische Dimension in diesem Wort zur Geltung kommt und allmählich von den Kindern aufgenommen wird. Ein anschließendes Gespräch wäre z.B. durch die Kinderfrage provoziert: „Du sagst: Ein Wunder ist mit Zachäus geschehen. Wieso ein Wunder?"

176 Daß er die Originalgeschichte als eine Jüngerberufung versteht, ist im Übrigen dem Ursprungssinn der Erzählung sehr angemessen: „Er ergriff einen anderen Beruf: Und das war der Beruf: Er wollte Sklave Jesu sein."

trügerischen Zollpächter und Römerfreunde gehört, schon leiden? Daß Jesus sich davon nicht beeinträchtigen läßt, sondern dem zum Trotz dennoch Zachäus in seinem Haus besucht, beruht nicht darauf, daß er ein anderes Urteil über ihn hat als die Leute: Zachäus gehört zweifelsohne zu den „Verlorenen" – aber die sind es doch, die Jesus sucht. „Verloren" aber ist Zachäus nicht, weil er „zu klein und unterdrückt" war, ganz im Gegenteil. Er war einer, der andere Leute betrog, unterdrückte und ausbeutete. Nicht „Mitleid" mit den Kleinen, sondern die Suche nach den Verlorenen, die unter den Zöllnern und Sündern zu finden sind, bringt Jesus zu Zachäus.

Doch das alles interessiert Kinder wohl weniger: Daß Zachäus am Rand steht – ganz gleichgültig weswegen –, das ist ihr Punkt. Er steht am Rand wie sie, die Kleinen, die auch von den Großen weggedrückt, übersehen, geringgeachtet werden.

Zusätzlich können sich noch solche Kinder besonders von unserer Geschichte angesprochen fühlen, die wegen ihrer körperlichen Kleinheit gehänselt und aufgezogen werden: Na, du Winzling!

Dieses existentielle, in ihrer eigenen Lebenssituation begründete Interesse von Kindern an dem Thema „Groß und Klein" macht verständlich, wie auch andere biblische Geschichten kindliche Leser besonders anziehen können: so etwa die Erzählung vom Sieg des kleinen David über den Riesen Goliat (1.Sam. 17).[177]

Daß hier besonders der Punkt für die Identifikation der Kinder liegt, darf nicht dazu verleiten, nun das Stichwort „klein" mit überschießender Phantasie breit auszumalen, wie es bei z.B. bei WILFRIED PIOCH geschieht. Er macht fiktive Kleinheitserfahrungen des Zachäus in dessen Kindheit zum Motiv für seine „Berufswahl", Zöllner zu werden: Da „hatte Zachäus eines Tages eine Idee. Er wußte plötzlich, wie er es allen heimzahlen könnte, die ihn früher geärgert hatten [ihn wegen seiner Kleinheit gehänselt und verächtlich „Na, Kleiner" genannt hatten]. ‚Ich gehe zu den Römern und lasse mich als Zöllner einstellen', sagte er zu sich selbst. ‚Dann werde ich den Zoll kassieren. Und wer mich besonders geärgert hat, muß besonders viel bezahlen.'"

E. Ideen zum Erzählen	Die Geschichte verlangt zunächst nach einer einleitenden, in die Erzählung integrierten Sacherklärung darüber, worum es sich bei dem Oberzöllner Zachäus handelt. Ein gutes Beispiel dafür bietet W.BENEKER in seiner Kinderbibel:

In Jericho wohnte ein Mann, der hieß Zachäus. Er war ein Steuereinnehmer. Er nahm für die Römer die Wegesteuer ein. Wenn einer mit Waren über die Grenze ging, mußte er den Wegezoll bezahlen. Aber die Zöllner nahmen mehr Zoll von den Leuten, als die Römer haben wollten. So einer war auch Zachäus. Er betrog die Leute. Was er zuviel einnahm, behielt er für sich. So war Zachäus reich geworden. Ja, er war ein Betrüger, der Oberzöllner von Jericho, ein Betrüger im Dienst der Römer.

---

[177] Ähnliches betrifft z.B. Märchen, die das Thema „Groß und „Klein" aufbringen: Märchen von Riesen und Zwergen.

Die Leute von Jericho wußten das wohl. Darum mochten sie ihn nicht leiden. Mit einem Betrüger und Römerfreund wollten sie nichts zu tun haben. Der war ja ein Sünder. Sie sagten: „So einer gehört nicht mehr zu uns. Er gehört nicht mehr zum auserwählten Volk Gottes – der nicht.[178]

Das kann man am Schluß wieder aufnehmen:

> Jesus sagte zu Zachäus: Dir und deiner Familie ist heute Gutes geschehen. Ihr seid gerettet, ihr seid wiedergefunden. Ihr könnt anders leben als bislang: Ein neuer Anfang, ein neues Leben ist für euch möglich. Ihr steht nicht abseits. Ihr gehört dazu. Ihr gehört mit zu Gottes Volk. Dazu bin ich da, zu suchen und zu retten, was verloren ist.

Wichtig ist auch, den Wunsch des Zachäus, Jesus zu sehen, nicht auf das optische Sehen zu beschränken: „Und er begehrte, Jesus zu sehen, *wer er wäre*" (V.3 s.o. S.127):

> Dieser Zachäus wollte Jesus sehen. Und das war schwierig für ihn, klein wie er war. Denn als er an der Straße stand, auf der Jesus vorbeikam, da konnte er nicht über die Leute hinüberschauen, die sich vor ihm drängelten. Und er wollte ja mehr als nur einen flüchtigen Blick auf Jesus. Ja, er wollte wissen: Wer ist Jesus? Was ist seine Sache? Da lief er voraus und kletterte auf einen Maulbeerbaum am Straßenrand: Da hatte er gute Sicht nach allen Seiten. Da mußte er Jesus sehen können: Hier mußte der ja vorbeikommen. Und als Jesus sich näherte, da sah nicht nur Zachäus den Jesus. Nein – auch Jesus sah den Zachäus. Er sah zu ihm auf und sagte: ...

> Und da sah Zachäus erst wirklich den Jesus. Da gingen ihm die Augen auf. Da erkannte er, daß Jesus ihn frei gemacht hatte – für ein neues Leben! Und er trat hin und sagte: Siehe, Herr, die Hälfte meines Besitzes gebe ich den armen Menschen ...

Vielleicht könnte ein angemessener Abschluß der Erzählung ein Satz wie der folgende sein:

> ... nun war der kleine Zachäus *groß* bei Jesus.

---

[178] W.BENEKER 1972 S.62

9. Die Welt und Ich

Fernsehen und Zeitung bringen uns die weite Welt ins Haus. Aber die ferne Welt ist auch ganz nahe: Unter uns leben ausländische Menschen und Kinder in der Nachbarschaft, Kinder aus ausländischen Familien besuchen bei uns Kindergärten und Schulen.

Wollten wir einem Baby Worte leihen und seinem Lebensgefühl Ausdruck geben, könnten wir es etwa so reden lassen: Ich (und meine Mutter) bin meine ganze Welt. – Erst allmählich taucht das Andere, Fremde in der Erfahrung von Kindern auf. Ihr Blick weitet sich: der Vater, die größere Familie, die Nachbarschaft, die Gruppe im Kindergarten und in der Schule, das eigene Land, die Menschen jenseits der Grenzen in fernen Ländern, die weite Welt …

Wer ist der Andere? Ist er so wie ich? Ist er mir gleich in Hautfarbe und Sprache, in seinen Wünschen und in seinem Denken? Oder ist er ganz anders – und das nicht aus bösem Willen, nicht mir zur Drohung. Was ist das Andere? Etwas, das meine Neugier erwecken kann, das mich anregt und bereichert? Oder etwas, das mir Angst bereitet, weil es mir feind zu sein, mich zu bedrohen scheint?

Hier sind zunächst zwei biblische Erzählungen ausgewählt, die diese Zwiespältigkeit zum Thema haben, in der wir die Welt und das Fremde in ihr erleben: Wie Menschen einander entfremdet werden und wie der Geist Gottes diese Entfremdung überwindet und die Menschen wieder zusammenbringt und einander verstehen läßt. Daran schließt sich die Erzählung von der wunderbaren Speisung: Die ganze Welt an einem Tisch!

9.1 Was Menschen trennt und was sie vereint:
1.Mose 11 und Apostelgeschichte 2

A. Einführung in den Bibeltext

Die bekannte Geschichte vom Turmbau zu Babel markiert eine Schaltstelle im 1.Mosebuch: Das Böse hat sich in der Menschheit immer mehr ausgebreitet – der Griff nach dem Verbotenen im Paradies, der Mord am Bruder, das Umsichgreifen des Bösen vor der Sintflut und nun der Griff nach dem Himmel selbst: Das ist der Gipfel menschlicher Selbstüberhöhung. Man weiß nicht, in welche Katastrophen dies noch führen mag. Doch diese Kette von Unglücksgeschichten findet mit der Turmbau-Erzählung ein Ende. Dem folgt der Neuanfang mit dem Versprechen an Abraham, das sich an unsere Erzählung anschließt: „Ich will dich zu einem großen Volk machen … und in dir sollen gesegnet werden alle Geschlechter auf Erden" (1.Mose 12,2f).

Unter den vielen alten Geschichten, die der biblische Erzähler in seiner Zeit vorgefunden hatte, schien ihm wohl die vom Turmbau besonders geeignet, seine Erzählung von der Urgeschichte abzuschließen: Höhepunkt menschlicher Kultur, wie es scheint, doch zugleich Tiefpunkt menschlicher „Entwicklung". Sie erzählt von bedeutenden technischen Erfindungen: der Produktion von gebrannten Ziegelsteinen und der Erfindung von Mörtel, dem (erstmaligen) Bau einer Stadt als Zentrum menschlichen Zusammenlebens und dem eines hohen Turms, der schon von weitem Macht und Glanz der Stadt sichtbar machen soll.

Ursprünglich mag diese Geschichte eine sog. „ätiologische"[179] Sage gewesen sein, also eine Geschichte, die ein Faktum auf seine Ursache in frühen Zeiten zurückführen und dadurch erklären will: Woher kommt die Vielzahl der Völker und Sprachen? Und was bedeutet der Name der großen, mächtigen Metropole des alten Orients, Babel? Die Worterklärung, die hier wiedergegeben wird: Babel hängt mit dem Tätigkeitswort „verwirren" zusammen – ist von der hebräischen Sprache her gedacht. In Wirklichkeit heißt Babel „Tor zum Himmel".

> Der Turm von Babel gehörte zu den eindrucksvollen Bauwerken, den Stufentürmen (Zikkurats) im alten Mesopotamien. Dieses Land zwischen den zwei Flüssen Euphrat und Tigris war eine Wiege menschlicher Kultur. Viele für menschliche Kultur und Technik fundamentale Erfindungen kommen daher: die Schrift, das Rad u.a.m. In vielen Städten des damaligen Mesopotamiens ragten Stufentürme in die Höhe, auf ihrer höchsten Plattform erhob sich der Tempel des Stadtgottes: So in Babel der Tempel des Gottes Marduk. Vielerorts haben Archäologen solche Stufentürme wieder freilegen können. In der Stadt Babylon jedoch ist vom Turm von Babel, dem Etemenanki, heute nur noch ein Loch im Boden zu sehen.[180]

Das alles aber ist dem biblischen Erzähler nicht mehr wichtig an der Geschichte, die er vorgefunden hat. Er hat sie in den Zusammenhang seiner Urgeschichte der Menschheit eingefügt, weil er in den ihm gigantisch erscheinenden Bauplänen der Menschen die zum Bösen führende Entwicklung sich fortsetzen sah:

> „Dies ist nur der Anfang ihres Tuns: nun wird ihnen nichts mehr verwehrt werden können von allem, was sie sich vorgenommen haben zu tun."

Unsere alte Geschichte gehört zu denjenigen Erzählungen, die in unbefangener Direktheit Gott als Handlungsperson einführen und von ihm in naiv-vermenschlichender Weise zu sprechen scheinen[181]:

> „Da fuhr der Herr hernieder, daß er sähe die Stadt und den Turm, die die Menschenkinder bauten. ... So zerstreute sie der Herr von dort in alle Länder, daß sie aufhören mußten, die Stadt zu bauen."

Doch läßt sich dies auch anders – nicht als bloß bildhafte Naivität – verstehen – nämlich als erzählerische Ironie: So klein, ja so winzig ist das, was die Menschen da bauen – und sie wollten es doch groß machen und hoch hinausführen bis an den Himmel! – so winzig klein, daß Gott aus dem Himmel herunterfahren muß, um überhaupt zu entdecken, was sich da tut, – Gott, der doch alles sieht.

---

[179] s. S.64 Anm.87
[180] s. dazu: ROAF, MICHAEL: Mesopotamien. Weltatlas der alten Kulturen. München: Christian Verlag 1991 S.104ff und 192f. An der Ausgrabung der Stadt Babylon hat ein deutscher Forscher (Robert Koldewey) 1899–1917 gearbeitet. Überreste aus Babylon sind z.T. im Berliner Pergamonmuseum untergebracht (das Ischtar-Tor mit seinen aus gebrannten, unglasierten Ziegeln gebildeten Stieren und Drachen).
[181] s. dazu auch weiter unten unter: Wie Kinderbibeln erzählen (S.135f.). Vgl. auch Kap.3.9 S.44ff „Von Gott erzählen".

Die Geschichte von der Ausgießung des Heiligen Geistes aus der Apostelgeschichte 2 ist hier gleichsam als „Kontrapunkt" der alten Sage vom Turm zu Babel entgegengesetzt. Nicht wie die Verschiedenheit der Sprachen ein Verstehen unter Menschen verhindert, sondern wie unter ihnen dem zum Trotz Verständigung und Einheit neu möglich wird – davon erzählt sie. Die Jesusjünger, vom Geist Gottes erfüllt, finden in der Öffentlichkeit wieder aus ihrer Sprachlosigkeit heraus und ihre Sprache wird verstanden über die Grenzen der Nationalitäten und Kulturen hinweg.

Lukas stellt uns hier – statt eine „trockene" dogmatische Lehre über den Heiligen Geist zu entwickeln – in einer dramatischen Szene vor Augen, was für ihn wichtig und neu an den Christen ist: wie Gottes Geist unter ihnen über alle inneren und äußeren Grenzen hinaus wirksam ist. Wir würden freilich falsche Erwartungen an die Pfingstgeschichte haben, wenn wir in ihr eine protokollartige Dokumentation über Vorgänge sehen wollten, die sich zu einem bestimmten Termin (fünfzig Tage nach Ostern) in Jerusalem zugetragen haben. Unsere Geschichte bleibt in manchem unbestimmt, was wir von einem exakten historischen Bericht über Vorgänge am ersten Pfingstfest erwarten möchten: Ort und Zeit, Beteiligte (waren es nur die Zwölf oder die hundertzwanzig von Apostelgeschichte 1,15?). Wie sollen wir uns das Sprachenwunder vorstellen? Haben die Jünger in ihnen unvertrauten Sprachen geredet oder haben die Zuhörer wunderbarerweise das, was die Jünger in deren eigener Sprache (Aramäisch) sagten, in ihrer jeweiligen Muttersprache aufgenommen? Wie paßt so etwas wie „himmlische Feuerzungen" in einen Tatsachenbericht? Und wie verhält sich die Datierung, die Lukas hier vornimmt (fünfzig Tage nach Ostern), mit Johannes 20,22, wo die Jünger schon am Ostertag selbst vom auferstandenen Christus den neuen Geist mitgeteilt erhalten?

> „Am Abend aber desselben ersten Tages der Woche ... sprach Jesus abermals zu ihnen: Friede sei mit euch! Gleichwie mich der Vater gesandt hat, so sende ich euch. Und da er das gesagt hatte, blies er sie an und spricht zu ihnen: Nehmet hin den Heiligen Geist!"

Wir bekommen einen angemesseneren Zugang zu unserer Pfingstgeschichte, wenn wir in ihr gleichsam ein „*Gemälde*" sehen, in dem Lukas sein Bild vom Anfang der Kirche „malt"[182]. Die Wahrheit eines Bildes sucht der Betrachter nicht in einer fotografisch exakten, dokumentarisch genauen Wiedergabe der Realität.[183] Zu ei-

---

[182] Eine alte Legende erzählt denn auch, Lukas sei ein Maler gewesen (andere Überlieferungen sprechen davon, er sei Arzt gewesen): Dieser Legende entsprechend soll von ihm eine Marien-Ikone, ein erstes Bild der Mutter Jesu stammen, das alle drei Jahre in einem Kloster in Zypern ausgestellt wird. Der Maler OTTO DIX hat diese Legende aufgenommen in seinem Gemälde: Lukas malt die Madonna.

[183] Ähnlich steht es mit einer Legende: Auch ihre „Wahrheit" liegt nicht in einer protokollhaften realistischen Darstellung von etwas, das „wirklich passiert" ist. Man denke hier etwa an die Legendengeschichten vom heiligen Franziskus, von St. Nikolaus oder Christopherus. Daß eine Legende Franziskus zu den Vögeln predigen läßt, will nicht sagen, daß Vögel Menschensprache verstehen. Hier wird in einem lebendigen Bild die Bedeutung der Christusbotschaft für den ganzen Kosmos ausgesprochen. Der christliche Glaube will auch ein neues Verhältnis zu Natur und Tierwelt bewirken, eine brüderlich-schwesterliche Beziehung, wie sie in dem bekannten

nem solchen „Gemälde" gehören symbolische Farben, wie Lukas sie hier verwendet und wie sie seinen Lesern aus der Bibel vertraut waren wie z.B. die Wolken- und Feuersäule in den Mosegeschichten, die die Gegenwart Gottes bildhaft darstellen will. So meinen auch in dieser Geschichte Feuerflammen und Windbrausen nicht äußerlich wahrnehmbare optische und akustische Phänomene, sondern die elementare Gewalt, die Energie des neuen Geistes, der die Jünger ergreift. Eine alte Geschichte, die man sich in der jüdischen Gemeinde zum Pfingstfest erzählt, an dem die Gabe der Tora, des Gesetzes gefeiert wird, handelt ebenfalls davon, wie sich am Sinai die Gottesstimme in 70 Sprachen teilte und so allen Völkern, der ganzen Welt das Gesetz Gottes zugänglich wurde.

Ein Bibelwissenschaftler sagt uns deshalb zur Warnung: „Wir mißbrauchen … die lukanische Pfingstgeschichte, wenn wir in ihr einen Dokumentarfilm vom Beginn der christlichen Mission besitzen wollen, statt daß wir uns auf die wesentlichen theologischen Aussagen beschränken, die darin enthalten sind: Daß der Geist, der in der christlichen Gemeinde lebt und sie treibt und regiert, nicht aus ihrer eigenen Innerlichkeit stammt, sondern von Gott kommt, daß er uns durch Jesus Christus vermittelt wird, und daß er die Grenzen der Länder und Völker überwindet."[184]

| B. Wie Kinderbibeln erzählen | An dieser Stelle soll nur darauf eingegangen werden, wie die Geschichte vom Turmbau in Kinderbibeln wiedergegeben wird. Kinderbibeln folgen weithin insofern dem Bibeltext, als auch sie Gott als direkte Handlungsperson auftreten und handeln lassen. So sehr ausführlich die |

Kinderbibel von DETLEV BLOCK:

… Aber von Gottes Himmel her sah die Stadt Babel mit ihrem Turm klein wie ein Ameisenhaufen aus.

Gott hätte darüber lachen können. Aber er tat es nicht. Er war traurig und zornig über den Hochmut der Menschen.

„Wohin soll dieser Hochmut noch führen?" sagte Gott. Wenn sie diesen Turmbau vollendet haben, werden sie meinen, sie könnten alles. Die Menschen müssen merken, wo ihre Grenzen sind! Sie dürfen nicht alles tun, was sie können! Ich will ihre Sprache durcheinanderbringen, damit keiner den anderen mehr verstehen kann."

Und so geschah es. Gott verwirrte die Sprache der Menschen. …

Wenn auf diese Weise erzählt wird, wird den Lesern eine „Theorie" über die Entstehung von Sprache vermittelt, in die sozusagen nahtlos Gott eingebaut ist: Er ist es, der die Sprachen verwirrt. Das ist allerdings eine Theorie, die sich stoßen muß mit späteren sprachgeschichtlichen Theorien, denen die Kinder einmal im Sprachunterricht der Schule begegnen. Die gehen davon aus, daß Sprachentwicklung ein rein innergeschichtlicher Prozeß ist, zu dessen Erklärung Gott nicht nötig ist.

Sonnengesang des Franziskus zum Ausdruck kommt, der von der „Schwester" Sonne und dem „Bruder Mond" singt.
184 HAENCHEN, ERNST: Die Apostelgeschichte. Göttingen: Vandenhoeck & Ruprecht 1959 S.152

Die zwei Ebenen in einer Erzählung

Eine Nacherzählung heute muß, soll sie nicht verwirren, *zwei Ebenen* auseinanderhalten, die in der biblischen Geschichte miteinander verbunden sind: die der *Handlung* und die der *theologischen Deutung.* Eines ist, daß die alte Geschichte davon erzählt, wie über dem gemeinsamen Projekt „Turmbau von Babel" die Menschen auseinandergerieten – sichtbar geworden daran, daß sie sich mit ihren verschiedenen Sprachen nicht mehr verstehen konnten. Das andere ist, daß der biblische Erzähler darin Gottes „Sprache" hört. Er hörte darin eine Mahnung, die Grenzen zu beachten, die dem Menschen gesetzt sind: Gott ist im Himmel und der Mensch auf der Erde. Die alte Erzählung sieht in der Verschiedenheit der Sprachen, in der Schwierigkeit menschlicher Kommunikation gleichsam auch einen Schutz davor, daß die Menschen zu hoch greifen in ihrem Planen und Tun, daß sie den Boden der Tatsachen verlassen

Soll also dem irreführenden Eindruck beim Zuhörer vorgebeugt werden, auch der Erzähler heute stelle sich die Entstehung von Sprachen ebenso vor wie der unbekannte damalige Erzähler in der Bibel, dann muß die Nacherzählung dem Zuhörer diese zwei Ebenen deutlich werden lassen: Die alte Geschichte vom Bau eines Turmes, über den sich die Menschen uneins wurden – und die Deutung, die darin Gottes Mahnung versteht.

Sprache – Quelle der Mißverständnisse?

> Der kleine Prinz trifft auf seiner Suche nach Freunden auf den Fuchs. Den fragt er, was er tun müsse, um sich mit ihm vertraut zu machen. „Du mußt sehr geduldig sein", antwortete der Fuchs. „Du setzt dich zuerst ein wenig abseits von mir ins Gras. Ich werde dich verstohlen, so aus dem Augenwinkel anschauen und du wirst nichts sagen. Die Sprache ist die Quelle der Mißverständnisse. Aber jeden Tag wirst du dich ein bißchen näher setzen können …"[185]

Ist es wirklich so: Die Sprache – Quelle der Mißverständnisse? Sollte Sprache nicht eher eine Brücke sein, die Menschen miteinander verbindet und zur gegenseitigen Verständigung führt? Zwischen Baby und Erwachsenen gibt es diese Brücke im eigentlichen Sinne zunächst einmal nicht. Eine Mutter spricht zwar mit ihrem Baby, aber anfangs spielt sich zwischen den Beiden ein eher wortloses Verstehen ein. Es ist ein langer Weg, auf dem sich Kinder Schritt für Schritt mit Sprache vertraut machen und damit sich eindeutiger und unmißverständlicher auszudrücken lernen. Von den ersten Worten bis zum durchgeformten Satz, von den ersten konkreten Benennungen bis zu abstrakten Begriffen braucht es Jahre. So entwickeln Kinder erst allmählich ein Gefühl für richtiges und falsches Sprechen, ehe ihnen dann später auch die Regeln ihrer Sprache bewußt werden.

---

[185] SAINT-EXUPERY, ANTOINE DE: Der kleine Prinz. München: Wilhelm Heyne Verlag 1989 S.93ff

Das Experiment des Kaisers Friedrich

Doch das Hineinwachsen in eine Sprache läßt auch eine Grenze spürbar werden: Andere Menschen sprechen anders. Ich kann sie nicht ohne weiteres verstehen. Will ich diese Sprachbarieren überwinden, muß ich die andere Sprache lernen, doch werde ich sie nur selten so beherrschen wie meine „Mutter"sprache. Wäre es nicht gut, wenn es diese Sprachgrenzen nicht gäbe.

Sollte man nicht eine Universalsprache für alle Menschen entwickeln? Wäre damit die Verständigung zwischen Menschen aus den verschiedenen Völkern und Kulturen nicht sehr erleichtert? Diese Wunschvorstellung stand z.B. hinter der Entwicklung einer Kunstsprache, des Esperanto, die eine Sprache für alle Menschen sein sollte.

Hat es nicht früher eine solche universale Sprache gegeben, die allen Menschen gemeinsam war? Eine alte Legende erzählt davon, wie der Kaiser Friedrich auf der Suche nach der Ursprache der Menschheit ein Experiment mit Findelkindern durchführen ließ. Sie wurden in einem Heim Pflegerinnen anvertraut, die nicht mit den Kindern sprechen, ja auch nicht in Gegenwart der Kinder sprechen sollten. Die Kinder sollten von allein, unbeeinflußt von anderen sprechen lernen. Dann müßte sich doch herausstellen, was für eine Sprache in ihnen selbst steckte. Und das müßte dann doch die Ursprache der Menschheit sein. Nach der Vorstellung des Kaisers sollte die gesuchte Sprache das Hebräische sein, die Sprache, in der die Bibel, das Alte Testament geschrieben war. Gott selbst habe ja so gesprochen: Hebräisch.

Die Legende erzählt vom Fehlschlag dieses Experiments: die Kinder entwickelten keine Sprache, schlimmer noch, sie entwickelten sich überhaupt nicht. Sie kränkelten und manche starben.

Heute weiß man: Natürlich – in diesem sprachlosen, emotional leeren Klima konnten die Kinder sich nicht entwickeln. Was sich an ihnen zeigte, war das Phänomen des Hospitalismus. Kinder in Heimen, denen es an ausreichender Ansprache und emotionaler Zuwendung mangelt, zeigen Verzögerungen und Rückstände in ihrer körperlichen und psychischen Entwicklung. Der Mensch lebt eben nicht vom Brot allein und auch das Baby braucht mehr als nur Nahrung.

Der Turmbau heute

Der Turm von Babel – das ist in der abendländischen Kultur ein wirkungsvolles Symbol für die Getrenntheit der Menschen geworden: Bekannt ist das Gemälde „Turmbau zu Babel" von PIETER BRUEGEL D.Ä. aus dem Jahr 1563, „wiederaufgelegt" in einer modernen Collage, die hinter der Turmruine den dampfenden Kühlturm eines Kernkraftwerks sehen läßt – Sinnbild heutiger technischer Himmelsstürmerei.

So steht der Turm von Babel zugleich für den Ursprung technischer Entwicklung: Stadt- und Turmbau ist Anzeichen eines einschneidenden technischen und zivilisatorischen Fortschritts. Nicht nur wird Ziegel und Mörtel erfunden, nicht nur wird Bautechnik entwickelt. In Stadt und Turm sind auch Wohlstand und Macht repräsentiert.

Abb. 9 Pieter Bruegel d.Ä.: Turmbau zu Babel
Abb. 10 Collage: Turm zu Babel

In unserer Situation hat nun diese alte Geschichte eine überraschende neue Aktualität bekommen: Der Turm, der bis an den Himmel reichen soll, ist ein beredtes Symbol dafür, daß der Mensch seine Grenze nicht mehr akzeptieren, daß er gleichsam den Himmel stürmen will. Der technische Fortschritt gilt ihm als unaufhaltsam. Was technisch möglich ist, wird auch durchgeführt. Gibt es überhaupt noch „Grenzen des Wachstums"? Und sind die Kosten, die mit diesem Wachstum verbunden sind, nicht dabei, ins Unermeßliche zu steigen und unbezahlbar zu werden? Ist die Ausbeutung und Zerstörung der Natur, die damit einhergeht, noch zu verantworten?

Unsere Geschichte begnügt sich nun nicht damit, den technischen Fortschritt zu registrieren. Sie läßt uns auch die andere Seite der Medaille sehen: Fortschritt bringt auch aus- und gegeneinander. Bezahlt wird mit Verlust an Solidarität und Verständnis unter den Menschen. Wer könnte bei dieser Geschichte vorbeisehen an der Tatsache, daß unsere Wachstums- und Fortschrittsgesellschaft eine Kehrseite hat? Die Kehrseite bilden die Milliarden Menschen, die in der sog. Dritten Welt davon ausgeschlossen bleiben. Hierher gehört auch die Widersprüchlichkeit zwischen Ökologie und Ökonomie, zwischen der Erhaltung der Natur und der Weiterentwicklung der industriellen Gesellschaft, die uns heute immer unübersehbarer zu Bewußtsein kommt. Die Kehrseite bildet die immer realer werdende Gefahr, daß mit dem technischen Fortschritt und dem industriellen Wachstum die natürlichen Lebensgrundlagen der Menschheit – Boden, Wasser, Luft, Natur – gefährdet werden.

So mahnt unsere Geschichte die Grenzen an, die menschlichem Tun gesetzt sind. Das erste technische Großwerk in der biblischen Geschichte – es bleibt eine unvollendete Ruine!

<table>
<tr><td>

**D. Überlegungen
zum Verständnis
der Kinder**

</td><td>

„Stein auf Stein ... "

Ein Bilderbuch über die Geschichte vom Turmbau zu Babel[186] beginnt mit einer Bildseite, auf der zwei Kinder einträchtig einen Turm bauen: Sie setzen einen Stein auf den

</td></tr>
</table>

anderen. Immer höher wird der Turm. Und wenn der Turm zu hoch wird?

Das gibt dem König, der im Vorbeireiten die Kinder beim Bauen beobachtet, eine Idee: „Wir wollen einen hohen Turm bauen, der bis an den Himmel reicht." Und so kommt es dann zum Turmbau von Babel ...

Wer das spielerische Bauen von Kindern beobachtet, wird sehen, welchen Anreiz es für sie darstellt, ihre Kräfte auszuprobieren, Erfahrungen zu machen mit der Eignung von Materialien, mit dem Gleichgewicht, mit der Statik eines Bauwerks, aber auch mit der eigenen Ausdauer bei einer Arbeit. Welche Befriedigung, einen hohen Turm aufgeführt zu haben, womöglich einen, der höher als die anderen Türme alles überragt. Welcher Jammer und Ärger, wenn der Turm nicht hält, wenn er einstürzt, bevor er die Höhe erreichte, die man eigentlich im Sinn hatte. Aber auch welche unermüdliche Geduld, immer wieder von neuem mit dem Bau zu beginnen ungeachtet der vielen Einstürze. Kinder machen dabei zugleich Erfahrungen mit Zusammenarbeit und Arbeitsteilung, aber auch mit Konkurrenz und Gegeneinander. Nicht nur Freude und Bewunderung ist es, die man dem Werk eines Anderen zuwendet – nein auch Neid und Zerstörungssucht können sich melden. Und welcher Ärger, welche Wut, wenn andere einem den Turm zerstören! Man verspürt in sich die Lust, es dem Übeltäter mit gleicher Münze heimzuzahlen!

Nicht nur mit der „Arbeit", auch mit der Sprache, dem anderen Thema unserer alten Geschichte haben Kinder ihre vielfältigen Erlebnisse. Bei unserer heutigen Mobilität können die Kinder eine Erfahrung schon relativ früh machen: daß Menschen in anderen Ländern verschiedene Sprachen sprechen und daß man die frem-

---

186 KASUYA, MASAHIRO: Der große Turm. Hamburg: Friedrich Wittig Verlag 1977

de Sprache nicht verstehen kann. Freilich auch im eigenen Land, in ihrer unmittelbaren Umgebung schon können sie das erleben. Aber auch mit der eigenen Sprache machen sie verschiedene Erfahrungen: daß man sich mit Sprache verständigen kann, aber auch, daß Sprache nicht zu einem gegenseitigen Verständnis führt, ja zuweilen gar nicht führen soll. Eine Geheimsprache entwickeln, sich mit Zeichensprache verständigen, mit Worten spielen, neue Worte erfinden – das alles kann faszinieren. Man kann sich mit Worten Liebes sagen, man kann sich mit ihnen aber auch wehren. Worte können verletzen, kränken. Man kann noch so viel Worte gebrauchen und doch wird man nicht verstanden. Solche Erfahrungen sind z.B. in dem Bändchen „Wenn ich der liebe Gott wäre ...“[187] angesprochen:

> „Wenn ich der liebe Gott wäre, dann würde ich eine Sprache machen, für alle Menschen. Ich glaube, alles was schlecht ist, kommt davon, daß die Menschen sich nicht verstehen. Die Völker sprechen verschiedene Sprachen, sogar im Land gibt es Unterschiede. Wenn da einer aus Bayern kommt, vielleicht an das Meer, dann verstehen die sich nicht, oder schlecht. Das würde ich ändern.“ Corinna

> „Wenn ich der liebe Gott wäre, würde ich das Fernsehen zerstören, damit die Menschen wieder miteinander reden ...“ Karsten

Der Sprachgeist Küslübürtün des Franz Fühmann

Solche widersprüchlichen Erfahrungen mit menschlicher Kommunikation, die schon Kindern zugänglich sind, macht der verstorbene DDR-Autor FRANZ FÜHMANN zum Thema. Er läßt in einem Buch[188], in dem er mit seinen kindlichen Lesern über die Sprache philosophiert, einen „Experten“ für Sprache, den Geist Küslübürtün auftreten. Der erzählt den Kindern von Dichtern, die sich mit Sprache ausgedrückt, und von Philosophen, die über Sprache nachgedacht haben, von der Entstehung der Sprache und den Zusammenhängen der Weltsprachen. Er vergnügt sich mit ihnen an Sprachspielen und Rätseln. Und dazwischen erzählt er ihnen auch die alte Geschichte vom Turm zu Babel. Das Besondere daran ist: Fühmann verstand sich selbst als einen überzeugten Atheisten. Und als Zuhörer und Leser seiner Geschichten hat er Kinder im Auge, die fern von kirchlicher Überlieferung aufgewachsen sind und denen weithin Kenntnisse über Bibel und Christentumsgeschichte fehlen.
Darum beginnt Küslübürtün auch so:

> „Ich glaube, ich muß euch erst einmal erzählen, was die Bibel ist. Ihr habt da wahrscheinlich falsche Vorstellungen, und besonders vom ersten Teil, dem Alten Testament. Das ist ein wunderbares Buch, das jeder kennen sollte, auch der nicht an Gott glaubt ...“

Und dann erklärt Küslübürtün seinen Zuhörern, was für eine Geschichte die Erzählung vom Turm zu Babel ist:

---

187 HAGENMEIER, HEIKE: Wenn ich der liebe Gott wäre. Gütersloh 1981 (ohne Seitenzählung)
188 Die dampfenden Hälse der Pferde im Turm von Babel. Ein Spielbuch in Sachen Sprache. Berlin: Der Kinderbuch-Verlag 1996 (1. Auflage: Berlin – DDR 1978!)

„Eine Mythe vermag auf phantastische Weise bestimmte Dinge zu erklären, die der Mensch anders nie völlig aufklären kann. Das sind vor allem Fragen nach dem Ursprung von etwas: Woher kommt das Böse, woher die Sehnsucht, woher der Mensch, woher die Welt? So fragt man auch nach dem Ursprung der Sprache und dann nach dem Ursprung der Sprachzersplitterung: Warum reden die Menschen, und warum reden sie in verschiedenen Zungen? Wäre es nicht besser, sie hätten alle nur eine Sprache und jeder könnte jeden verstehen?"...

„Und woher kommt nun die Sprache?" fragte Emmanuel.

„Na, vom Turm von Babel doch", sagte Gabi wichtig, „dort hat sie der Turmwächter ausgedacht, weil es ihm immer so langweilig war."

„Dummheit", erwiderte Monica, „wie hätten die Menschen denn einen Turm bauen können, ohne vorher miteinander zu sprechen! Die hätten doch nie gewußt, daß das ein Turm werden soll. Irgendeinen Plan mußten die vorher doch machen – wie wollten sie sonst die Steine passend behauen? Und überhaupt: Die konnten doch nicht einfach zusammenkommen und jeder hatte von sich aus die Idee: Jetzt bauen wir aber mal einen Turm!"

Daran schließt sich eine lebhafte Debatte unter den Kindern an, ob und wie Sprache notwendig ist, um zusammenzuarbeiten, ob dazu auch eine Zeichensprache ausreichen könne; ob Gedanken eine Sprache brauchen, um gedacht zu werden und ob nur Menschen sprechen können.
Küslübürtün erzählt dazu, wie sich die Wissenschaft die Entstehung des Menschen denkt:

„Ein Erbsprung, und eine neue Art mit besonderen Anlagen war da: der Mensch! Zu diesen besonderen Anlagen gehören vor allem drei: die Fähigkeit zur Arbeit, die Fähigkeit zum Denken und die Fähigkeit zur Sprache, und diese Dreiheit ist im Grunde genommen eine Einheit, denn sie ist das Menschsein ... Unsere Mythe berichtet nicht vom Ursprung der Sprache, sondern vom Ursprung der Sprachentrennung. Vom Ursprung der Sprache sagt die Bibel nur, daß Gott Jahwe die Menschen sprechen gelehrt hat."

„Wissenschaftlich ist das natürlich kompletter Unsinn", sprach Monica (in der FÜHMANN die naive Wissenschaftsgläubigkeit, die zur Ideologie in der DDR gehörte, ironisiert).

Nach diesem ganzen Hin und Her liest Küslübürtün den Kindern die Babel-Geschichte aus der Bibel vor. Wieder entbrennt eine lebhafte Diskussion unter den Kindern.

„Mensch", sagte Emmanuel, „ich begreife was: Mit der Arbeit ist die Sprache geschaffen worden, und durch die Arbeit wurde sie auch verwirrt."

„Und eben das", sagte Küslübürtün, „daß die Arbeit sowohl eint wie auch trennt, ist einer der großen Widersprüche des menschlichen Lebens ... Ich wußte, daß ihr draufkommen würdet. Erwachsene bemerken so was viel schwerer ... Die Arbeit vereint und macht mächtig – also ist sie ein Segen. Die Arbeit entzweit und sondert – also ist sie ein Fluch. Das ist ein tiefer Widerspruch, doch ohne ihn gäbe es keinen Fortschritt."

„Und das steht alles in der Bibel?"

„Der Denkende liest es darin", sagte Küslübürtün. „... Die Arbeit hat den Menschen auseinandergebracht und nur die Arbeit kann sie wieder vereinen. ... Das ist die Möglichkeit des Menschen, und ich glaube an sie. Dann werden, in ferner Zukunft, vielleicht auch die Sprachen zu einer verschmelzen, doch selbst wenn dies niemals geschehen sollte, werden die Völker auch mit verschiedenen Wörtern und Worten insgesamt eine Sprache sprechen: die des Menschen in freier Menschlichkeit!"

„In den alten Büchern steckt wirklich viel", meinte Emmanuel.[189]

FRANZ FÜHMANN zeigt hier einerseits ein feines Gespür dafür, wie ernsthaft und intensiv sich Kinder mit Grundfragen des Menschseins auseinanderzusetzen vermögen. Andererseits beeindruckt an ihm, daß er viel von seinen Lesern erwartet und sie ernstnimmt, indem er ihnen handfeste Gedankenarbeit zumutet.

| E. Ideen zum Erzählen | Unsere Geschichte weist – wie gesagt – zwei Ebenen auf: die der Handlung und die der theologischen Deutung.[190] So ist zunächst wichtig, daß wir unsere Erzählung als eine alte Geschichte einführen, die in der Sprache einer Sage uns über die Frage nachdenken lassen will: Wie |

kommt es, daß die Menschen so verschieden sind? Daß sie verschiedene Sprachen sprechen? Sodann aber will uns die Geschichte auf einer anderen Ebene etwas sagen darüber, wie wir Menschen mit Gott dran sind und welche Hoffnung auf ein neues Verständnis untereinander wir haben dürfen:
Die Geschichte vom Turmbau könnte demnach so eingeleitet werden:

> Wie kommt es, daß Menschen verschieden sind: Schwarze, Weiße, Rote, Gelbe? Daß es verschiedene Völker gibt: Deutsche, Türken, Bosnier, Polen, Franzosen, Afrikaner? Daß sie verschiedene Sprachen haben? Und daß man früher anders gesprochen hat als heute? Darüber forschen nicht nur heute Wissenschaftler, darüber haben sich schon immer die Menschen Gedanken gemacht und in Geschichten davon erzählt. Hatten die Menschen im Anfang nur eine Sprache? Und welche Sprache war das wohl? Aber wie kam es dann, daß es jetzt so viele verschiedene Sprachen gibt? Und daß es so schwer ist, die Leute aus einem anderen Volk zu verstehen? Daß man solche Mühe hat, eine fremde Sprache zu lernen?

> Eine solche Geschichte finden wir in der Bibel: Die Geschichte vom Turm von Babel. Der diese Geschichte aufgebracht hat, hat sich vorgestellt: Vor langer Zeit gab es auf der ganzen Welt nur eine Sprache: Die Menschen lebten zusammen und verstanden sich. Sie zogen nach Osten und fanden ein fruchtbares Land, die Ebene zwischen zwei großen Flüssen, Euphrat und Tigris – die gibt es heute noch. Dort blieben sie wohnen. Und dort erfanden sie etwas ganz Wichtiges: Wie man Ziegelsteine brennt. Nun mußten sie nicht mehr in Zelten leben, nun brauchten sie nicht mehr mühsam Steine zu suchen für ihre Häuser, jetzt konnten sie Häuser bauen in Menge, Mauern und Tore: eine ganze Stadt. Und noch anderes, z.B. einen hohen Turm.

---

[189] FRANZ FÜHMANN a.a.O. S.100–109
[190] s. oben S.136

142

Und so sagten sie: Auf, wir wollen Ziegel formen und brennen! Wir wollen Mörtel herstellen! Laßt uns eine Stadt bauen und einen Turm. Der soll bis an den Himmel reichen. So hoch soll er werden! In der Stadt können wir zusammenbleiben. Dort haben wir Schutz. Niemand kann uns vertreiben. Und den Turm, den kann man weithin sehen. Dann wird man denken: Das sind Leute! Die können etwas! Die haben es gut!

Und so machten sich die Menschen an die Arbeit …

Doch merkwürdig: Es war doch ihr gemeinsamer Plan – die Stadt, der Turm. Sie waren sich doch darin eins gewesen. Aber jetzt: Es war wie ein Wirrwarr. Jeder werkelte vor sich hin, wie er es dachte – und dann paßte es nicht zusammen. Was der eine aufgebaut hatte, riß der andere wieder ein. Es ging vorne und hinten nicht voran mit dem großen Bau. Sie schimpften und schrien sich an: Keiner verstand den anderen mehr. Die Arbeit, die sie zusammengebracht hatte, sie brachte sie je länger, je mehr auseinander. Es war, wie wenn die Menschen nicht mehr die gleiche Sprache sprächen – ja und dann sprachen sie auch wirklich nicht mehr die gleiche Sprache.

Schließlich gerieten sie so gegeneinander, daß sie aufhören mußten mit dem Bau von Stadt und Turm. Daß sie auseinander liefen – die einen hierhin, die anderen dahin – und sich in alle Welt zerstreuten. Nur Ruinen blieben von der Stadt übrig: Du kannst sie noch heute sehen. Babel hieß die Stadt – das heißt: Wirrwarr.

Warum diese Geschichte in die Bibel gekommen ist? Der das erste Buch in der Bibel geschrieben hat, der hat sich über diese alte Sage seine eigenen Gedanken gemacht. Vielleicht hat er gedacht: Kein Wunder, daß das nicht gut ging mit dem Bau. Bis an den Himmel sollte der Turm reichen? Gott ist im Himmel und der Mensch auf der Erde. Da wollten die aber zu hoch hinaus. Wo sollte das einmal enden? Wollten die zeigen, daß es für die Menschen und ihr Tun keine Grenze gibt, daß der Mensch alles kann, was er sich ausdenkt? Auch wenn die Menschen viel können, man muß doch dabei auf dem Teppich bleiben. Man muß sich zuvor ausrechnen, was geht und was nicht. Was sich bezahlen läßt und was nicht. Was sich lohnt und was nicht.

Und dann hat er vielleicht gedacht: Mir ist, als wenn in dieser Geschichte eine Warnung verborgen ist, eine Warnung, mit der Gott uns Menschen vor Übermut und Unvernunft bewahren möchte. Mit der er uns an unsere Grenzen erinnern will. Daß die Menschen auseinander sind, auf verschiedenen Kontinenten leben, verschieden sind in Sprache, Schrift, Musik, Kultur, Religion – das hindert sie, sich zu Großes vorzunehmen. Was die einen wollen, wollen die anderen gerade nicht. Zu verschieden sind sie. Ja, mag unser Bibelschriftsteller gedacht haben: Und das ist gut so. So will es Gott. Gott ist Gott und der Mensch ist Mensch. Was Menschen tun, hat seine Grenze: Sie dürfen nicht alles. Ein Mensch muß bei allem seinem Tun Rücksicht nehmen, Rücksicht auf den Menschen neben ihm und auf die Natur um ihn herum. …

Und dann hat er erzählt: Wenn Gott das sehen würde, diesen Turm, er müßte herabfahren vom Himmel, so klein, so winzig ist das, was die Menschen da machen. Ein Volk und eine Sprache sind sie jetzt, so würde er sagen. Eins sind sie – noch. Das ist nur der Anfang ihres Tuns. Gleich was wir planen, nichts wird uns mehr unmöglich sein, so denken sie. – Aber das bleibt nicht so. Ein Wirrwarr wird sich unter ihnen breitmachen. Keiner wird den anderen verstehen. Die Sprache des einen wird für den anderen fremd sein. Sie werden auseinanderlaufen und in alle Länder zerstreut werden. Wie es denn auch wirklich geschah.

Und hier eine Überleitung zur Pfingsterzählung:

> Ist das alles? Muß es so mit den Menschen gehen? Lukas, der uns von Jesus erzählt, hat uns auch eine Geschichte aufgeschrieben, die handelt davon, daß Menschen sich verstehen und zueinander finden können, auch wenn sie verschiedenen Völkern angehören und verschiedene Sprachen sprechen. Er vertraute darauf, daß Gottes guter Geist Menschen zusammenbringt:

> Und dann erzählte Lukas: Wenn die Jünger später daran dachten, wie ihnen zumute war, als sie merkten: Gott ist mit seinem Geist bei uns, – dann fingen sie an zu „malen": Wie Feuer brannte es in uns, wie Feuerflammen, die sich auf uns niederließen und uns doch nicht verbrannten, – so sagten sie. Wie Sturm war es, der uns nicht ruhig sitzen ließ, sondern uns antrieb.

> Und so erzählt Lukas davon weiter: …

Aus der Pfingstgeschichte (Apostelgeschichte 2) muß eine Auswahl getroffen werden: V.1–17. 22–24. 33. 37f.41f.[191]. Entscheidend ist, daß in der Nacherzählung das Wunder an der richtigen Stelle gesehen wird: Nicht in den Bildelementen von Sturmbrausen und Feuerflammen und nicht in den merkwürdigen Sprachfähigkeiten der Jünger, sondern in der Verbundenheit und dem neuen Verständnis, das da unter Menschen um sich greift, wo Gottes Geist sie erfüllt. Der Volksmund spricht davon, daß Liebe blind machen kann. Gottes Liebe macht sehend, sodaß Menschen einander wieder verstehen können.

9.2 Brot für alle – Die wunderbare Speisung der Fünftausend: Markus 6,30–44

A. Einführung in den Bibeltext

Von der Speisung der Fünftausend erzählen alle vier Evangelien: Mattäus 14,13–21; Markus 6,30–44; Lukas 9,10–17; Johannes 6,1–13 – darüber hinaus noch einmal Mattäus 15,32–39 und Markus 8,1–9. Wir sehen daran: Das war den Evangelienverfassern eine wichtige Geschichte. In diesen Zusammenhang gehören in gewisser Weise auch die Abendmahlserzählungen: Markus 14,17–26; Mattäus 26,20–30; Lukas 22,14–22 sowie die nachösterliche Abendmahlsgeschichte von den Emmausjüngern: Lukas 24,30–31. Aber auch sonst taucht das Motiv einer wunderbaren Speisung häufig in der Bibel auf – zum Beispiel:

2.Mose 16: Die wunderbare Speisung des Volkes Israel in der Wüste: Manna und Wachteln;

1.Könige 17: Der Profet Elija wird wunderbar in der Hungersnot gespeist: der unerschöpfliche Ölkrug und Mehltopf der Witwe von Zarpat;

---

[191] Die Petrusrede ist natürlich nicht die gleichsam „stenografische" Wiedergabe einer vom Apostel gehaltenen Ansprache. Mit ihr überliefert uns Lukas, wie zu seiner Zeit, also eine Generation nach Jesus, in der Gemeinde gepredigt wurde. Dies gibt dem heutigen Erzähler die Freiheit, hier in seinen eigenen Worten davon zu reden, was ihm an der Botschaft von Christus wichtig ist.

2.Könige 4,42–44: Der Profet Elisa speist viele mit zwanzig Broten.

Schließlich Psalm 23: Der gute Hirte – besonders die Verse 1 und 5.

Elemente aus diesen vielen Speisungsgeschichten, ihre Bilder und Symbole hat der Evangelist Markus verwendet, um seine Speisungserzählung damit auszugestalten:

- Der *Hirte* und die Schafe
- Die *Wüste* („Es ist *öde* hier" – diese Bemerkung der Jünger meint die Wüste)
- Fünf *Brote* und zwei *Fische* – das sind *sieben*: als heilige Zahl das Abbild Gottes. Gott selbst bietet sich also als Nahrung an.
- *Fisch* – das entsprechende griechische Wort Ιχθυς (= Ichthys = Fisch) ist ein altes symbolhaftes Christusbekenntnis, dessen Anfangsbuchstaben man in diesem Wort wiederfand: Jesus **Ch**ristus – Gottes Sohn – Heiland.
- Die *zwölf* Körbe Brotreste

Während bei uns das „äußere" Wunder der Speisung übermäßig im Vordergrund steht (schon die übliche Überschrift verleitet dazu: „Speisung der Fünftausend") , wird tatsächlich von *zwei* Wundern erzählt.

Da ist als erstes das Wunder der *Lehre*, mit der Jesus, der gute Hirte, orientierungslose Menschen, die wie verirrte Schafe sind, wieder aufrichtet:

Und Jesus stieg aus und sah die große Menge; und sie jammerten ihn, denn sie waren wie Schafe, die keinen Hirten haben. Und er fing eine lange Predigt an. (Markus 6,34)

Mit seiner „Predigt", die wir uns sehr anders vorstellen müssen als die sonntägliche Rede eines Pastors im Gottesdienst, hilft Jesus dieser Not der Menge, ihrer Orientierungslosigkeit ab. Was Luther mit „Predigt" übersetzt hat, ist eine Art „Unterricht", Schule, wie sie für jeden von uns nötig war als Einführung in das Leben.

Und dann das Wunder der *Speisung*:

Und sie aßen alle und wurden satt. Und sie sammelten die Brocken auf, zwölf Körbe voll, und von den Fischen. (Markus 6,42f)

Die biblische Erzählung befriedigt dabei nicht die Neugier eines Lesers, der den genauen Hergang des Speisungswunders wissen möchte. So erfahren wir nicht, wann wir uns denn den Augenblick des Wunders genauer zu denken haben[192]. Geschieht es, als Jesus das Tischgebet spricht? Oder als die Jünger Brot und Fisch austeilen? Oder erst als die Leute davon essen und satt werden? Das bleibt für den Leser in der Schwebe, als wenn Markus am äußeren Hergang des Geschehens kein besonderes Interesse gehabt hätte.

Was den Hunger der Menschen angeht, den zu stillen brauchte es im Grunde ja auch kein Wunder. Das ließe sich auch mit anderen Maßnahmen bewerkstelligen.

---

[192] Das ist ähnlich wie bei der Heilung des blinden Bartimäus Markus 10,46–52. S. Kap.2.2A S.22

Dazu machen die Jünger denn auch ihren Vorschlag: Die Menschen sollen in die umliegenden Dörfer gehen und dort Lebensmittel für sich einkaufen. So muß es sich bei dieser Speisungsgeschichte noch um anderes handeln. Dieses Andere beschreibt eine alte Anekdote so:

> Ein Bischof in den ersten Zeiten der Kirche wurde von einem zweifelnden Zeitgenossen zu unserer Geschichte skeptisch gefragt: Wie konnten die fünf Brote für so viele auslangen? Das ist doch unmöglich! – Darauf gab ihm der Bischof zur Antwort: Du wirst dich wundern – aber davon essen *wir noch heute* (nämlich beim Abendmahl)!

B. Wie Kinderbibeln erzählen	Bei dieser Geschichte ist es von besonderem Gewicht, wie der Erzähler ihren Schluß gestaltet. Das zeigt sich gerade, wenn man gegenüberstellt, wie einige Kinderbibeln diese Geschichte abschließen:

ENID BLYTON	JÖRG ZINK	WILHELM BENEKER
… Dann ließ er die Leute sich in kleinen Gruppen niedersetzen und er nahm die Brote aus dem Korb, sah zum Himmel auf und segnete das Brot. Er teilte auch die kleinen Fische aus und rief seine Jünger, damit sie das Essen holten. Sie kamen einer nach dem anderen herbei, und *zur großen Überraschung des kleinen Jungen* gab es so viel, daß die Jünger jedem in der großen Menge, die so geduldig auf dem Berghang saß, etwas geben konnten. Der kleine Junge bekam auch etwas und er saß mit leuchtenden Augen da und dachte daran, wie er die Fische gefangen hatte, die alle nun aßen, und wie seine Mutter das Brot gebacken hatte. „Ich gab sie Jesus, und er nahm sie und wirkte ein Wunder mit ihnen", dachte er immerzu. „Oh, was wird Mutter sagen, wenn sie diese wunderbare Sache hört! Das ist der größte Tag meines Lebens!"	… Und als sie alle zu ihm hinschauten und nicht wußten, was das bedeuten sollte, nahm er die fünf Brote, eins nach dem anderen, in die Hand und auch die Fische, sah auf zum Himmel und betete: „Vater, segne diese Brote und Fische und mach uns satt. Wir danken dir." Dann brach er die Brote in kleine Stücke und gab sie den Jüngern, und die gaben sie weiter an die Leute. Auch die Fische teilte er in kleinen Stükken aus. Da geschah etwas, was sie sich alle nicht erklären konnten. Am Ende standen sie auf und sagten: „Jetzt haben wir so wenig gegessen und sind doch satt! Wie ist das möglich?" fragten die Leute und redeten aufgeregt durcheinander.	… Als sich das Volk gelagert hatte, da geschah ein großes *Zeichen*. Ein Wunder geschah. Jesus nahm das Brot in die Hände. Er sah auf zu Gott. Er dankte. Dann brach er das Brot und gab es den Jüngern. Die Jünger aber brachten es dem Volk. Und Jesus nahm die Fische. Er teilte sie und gab sie den Jüngern. Die Jünger verteilten sie. Sie alle aßen, und sie wurden satt. Es waren aber fünftausend Menschen, die gespeist wurden. Und Jesus sprach zu seinen Jüngern: „Sammelt ein, was übrig ist von den fünf Broten. Es soll nichts verderben!" Und die Jünger sammelten die Brocken ein, die übrig geblieben waren. Es waren zwölf Körbe voll Brot. Es hatte für alle gereicht – und es reicht für alle.

ENID BLYTON setzt den Gedanken des Jungen, der Augenzeuge der Speisung ist, an das Ende der Geschichte: „Das ist der größte Tag meines Lebens!" Damit steht der Junge – in Wirklichkeit eine Randfigur in der Originalgeschichte bei Johannes – im Rampenlicht.[193]

„Jetzt haben wir *so wenig* gegessen und sind doch satt! Wie ist das möglich?" fragten die Leute und redeten aufgeregt durcheinander – so die Nacherzählung von JÖRG ZINK. Die originale Erzählung dagegen erweckt doch eher das Bild, daß die Menschen mit einer *Überfülle* von Nahrung gesättigt wurden, so viel eben, daß noch eine unerwartete Menge an Resten übrigblieb: die zwölf Körbe Brocken, die J.ZINK am Schluß seiner Erzählung „vergessen" hat. Stattdessen verleiht er der zweifelnden Frage: „Wie ist das möglich?" besonderes Gewicht. Das Wunder verlangt nach Erklärung. Darauf geht denn ZINK auch sehr ausführlich in seiner anschließenden Rahmenerzählung ein: Dort unterhalten sich die Handlungsfiguren, der kleine David und sein väterlicher Freund, der Fischer Raffael, des längeren darüber, wie man sich denn dieses Wunder erklären könne.[194]

WILHELM BENEKER bleibt bei der ursprünglichen Geschichte – wie diese läßt er seine Nacherzählung mit der Feststellung enden: „Und die Jünger sammelten die Brocken ein, die übrig geblieben waren. Es waren zwölf Körbe voll Brot." Das Bild dieser paradiesischen Überfülle gehört unabdingbar zu der Geschichte hinzu. Dem fügt BENEKER verstärkend hinzu: „Es *hatte* für alle *gereicht* – und es *reicht* für alle." Auf diese Weise zieht er die Linie von dieser Geschichte „damals" (Vergangenheit: es *hatte gereicht*) bis zu uns heute (Gegenwart: es *reicht*) durch.

Nicht nur der *erste* Satz, der eine Erzählung eröffnet, sondern auch der *letzte*, der sie schließt, ist also von Bedeutung. Die Geschichte erhält eine unterschiedliche Tendenz je nachdem, ob es am Schluß heißt:

Das ist der größte Tag meines Lebens!

Wie ist das möglich?

Es hatte für alle gereicht – und es reicht für alle.

An diesen Beispielen wird deutlich, daß damit – die Aufmerksamkeit des Zuhörers jeweils auf sehr verschiedene Dinge gelenkt wird.

C. Impulse zum eigenen Verständnis	*Brot für die ganze Welt*

Erwachsene Erzähler mögen selbst zunächst einmal Probleme mit dem Wunderhaften in der Geschichte haben.

Auch hier ist es wichtig, diese Geschichte nicht als einen Tatsachenbericht mißzuverstehen, der von einem einmaligen, in weiter Vergangenheit zurückliegenden, erstaunlichen Ereignis Bericht geben soll. Man muß vielmehr die *symbolische Dimension* unserer Erzählung angemessen erfassen, um dem Erzählten gerecht zu werden[195]. Im Grunde ist nicht von einer begrenzten Anzahl von fünftausend Menschen („ohne die Frauen und Kinder" – wie Mattäus

---

[193] s. Kap.3.4 S.30ff.
[194] J.ZINK S.68f
[195] S. dazu Kap.3.8 S.41ff.

hinzufügt) die Rede, sondern mit ihnen von der *ganzen Welt*. Ihr ist dieses Wunder zugedacht: Denn zwölf Körbe sind übriggeblieben – für jeden Apostel einer. Damit können die Jünger in alle Welt hinausgehen und den Menschen das Brot des Lebens bringen. Sie setzen damit das fort, was sie schon in dieser Geschichte tun: auch da sind sie an dem Wunder der Speisung aktiv beteiligt, empfangen Brot und Fisch aus den Händen Jesu und teilen es aus und sättigen die Menschen. Deshalb konnte der Bischof mit Recht sagen: „Du wirst dich wundern – aber davon essen wir noch heute."

Wichtig ist auch, daß in unserem Verständnis *das andere Wunder* nicht zu kurz kommt: das Wunder, daß Jesus mit seinem „Unterricht", seiner „Lehre" Menschen Orientierung gibt, so daß sie nicht mehr „wie Schafe sein müssen, die keinen Hirten haben". Was brauchen Menschen zum Leben? Nur Brot und Fisch? Nein – „Der Mensch lebt nicht vom Brot allein, sondern von einem jeden Wort, das aus dem Mund Gottes geht."[196] – auch dafür steht diese Erzählung. Worte Jesu können Wunder wirken, z.B. das Wunder, daß unser Leben wieder Richtung, Ziel, Sinn und Orientierung bekommt.

| D. Überlegungen zum Verständnis der Kinder | Eine solche Geschichte spricht natürlich Erfahrungen an, die mit Hunger und Sattsein verbunden sind. Solche Erfahrungen sind in ihrer Grundstimmung geprägt von der Weise, wie die sog. „orale" Phase erlebt wurde, also jene |

Phase der seelischen Entwicklung des Säuglings, in der er sozusagen „mit dem *Mund* lebt und liebt", in der das Stillen und Gefüttertwerden in den kurzen Perioden seines Wachseins den größten Teil des Kontaktes zur Mutter ausmacht. Wurde man z.B. in seinem Hunger wirklich „gestillt" oder mußte man sich oftmals noch mit einem Resthunger im Bauch herumquälen, konnte Essen Genuß und Vergnügen sein oder wurde es wie strenge Diät und Medizin verabreicht? Unsere biblische Geschichte malt dazu eine paradiesische Welt vor uns hin: Essen in Hülle und Fülle.[197]

Hunger und Sattwerden – für Kinder ist dabei die Ungleichheit der Lebens- und Nahrungsbedingungen auf der Welt noch nicht zu einem Faktum geworden, das man, ohne sich ein Gewissen daraus zu machen, als Selbstverständlichkeit hinnimmt. Sie können fragen: Warum müssen die Kinder hungern? Warum gehöre ich zu denen, die es besser haben? Bin ich besser als sie? Eine Frage, die dann auch so gewendet werden kann: Warum läßt Gott es zu, daß so viele (ver)hungern in der Welt?

„Jeden Morgen, noch warm, erwartet es mich auf dem Tisch. Meine Großmutter bereitete das Frühstück vor. Für uns alle im Haus. Wir setzen uns an den Tisch. Ich habe immer die Großmutter angeschaut, wie sie vor dem Essen gebetet hat. Ihre Bewegungen waren immer die gleichen. Sie beugte den Kopf, faltete die Hände und murmelte etwas ganz leise. Als ich sie fragte, was sie da tue, sagte sie, sie würde Gott für das Brot und die Gaben danken.

---

[196] Mattäus 4,4
[197] Märchen wie das vom „Tischchendeckdich" und vom" süßen Brei" (BRÜDER GRIMM Nr. 36 und 103) leben von solchen Wünschen, Essen anstrengungslos und in paradiesischer Fülle zur Verfügung zu haben.

Mir war niemals klar, wo Gott sich befindet und warum es sich um Gaben handelt, wo wir das Brot doch jeden Tag im Geschäft kaufen.

Nun weiß ich mehr darüber.

Meine Großmutter ist nicht mehr bei uns. Morgens bereite ich selber das Frühstück vor. Ich bete nicht, aber ich erinnere mich immer an die Großmutter. Ich sage nichts laut, aber in meinen Ohren hallt ein Amen! Ich schaue mir das Brot an und schneide es … Ich mache mir ein Butterbrot und esse es. …

So ist es jeden Morgen. Und ich danke Gott, aber im stillen, denn ich bin es noch nicht anders gewöhnt."

Maja Posavac, 5.Klasse[198]

| E. Ideen zum Erzählen | In der Nacherzählung sollte man also beide Seiten der Erzählung (s.o. S.145f.) ins Spiel bringen: die „Wort"-Seite *und* die „Brot"-Seite. |

Und Jesus sah die große Menge; und sie jammerten ihn, denn sie waren wie Schafe, die keinen Hirten haben. Und er fing eine lange Predigt an. (Markus 6,34)

Jesus hatte gute Worte. Und wenn er zu den Menschen sprach, ihnen Geschichten erzählte, ihnen zeigte, was gut ist, ihnen zeigte, wie Gott ist, dann wurde die Welt anders für sie, dann wurde es wieder hell und freundlich. Dann erlebten die Menschen bei Jesus Wunder:

Menschen, die traurig waren, fanden Trost und konnten ihre Tränen abwischen.

Menschen, die keine Hoffnung hatten, bekamen wieder Mut,

Menschen, die nicht mehr aus noch ein wußten, sahen wieder einen Weg vor sich,

Menschen, die nicht wußten, was sie tun sollten, sahen wieder, was notwendig war. …

Das fanden Menschen bei Jesus. Darum hörten sie ihm zu. Eines Abends …

Bei dieser Geschichte ist, wie wir gesehen haben – der Schluß wichtig:

… Es war wie im Paradies: Brot blieb übrig in Hülle und Fülle. Zwölf Körbe brachten die Jünger zusammen an Brot, für jeden Jünger einen Korb. Den konnte er mitnehmen in die weite Welt und Menschen zu essen geben, die er auf seinem Weg traf.

Und so ist es noch heute: Wo Christen mit Jesus sind, da haben sie Brot für die anderen, Brot für die Hungrigen, Brot für die Welt. Weihnachten z.B. denken sie ganz besonders daran, daß Jesus Brot für alle gegeben hat. Und darum geben auch sie ab von ihrer Fülle: Brot für die Welt. …

---

[198] Eine jugoslawische Schülerin in: SCHÄFFER, KLAUS: Wir werden wieder glücklich sein, und alles war ein schlimmer Traum. Kinder im Krieg – Bilder und Texte. Verlag Herder: Freiburg 1994 S. 33

149

10. Auszug und Befreiung

Wo ich gehe, wo ich stehe,
bist du, Gott, bei mir.
Wenn ich dich auch niemals sehe,
weiß ich sicher: Du bist hier.

So heißt es in einem Lied für Kinder[199]. Hier sind zwei Geschichten ausgewählt, die davon erzählen, wie Menschen sich auf den Weg machen. Sie verlassen die Geborgenheit des Zuhause und gehen mit Angst und Erwartung in die Ungewißheit der Zukunft hinein. Das ist ein Weg, der in kleinen und größeren Schritten auch den Kindern aufgegeben ist und auf dem auch sie ihre Erfahrungen mit Angst und Erwartung machen. Zugleich erzählen die beiden biblischen Geschichten auch von der verborgenen Anwesenheit Gottes, der „mitgeht": „Wenn ich dich auch niemals sehe, weiß ich sicher: Du bist hier."

10.1 In der Fremde und doch geborgen – Jakobs Traum: 1.Mose 28, 10–22

A. Einführung
in den
Bibeltext

Die Erzählungen über Jakob (1.Mose 25,21– 50,14) füllen die zweite Hälfte des 1.Mosebuches aus. Jakob ist jüngerer Zwillingsbruder von Esau und Lieblingssohn seiner Mutter Rebekka. Der erste Teil seiner Geschichte steht im Schatten der Rivalität mit seinem Bruder: Für das (zum Sprichwort gewordene) Linsengericht erkauft er sich von Esau das Privileg der Stellung eines Erstgeborenen (Kap. 25,29–34), auf Anstiftung und unter kräftiger Mitwirkung seiner Mutter erschleicht er sich von seinem alten Vater Isaak den Segen des Erstgeborenen, so daß sein Bruder leer ausgeht (Kap. 27). Die Furcht vor dessen Rache zwingt ihn zur Flucht. Seine Mutter schickt ihn zu ihrem Bruder Laban, hat dabei aber noch eine Nebenabsicht: Jakob soll dort eine Frau für sich finden. Auf der Flucht übernachtet Jakob in Bethel (Kap. 28). In jahrelangem Dienst erwirbt er sich bei Laban zuerst Lea, dann Rachel, die er eigentlich begehrte, als Ehefrauen (Kap. 29). Schließlich kehrt Jakob mit seinen Frauen und Kindern zurück und versöhnt sich mit Esau (Kap. 32 und 33). Dabei führt ihn sein Weg wieder über Bethel (Kap. 35). Mit Kap. 37 schließen sich dann die Erzählungen von Josef und seinen Brüdern an, an deren Ende die Übersiedlung Jakobs nach Ägypten steht. Am Ende findet Jakob aber sein Grab in der alten Heimat, in Kanaan (Kap.50,12f). In diesem umfangreichen Erzählungskomplex bildet die Geschichte von der Himmelsleiter gleichsam einen wichtigen Orientierungspunkt: Jakobs Flucht und Rückkehr gehen über Bethel (s. auch 1.Mose 31,13).

---

[199] ROSEWICH, GERHARD: Manchmal hab ich Angst im Dunkeln – in: Wir singen vor Freude. Lieder für den Religionsunterricht in der Grundschule und für Gottesdienste mit Kindern. Lahr: Kaufmann Verlag 1995 S.43

An dieser Geschichte haben die unbekannten Erzähler verschiedene Fragen interessiert, die in ihrer eigenen Lebenswelt wichtig waren, wie beispielsweise: Woher kommt der Name dieses Ortes: Beth-El, d.h. „Haus Gottes"? Warum ist hier ein Heiligtum (die „Kirche von Bethel" gewissermaßen) entstanden, das immer wieder viele Gläubige zu Wallfahrten anzog? Wie ist es zu der Sitte des Zehnten als Steuer gekommen? Den Hintergrund unserer Geschichte bildet so, wie die Bibelwissenschaftler es nennen, eine „Kultlegende", die zu solchen Fragen eine Erklärung geben will: Bei Jakob, in dem das Volk Israel seinen Stammvater sah, ist der Ursprung all dessen. Mit der Aufrichtung des Steins – solche Kultsteine bildeten im alten Kanaan den Mittelpunkt eines Heiligtums – legt Jakob gewissermaßen den „Grundstein" für ein Gotteshaus. So müssen wir uns vorstellen, daß Jakob sich nicht irgendwohin schlafen gelegt hat (da gibt es weiß Gott bequemere Nachtquartiere!), sondern an einem Stein ruhte, dem religiöse Verehrung erwiesen wurde. In der alten Welt konnten sich Menschen, die Rat und Erleuchtung suchten, in einem Tempel schlafen legen. Was sie dort träumten, war ihnen Wegweisung, Offenbarung für ihr Leben. So scheint es dem Hörer von damals auch hier, als ob Jakob auf etwas wartet ohne es zu wissen.

Im Zentrum der Geschichte aber steht die Erzählung davon, daß Jakob auf der Flucht eine Himmelserscheinung gehabt hat und eines Versprechens Gottes inne geworden ist: „Siehe, ich bin mit dir." Dabei hat der biblische Verfasser zwei Traumbilder aufgenommen: Das Bild von der Himmelsleiter mit den auf- und absteigenden Engeln (Vers 12) und das Bild von Gott, der an der Spitze der Himmelsleiter steht und dem Schläfer ein Versprechen gibt (Verse 13–15). Bei der Himmelsleiter muß man nicht an eine Leiter mit Sprossen denken, sondern an eine Stufenrampe, wie sie an den Tempeltürmen im alten Orient (z.B. der Turm zu Babel) zu sehen war. Diese Tempeltürme markierten sozusagen das Tor zum Himmel, die Brücke, die Götter- und Menschenwelt verband. Auf ihrer Spitze befand sich ein Raum, der den Wohnort der Gottheit symbolisiert, während am Fuß des Turms ein Erscheinungstempel stand: Von unten nach oben führte dann eine solche lange Rampe, auf der man zugleich auf- und abwärts (wie die Engel im Traum) gehen konnte.

Der Traum läßt Jakob (und mit ihm den Leser) etwas sehen, was unseren Alltagsaugen verschlossen ist: den offenen Himmel (Ähnlich tut das die Erzählung von Jesu Taufe Markus 1,10 und die Geschichte von dem Zeugentod des Stephanus in der Apostelgeschichte 7,55). Er läßt uns etwas hören, was unseren Ohren im Alltag nicht zugänglich ist: Gottes Stimme. Er läßt uns etwas wissen, woran uns die zwiespältigen Erfahrungen unseres Lebens sehr zweifeln lassen: „Ich, Gott, bin mit dir und will dich behüten, wo du hingehst … ich will dich nicht verlassen."

Das wünsch ich sehr,
daß immer einer bei mir wär,
der zu mir spricht:
Fürchte dich nicht. (EG 608)

B. Wie Kinderbibeln erzählen	Bei ANNE DE VRIES wird unsere Erzählung zu einer moralischen Geschichte: Der flüchtige Jakob, der seinen Bruder und Vater betrogen hatte, geht in sich:

Doch am schlimmsten von allem war, daß auch Gott erbost über ihn war und vielleicht nie wieder sein Freund werden wollte.

Dementsprechend lautet auch das Gottesversprechen, das Jakob im Traum erhält:

… Ziehe nur ruhig in die weite Welt hinaus. Ich gehe mit dir und werde dich gesund zurückbringen. Du darfst trotz allem mein Freund sein. …

Da wachte Jakob auf. Es war Morgen, er hatte geträumt.

Und doch war, was er im Traum gesehen, wirklich geschehen. Der Herr hatte gesagt, daß er für Jakob sorgen wolle.

Jakob sagte: „Diesen Ort werde ich nie mehr vergessen."

Er stellte den Stein, auf dem er mit seinem Kopf gelegen hatte, aufrecht und wollte Gott ein Opfer bringen, ihm etwas geben, um ihm zu zeigen, wie froh und dankbar er war. Aber er hatte nichts bei sich, nichts außer einem Krug voll Öl.

Dem Interesse, die Geschichte von der Himmelsleiter als moralische Geschichte darzustellen, ist manches Wichtige zum Opfer gefallen: Die zentralen Bildworte vom „Tor des Himmels" und vom „Haus Gottes" fehlen. Der Leser erfährt nicht mehr, daß Jakob hier nichts weniger als ein Heiligtum gründet, sozusagen den Grundstein zu einer „Kirche" legt. Und daß er zur Bekräftigung dessen nach damaliger Sitte einen heiligen Ritus vollzieht: Das Öl ist gerade die richtige Gabe dafür.

C. Impulse zum eigenen Verständnis	„Brüder, über'm Himmelszelt muß ein lieber Vater wohnen" – diesem Vers scheint Vertrauen auf die Güte Gottes fast denknotwendig: „Muß" – so sagt er überzeugt. Solch ein Vertrauen, wie es dieser alte Vers in Worte faßt, fällt uns oft schwer. Und es leben nicht wenige unter uns, de-

nen solches Vertrauen in den Wechselfällen ihres Lebensschicksals abhanden gekommen ist. Die Welt sieht nicht danach aus, als ob über ihr ein guter Gott im Himmel thronte. Ja noch mehr – daß „Gott existiert" – wie der katholische Theologe HANS KÜNG eines seiner Bücher betitelt hat, in dem er sich mit der Gottesfrage auseinandersetzt – das scheint uns oft die Frage. Ist Gott also nur ein Traum? Ein bloßer Gedanke? Eine Idee? Eine Illusion gar (Sigmund Freud)?

Unsere Jakobsgeschichte meint: Man kann Gott in Träumen erfahren. Und Träume sind offensichtlich nicht bloße Schäume, wie der Volksmund zu wissen glaubt. Vor der Nacht, vor seinem Traum war die Nähe Gottes dem Jakob nicht bewußt – es ging ihm damit wie uns. Aber Träume können uns mehr zu wissen und zu verstehen geben, als uns im wachen Zustand von Gott und der Welt bewußt ist. Wie psychoanalytische Einsichten in die Bedeutung von Träumen besagen, können sie uns an etwas erinnern, das wir vergessen, ja „verdrängt" haben und das doch zu

uns gehört. Wir tun gut daran, auf die Botschaft von Träumen zu hören, denn sie könnten unser Wissen und unsere Erfahrung ergänzen, vervollständigen.[200]
Jakob legt hier nicht den Grundstein zu einem Wohnhaus, einer Fabrik, einem Geschäft, sondern zu einer „Kirche". Ein Gebäude, das nichts einbringt, das außerhalb einer Kosten-Nutzenrechnung, einer Preis-Leistungsrelation steht. Was wären unsere Städte ohne solche Luxus-Gebäude: Kirchen, Museen, Theater, Konzertsäle? Zu einem menschlichen Leben gehört nicht nur das absolut „Lebensnotwendige", sondern auch etwas scheinbar nicht Notwendiges, ein Stückchen „Überfluß". „Der Mensch lebt nicht vom Brot allein, sondern von einem jeden Wort, das aus dem Mund Gottes geht." (Matthäus 4,4)

In diese Richtung weist auch die „Moral" eines bekannten, viel aufgelegten Bilderbuchs von LEO LEONNI[201]: Eine Mäusefamilie hat fleißig Vorräte für den Winter gesammelt: „Frederick", die Maus, dagegen schien müßig die Tage verstreichen zu lassen: „Warum arbeitest du nicht?" fragen ihn die anderen. „Ich arbeite doch" sagt Frederick. „Ich sammle Sonnenstrahlen für die kalten, dunklen Wintertage."

Der Winter kam heran. Er dauerte lange. Zum Schluß waren die gesammelten Vorräte aufgebraucht. Es wurde kalt und grau in dem Versteck der Mäusefamilie. Da fiel ihnen ein, daß ja auch Frederick etwas gesammelt hatte. „Frederick, was machen deine Vorräte?" fragen die Mäuse. Und Frederick erzählt von den Sonnenstrahlen, den Farben und den Wörtern, die er gesammelt hat. Und unter dieser Erzählung wird den Mäusen warm. So kommt die Mäusefamilie durch den Winter.

Hier ist nicht nur von Mäusen die Rede. Man kann Lionnis Bilderbuchgeschichte auch als Fabel darüber nehmen, was der Mensch zum Leben braucht. Mehr als Körner, Nüsse, Weizen und Stroh, mehr als Brot. Kunst und Poesie gehören dazu. Man glaubt es kaum: Ein Dichter ist es, der mit seinen Erzählungen und Versen die Mäusefamilie über den Winter bringt.

| D. Überlegungen zum Verständnis der Kinder | „… denn die Sonne war untergegangen": Nacht, Schlaf, Traum – mit diesen Stichworten aus unserer Erzählung wird an Erfahrungen erinnert, die zur täglichen Lebens- |

welt von Kindern gehören. Und die Gefühle und Stimmungen, die damit verbunden sind, werden recht verschieden sein. Nacht und Schlaf – daran knüpfen sich einerseits Erfahrungen, die getönt sind von Angst und Unruhe. In der Nacht können sich Angstträume zeigen. Besonders wenn Kinder sich allein wissen, sind sie solchen Gefühlen ausgesetzt, die sie nicht ruhig schlafen lassen. Solche Einschlafprobleme melden sich oft im Alter zwischen 2 und 4 Jahren. Da gibt es nichts Tröstlicheres als die Zusage von Eltern: Wir sind ja da! Aber natürlich auch Sorgen und Befürchtungen für den kommenden Tag stehen dem gesunden Schlaf entgegen. Nicht nur Erwachsene leiden an Schlafproblemen!

---

200 Wann leben wir wirklich? Wenn wir wach sind? Oder wenn wir träumen? Mit solchen Fragen setzen sich Schüler in einem Philosophiekurs auseinander, den ein Berliner Professor regelmäßig für Kinder im Alter von 8 bis 14 Jahren durchführt (FREESE, HANS-LUDWIG: Kinder sind Philosophen. Weinheim: Quadriga Verlag 1990).
201 Frederick. Köln: Middelhauve Verlag 1968

Abend und Nacht bedeuten: ein Tag geht zu Ende. Auch schöne Tage, Festtage, die man festhalten möchte, haben einen Schluß. Mit dem Ende des Tages begegnet das Kind in zunehmender Klarheit der Tatsache, daß unser Leben nicht unbegrenzt ist, sondern daß alle Dinge ihr Ende haben. Die Nacht, der Schlaf geben eine Ahnung davon, wie alles einmal an sein Ende kommt und vergehen muß. „Hat nicht mein leiblicher Bruder, der Schlaf, dich jeden Abend an mich erinnert?" – so fragt der Tod im Märchen den Menschen, der diesen an sein Versprechen mahnt, ihn nicht unverhofft, ohne Vorwarnung zu überfallen.[202] So ist verständlich, daß Nacht und Schlaf für Kinder, ja für uns Menschen überhaupt auch eine ängstigende Seite haben.

Aber Nacht und Dunkelheit haben auch eine andere, faszinierende Seite. Man kann sich ins Dunkel zurückziehen und sich dort verborgen halten. Im Dunkeln kann man auch seinen Mut erproben. Das Dunkel der Nacht gibt Eintritt in die Welt der Träume. So mancher Wunsch erfüllt sich im Traum.

Unsere biblische Geschichte führt uns nun nicht nur in die Welt der Nacht und der Träume, sondern enthält auch eine Frage, die Kinder oft beschäftigt und die die befragten Erwachsenen so leicht in Verlegenheit bringt: Wo ist der liebe Gott? – so fragen Kinder. Und sie finden, wenn überhaupt, oft nur unbeholfene Antworten bei den Erwachsenen. Im Himmel, so sagen die. – Auch Jakob scheint es nicht zu wissen: Erst der Traum offenbart es ihm. Freilich das Überraschende: Der Traum, der ihn in den Himmel führt, endet auf der Erde: „Fürwahr, der Herr ist an dieser Stätte und ich wußte es nicht."

| E. Ideen zum Erzählen | Der biblische Erzähler beschäftigt sich nicht mit ausdrücklichen Überlegungen darüber, wie es zu verstehen ist, daß ausgerechnet Jakob, dieser Betrüger, doch gewürdigt wird, ein Versprechen Gottes auf Schutz zu empfangen. |

Er überläßt es dem Leser, sich seine eigenen Gedanken dazu zu machen. Für Kinderbibeln stellt dies eine große Verlockung dar, solche Überlegungen den Engeln oder Gott in den Mund zu legen. Der Nacherzähler sollte sich daran nicht beteiligen und sich damit gleichsam auf eine Position an der Spitze der Himmelsleiter stellen, von der aus man über „höheres" Wissen verfügt.

Zu Beginn muß man in einer summarischen Erzählung den Zuhörern ein Bild davon geben, wie die Situation des Jakob ist.

Jakob, einer der Vorfahren des Volkes Israel, war auf der Flucht. Schlimmes lag hinter ihm. Seinen Bruder Esau hatte er überlistet. Der hatte, heißhungrig wie er einmal vom Feld zurückgekommen war, sich übertölpeln lassen von Jakob: Ein Stück Brot und einen Topf voll Linsensuppe – dafür sollte Jakob an seiner Stelle als Erstgeborener gelten mit allen Vorrechten. Und dann: Auch seinen Vater Isaak hatte er betrogen: Blind und schwach war der in seinem Alter geworden. Und vor seinem Tod wollte er den Söhnen noch einmal seinen väterlichen Segen geben, die Hände auf ihren Kopf legen und um Gottes Schutz für ihren Lebensweg bitten. Da hatte er sich doch – mit Hilfe seiner Mutter Rebekka, die ihn lieber hatte als den anderen Sohn, eingeschlichen und so getan, als sei er Esau. „Bist du mein Sohn Esau?", hatte der Vater gefragt. „Ja, ich bin's", hatte er geantwortet. Da hatte ihm der Vater den Segen geschenkt, der für den

---

[202] BRÜDER GRIMM: Kinder - und Hausmärchen Nr.177 „Die Boten des Todes"

Ältesten bestimmt war. Wieder war Esau um das gebracht, was ihm zukam. Da wurde er wütend auf seinen Bruder Jakob. Und der machte sich auf die Flucht, um sich vor der Rache Esaus in Sicherheit zu bringen. Weit weg ging die Flucht: Er wollte zum Bruder seiner Mutter, zu Laban.

Was ein solcher Traum für einen Menschen bedeutet, der wie dieser Jakob auf der Flucht ist, das sollte mit den zuhörenden Kindern überlegt werden. Angebote des Nacherzählers könnten Impulse dazu geben:

Ich könnte mir vorstellen: Als Jakob aufwachte, da hat er vielleicht gedacht: Wie – solch ein Versprechen für mich? Daß es überhaupt noch einen gibt, der mich dafür für wert hält!

Die Nacherzählung sollte bei den anschaulichen Bildern, die zur Sprache unserer Erzählung gehören, ein Stück verweilen und sie ausmalen: Tor zum Himmel, Haus Gottes.

Wo ist Gott? – so denke ich – hat auch Jakob gefragt. Als Kind hat er vielleicht so gefragt und auch als Erwachsener jetzt auf der Flucht: Wo ist Gott? Und im Traum hat er die Antwort auf seine Frage bekommen: Wo ist Gott? An diesem Ort, wo ich geschlafen und geträumt habe, da ist er und ich wußte es nicht! Gott ist hier bei mir.

Ich gehe oder liege, Gott ist um mich.
Wollte ich wie mit Flügeln zum Ende des Meeres fliegen,
Gottes Hand führt mich auch da
und seine Rechte hält mich fest. (Psalm 139, 3.9f)

Ja, hier ist das Tor zum Himmel, hier ist Gott zu Hause bei mir. Hier soll auch einmal ein Haus Gottes, eine Kirche stehen, mir zur Erinnerung an meinen Gottestraum.

10.2 Auszug aus Ägypten: 2. Mose 13 und 14

A. Einführung
in den
Bibeltext

Die Erzählung vom Auszug aus Ägypten und von der Rettung Israels am Schilfmeer ist der Zielpunkt eines längeren Geschichtenzusammenhangs. Wichtige Einzelgeschichten wie die von der Offenbarung des Gottesnamens am brennenden Dornbusch (2.Mose 3) oder von der Einsetzung des Passafestes (2.Mose 12 und 13) gehören dazu.
Daß Gott es war, der sein Volk aus Ägypten, dem „Sklavenhaus", herausgeführt habe, das gehört zum Kernbekenntnis Israels (5.Mose 26,8–10). So soll der Fromme, wenn er den Korb mit den Erstlingsgaben der neuen Ernte in den Tempel bringt, für sich bekennen, als sei er selbst damals dabei gewesen:

Der HERR erhörte unser Schreien
und sah unser Elend, unsere Angst und Not
und führte uns aus Ägypten
mit mächtiger Hand und ausgerecktem Arm
und mit großem Schrecken,
durch Zeichen und Wunder.

Auch im Lied hat diese Erinnerung in früher Zeit ihren Niederschlag gefunden:

Vor ihren Vätern tat Gott Wunder in Ägyptenland,
im Gefilde von Zoan.
Er zerteilte das Meer und ließ sie hindurchziehen
und stellte das Wasser fest wie eine Mauer.
Er leitete sie am Tage mit einer Wolke
und die ganze Nacht mit einem hellen Feuer.
                    (Psalm 78, 12ff, aber auch andere Psalmen wie 114,3 und 136,11–15).

Und in poetischen Bildern singt Psalm 114 von der Rettung Israels:

Als Israel aus Ägypten zog,
das Haus Jakob aus dem fremden Volk,
da wurde Juda sein Heiligtum,
Israel sein Königreich.
Das Meer sah es und floh,
der Jordan wandte sich zurück.
Die Berge hüpften wie die Lämmer,
die Hügel wie die jungen Schafe.

Eine sehr alte Erinnerung an dieses Befreiungsgeschehen zeigt sich in dem kurzen Lied, das der Erzähler in den Schluß unserer Erzählung gesetzt und vielleicht nicht ohne Absicht einer Frau zugeschrieben hat, nämlich der Mirjam, die eine Profetin genannt wird:

Laßt uns dem Herrn singen,
denn er hat eine herrliche Tat getan.
Roß und Mann hat er ins Meer gestürzt.
                    (2.Mose 15,21)

Was in Bekenntnis und Lied in kurze, dem Gedächtnis einprägsame Verse gebracht ist, erscheint dann in 2. Mose 1– 15 in einer ausführlichen Erzählung, in der der biblische Verfasser eine Vielzahl von erzählerischen Elementen vereinigt hat, die er in den Erzähltraditionen vor ihm vorgefunden hatte. Daß sie untereinander verschieden sind, das kann der aufmerksame Leser an Brüchen, Widersprüchen und Wiederholungen bemerken, die ihm an der Geschichte auffallen mögen. Auf jeden Fall ist festzuhalten: Es handelt sich bei diesen Geschichten um erzählerische, poetische Ausgestaltungen von Bekenntnissätzen und wiederum nicht um dokumentarische „Berichte", die zeigen wollen, wie es damals gewesen sei. In dieser Hinsicht lassen unsere Erzählungen viele Fragen offen. Ja mit großer Toleranz kann der Erzähler uns verschiedene Versionen anbieten: Was rettete die Israeliten aus der Gefahr? War es der Ostwind, der das Meer vertrieb (Vers 21) und den Israeliten den Weg öffnete? War es Mose mit seiner geheimnisvollen Autorität? War es ein Engel Gottes, der sich zwischen die Fronten stellte und die Israeliten schützte (Vers 19)? War es Gott selbst, von dem in symbolhaften Bildern, der Wolken- und Feuersäule mehr verhüllend die Rede ist (V.19f)? War es Panik, die die Ägypter an der weiteren Verfolgung hinderte und sie umkehren ließ? Oder sind sie in den zurückkehrenden Wasserfluten ertrunken (V.28)?

In unserer Geschichte von dem Durchzug durch das Schilfmeer lassen die in sich nicht übereinstimmenden Ortsangaben keine genauere Vorstellung darüber zu, wo sich der biblische Erzähler den Platz der von ihm erzählten Ereignisse denkt. Jedenfalls führt er uns in den Bereich der Ostgrenze des Nildeltas. Zeitlich muß man an die Regierungsperiode des Pharao Ramses II. (1230–1223 v.Chr.) denken. Ägyptische Berichte reden von seinen Bauprojekten in den Städten Pithom und Ramses (2.Mose 1,11), zu denen die Israeliten als Bauarbeiter herangezogen wurden.

B. Wie Kinderbibeln erzählen	In manchen Kinderbibeln ist es üblich, unserer Geschichte eine ausführliche Erzählung über die „ägyptischen Plagen" voranzustellen. So etwa die Kinderbibel des Religionspädagogen GERD OTTO, die sie in aller Ausführlichkeit auf acht Seiten behandelt und ihr Gewicht noch

durch die zweiseitige Wiedergabe einer Kinderzeichnung zur Heuschreckenplage verstärkt: Riesenheuschrecken, die die Menschen angreifen. In ähnlicher Weise die Kinderbibel von ANNE DE VRIES, die die Plagen immer wieder als *„Strafen"* kennzeichnet, die Gott über die Ägypter verhängt habe. Höhepunkt dieser Strafen ist dann der Untergang des Pharao und seiner Soldaten im Schilfmeer. In der alten ANNE DE VRIES Bibel, die aufgrund ihrer stark moralisierenden Tendenzen sehr schwarz-weiß zeichnete, las man dazu die Begründung:

> All die bösen Menschen waren nun ertrunken.
> Die Soldaten hatten so oft kleine Kinder ins Wasser geworfen[203], nun bekamen sie ihre Strafe dafür.

Damit mußte dem kindlichen Leser besonders die Vernichtung der Ägypter als gerechtfertigt erscheinen. So war die Erzählung gegen Einsprüche der Hörer von vornherein abgesichert: Wer kleine Kinder umbringt, dem kann es nicht anders ergehen. Dieser Kommentar ist – zum Glück – in der Überarbeitung dieser Kinderbibel gestrichen. Jedoch – mit den ägyptischen Plagen und besonders mit der letzten Katastrophe für die Ägypter am Schilfmeer, die die dunkle Kehrseite der Rettung des Volkes Israel ist, sollte behutsam verfahren werden, statt sie vollmundig als Strafen Gottes zu deklarieren.
W.PIOCH hat an die Erzählung von den ägyptischen Plagen immerhin ein Gespräch mit den Kindern über die Frage angeschlossen: „Du, Mutti, war all das Unglück den Ägyptern eigentlich von Gott geschickt worden?" Die Antwort der Mutter darauf: „Oftmals werden wir Menschen erst durch Unglücksfälle daran erinnert, daß wir nicht Gottes Willen tun. Doch niemand kann wissen, ob ein Unglück wirklich von Gott gewollt ist."

---

[203] In 2.Mose 1,22 wird vom Befehl des Pharao an das *ganze* Volk erzählt, man solle die Söhne der hebräischen Mütter in den Nil werfen.

Unsere Erzählung ist eine Festtagsgeschichte, eine Geschichte, die – darin den Weihnachts- und Ostererzählungen in der Kirche ähnlich – unabdingbar zur Atmosphäre eines großen Festes gehört. So wenig Weihnachten ohne Kaiser Augustus und das Kind in der Krippe, ohne Maria und Josef und die Hirten auf dem Felde und den Engelsgesang ein richtiges Weihnachtsfest ist, so wenig läßt sich für Juden ein richtiges Passa-Fest denken ohne diese Erzählungen von einem ersten Passa am Vorabend der Befreiung und von der Rettung am Schilfmeer. Den Kindern soll dabei auf ihre Fragen vom Auszug aus Ägypten erzählt und der Sinn der Festtagsgebräuche erklärt werden:

> Wodurch unterscheidet sich diese Nacht von allen anderen Nächten?

> In jeder anderen Nacht essen wir gesäuertes und ungesäuertes Brot, in dieser Nacht nur ungesäuertes …

Das ist aber keine vergangene Geschichte. Am Schluß einer Lesung heißt es:

> In allen Zeitaltern ist jeder verpflichtet, sich zu betrachten, als ob er gleichsam selbst aus Ägypten gegangen wäre.

Von daher ist es bewegend zu lesen, wie ein Jude, der als Jugendlicher sich vor dem Holocaust der Nazis hat retten können, von seinem letzten Passafest in Berlin im April 1943 erzählt:

> Nach Feierabend fuhr ich, mit zwei Aktentaschen beladen, zum Alexanderplatz. An der bewußten Wohnungstür gab ich das verabredete Klopfzeichen. Herr Friedmann bat mich gleich beim Hereintreten, mich weder den anderen Eingeladenen vorzustellen noch die Anwesenden nach ihren Namen zu fragen. Ich hatte noch nicht abgelegt, da klopfte es aufs neue an die Tür. Friedmann öffnete und gab dem neuen Besucher dieselben Anweisungen, die er mir gegeben hatte …

> Endlich saßen wir um die frugale Festtafel versammelt. Der Kiddusch, der Segensspruch zur Weihe des Tages, wird nach altem Brauch über einen Becher Wein gesprochen. Da wir keinen Wein hatten, halfen wir uns mit einem Zitronenextrakt. Nun mußte der Hausherr, in diesem Fall der Inhaber der illegalen Wohnung, die Haggada[204] vortragen. …

> Die Tafelrunde stimmte flüsternd in die traditionellen Dankhymnen ein. Keiner der Anwesenden rührte mit einem Wort an unsere verzweifelte Lage. Niemand fragte, warum Gott die Juden einst aus der Sklaverei befreite und sie nun in Viehwaggons verschleppen ließ, warum die Räder nicht von den Waggons fielen, warum die Beamten der Reichsbahn nicht vor ihrem verbrecherischen Auftrag flüchteten. …

> Wir gaben uns jener Heiterkeit hin, die aufkommt, wo eine Festlichkeit der Todesangst abgetrotzt wird, jene Heiterkeit, von der nur erfüllt sein kann, wer Gottes schützende Nähe fühlte, wer auf viertausend Jahre unauslöschlicher Geschichte zurückblickt und nur wenig davon weiß, was in der gegenwärtigen Stunde der Weltgeschichte geschieht.

---

[204] Das ist eine alte Sammlung von Geschichten, Legenden, Ermahnungen und Gebeten zum Passafest.

Wir erhoben das Glas Zitronenextrakt und dankten für die Rettung Israels und für den Hauch der Freiheit, der uns inmitten aller Gefahr vergönnt war, und ahnten nicht, wie die Ereignisse jener Tage den Gebeten aller gottergebenen Menschen Hohn sprachen. …[205]

Unsere Erzählung scheint „einseitig" zu sein: Gott ist Partei auf der Seite Israels gegen Ägypten. Wie die Geschichte aus der Sicht Ägyptens aussieht, ist uns nicht überliefert. Die Frage danach hat der polnische Philosoph LESZEK KOLAKOWSKI in einem kurzen Essay gestellt: „Gott oder die Güte ist relativ":

Der Psalmist sagt vom Herrn (Psalm 136,15): … er habe Pharao und sein Heer ins Schilfmeer gestoßen – denn sein Erbarmen währet ewiglich.

Die Frage: Was denken Ägypten und der Pharao über das Erbarmen Gottes?[206]

Die jüdische Überlieferung bietet uns eine Geschichte, die an die andere Seite denken läßt. Wir finden dort eine kurze Legende, die uns vor einem kurzsichtigen „einseitigen" Verständnis der Geschichte warnen möchte:

Als das Meer die Ägypter bedeckte, da wollten die Engel einen Lobgesang anstimmen. Da sagte der Heilige, gelobt sei sein Name: „Was? Das Werk meiner Hände ertrinkt, und ihr wollt jubeln?"[207]

D. Überlegungen zum Verständnis der Kinder

Die Geschichte erzählt von einem Hin und Her, das die Israeliten bewegt: In diesem gefühlsmäßigen Zwiespalt erscheint der Auszug als Befreiung, aber auch als gefährliches Risiko. Denn er bringt auch Gefahren mit sich; und dann wird immer wieder die Klage unter den Israeliten laut: „Laß uns in Ruhe. Es wäre besser für uns, für die Ägypter zu arbeiten, als in der Wüste zu sterben" (V.11) und: „Wollte Gott, wir wären in Ägypten gestorben, als wir bei den Fleischtöpfen saßen und hatten Brot die Fülle zu essen" (2.Mose 16,3).

---

[205] So erzählt der Verfasser davon, daß ihm von hinterher erst bewußt wurde, wie in den Tagen damals die SS-Truppen die verzweifelte Gegenwehr der Juden im Warschauer Getto niederschlugen und wehrlose, ausgehungerte Kinder, Frauen und alte Menschen verschleppten oder auf der Stelle grausam ermordeten. JOEL KÖNIG: David. Aufzeichnungen eines Überlebenden. Frankfurt/Main: Fischer Taschenbuch Verlag 1979 S.310f

[206] KOLAKOWSKI, LESZEK: Narr und Priester. Ein philosophisches Lesebuch. Frankfurt/Main: Surkamp Verlag 1987 S.327

[207] Nach: JASON, HEDA (Hg): Märchen aus Israel. Düsseldorf: Eugen Diederichs Verlag 1978 S.25. Das biblische Erzählbuch von HANS HEINRICH STRUBE: Geschichten des Alten Testaments für Kinder erzählt (Düsseldorf: Patmos Verlag 1986 S.140f) fügt der Nacherzählung von 2.Mose 14 das Gespräch des fiktiven Erzählers Samuel Weiss mit den Kindern an:
„Die Lieder finde ich sehr schön", sagte Mirjam, „aber trotzdem tun mir die Ägypter leid. Die konnten doch nichts dafür, daß der König sie hinter den Kindern Israel hergeschickt hatte."
„Darüber habe ich auch schon oft nachgedacht", sagte Samuel Weiss. „Ich habe mich gefragt, was die Ägypter wohl zu dieser Geschichte gesagt haben mögen."
„Die haben bestimmt gesagt: der Gott Israels ist ungerecht", meinte Gad, und Großvater Samuel nickte …
Wo Kindern nicht schon das Fragen bei biblischen Geschichten verleidet worden ist, werden sie ähnliche Gedanken zu dieser Geschichte äußern wollen. Der Erzähler, dem diese Frage nicht fremd sein sollte, tut gut daran, sich darauf einzustellen.

Diese *Ambivalenz* von Hin und Her kennzeichnet auch das Erleben von Kindern. Auch sie erleben den Wechsel von neugierigem, erwartungsvollen Herausgehen und ängstlichem Zurückschrecken. Draußen ist eine lockende Welt, die neugierig macht und Gutes verheißt. Aber: Dort ist man auch Gefahren ausgesetzt, die man allein bestehen muß. Man kann zu Hause hocken bleiben nach dem Prinzip: Was man hat, das weiß man – was man bekommt, das weiß man nicht. Doch das bedeutet zugleich Stillstand. Hat man sich aber herausgetraut aus dem sicheren Schutz der Familie, dann fasziniert das Neue, Unbekannte: Auch draußen ist Leben! Ein Kinderlied läßt den kleinen Hans so wohlgemut ausziehen:

> Hänschen klein
> ging allein
> in die weite Welt hinein.
> Stock und Hut
> steht ihm gut;
> er ist wohlgemut.

Zugleich aber meldet sich Angst, ob man im Unbekannten auch seinen Weg finden wird. Das läßt zurückdenken: Wie schön war es doch zu Hause! Wie ungefährdet, wie geborgen war dort das Leben! Sollen sich Kinder ein paar Schritte hinauswagen können in das „feindliche" Leben, dann brauchen sie auch die Sicherheit, an den Eltern einen verläßlichen Schutz in ihrem Rücken zu wissen. Und sie brauchen auch die Ermutigung der Großen, die die eigenen Schritte ihrer Kinder mit Interesse begleiten und mit Wohlwollen bejahen und ihnen eben nicht das Herz schwer machen, wie die Mutter es im Lied mit ihren Tränen tut und damit den kleinen Hans wieder nach Hause zurückzieht:

> Doch die Mutter weinet sehr,
> hat ja nun kein Hänschen mehr.
> Da besinnt
> sich das Kind,
> läuft nach Haus geschwind.

Werden die Israeliten auf dem Wege bleiben, wohin wird ihr Zug gehen – vorwärts dem neuen Land entgegen oder zurück ins Alte, nach Ägypten mit seinen Fleischtöpfen? Werden sie dabei bleiben gegen das Hin und Her in ihren Herzen? Und werden sie durchkommen, die Israeliten? – das ist die Spannung unter den Zuhörern, in denen dabei das eigene Hin und Her in ihrer Seele mitschwingen mag.

E. Ideen zum Erzählen	Auch hier ist eine Einführung nötig, die die Gegenwart mit dieser alten Geschichte verknüpft:

Unter uns heute leben nur wenige Juden. Vor mehr als einem halben Jahrhundert, als in Deutschland die Nazis herrschten, hat man die jüdischen Menschen verschleppt und umgebracht. Nur wenige von ihnen, die sich verstecken konnten oder von guten Menschen verborgen wurden, haben überlebt. Darum sind es heute so wenige unter uns.

In jeder größeren deutschen Stadt gibt es eine jüdische Gemeinde. In ihren Synagogen und zu Hause in den Familien wird einmal im Jahr ein großes Fest gefeiert: Passa heißt es.

Passa ist ein altes Fest. Auch Jesus hat dieses Fest gefeiert. In den Evangelien wird uns davon erzählt. Und an diesem Fest denken die Juden an eine alte Geschichte, an die Geschichte ihrer Befreiung von der Sklavenarbeit in Ägypten. Sie feiern mit einem besonderen Essen. Und sie erzählen die alte Geschichte ihren Kindern weiter:

Wenn dich heute oder morgen dein Sohn fragen wird: Was bedeutet das?, sollst du ihm sagen: Der HERR hat uns mit mächtiger Hand aus Ägypten, aus der Knechtschaft, geführt.

Und dann erzählen sie etwa so:

Lange Zeit vorher mußte unser Erzvater Jakob mit seinen Söhnen nach Ägypten auswandern. Hungersnot herrschte im Land. Nur in Ägypten hatte man Vorräte für schlechte Jahre gesammelt. Davon hatte Jakob gehört. Und sein Sohn Josef hatte ihn nach Ägypten geholt. So kamen unsere Vorfahren nach Ägypten und lebten dort gut.

Aber dann kam ein neuer König an die Macht: Pharao – so nannten die Ägypter ihren König. Der hatte große Pläne im Kopf. Bauen wollte er, Festungen und ganze Städte. Pitom und Ramses – so hießen sie. Für den Bau brauchte er Arbeiter, viele Arbeiter. Und harte Arbeit war es, Mauersteine brennen, Lasten tragen und heben, schieben und ziehen, graben, mauern und putzen. Das sollten die Leute vom Volk Israel tun. Zwangsarbeiter sollten sie sein für den Pharao. Und Aufseher mit der Peitsche in der Hand waren dabei, die trieben die Leute zur Arbeit an und schlugen zu, wenn zu langsam gearbeitet wurde.

Auch sonst bedrückte der Pharao das Volk Israel und machte ihm das Leben schwer. Und die Israeliten klagten und schrien zu Gott. Aber es schien, als gingen ihr Klagen ins Leere: Keiner hört.

Und doch war Hoffnung, auch wenn keiner es bemerkte. Da war ein Mann, den hatte Gott berufen, er sollte die Israeliten aus dem Land in die Freiheit führen, in ein Land, das ihnen gehören würde. Mose war sein Name. Der ging zum Pharao. Viele Male hatte er dem Pharao gesagt: „So spricht Gott: Laß mein Volk frei!" Aber der Pharao wollte nicht hören; ganz noch verstockt war er. Und er machte die Arbeit für die Leute aus dem Volk Israel nur noch schwerer. Auch Unglücke und Katastrophen, die über das Land kamen, brachten ihn nicht dazu, seinen Sinn zu ändern.

Ein letztes schreckliches Unglück jedoch ließ den Pharao umdenken: Eine unheimliche Krankheit ging durch's Land. Viele der ältesten Söhne starben in den Familien der Ägypter. Kein Haus, in dem nicht Trauer war. Aber wunderbarerweise blieb das Volk Israel von dieser Plage verschont.

Den Pharao mit seinen Ministern packte das Entsetzen. Er nahm es als Warnzeichen vom Himmel. So ließ er Mose rufen in der Nacht und sprach: „Los, macht euch auf! Zieht weg aus meinem Land! Schnell, nur schnell!"

So machten sich die Israeliten auf den Weg. Sie brachen von der Stadt Ramses auf. Sie nahmen rohen, nicht gesäuerten Teig mit auf die Wanderung und buken daraus ungesäuertes Brote – Mazzen werden sie heute genannt, Brot für das Passafest. Und am Tage war eine Wolkensäule vor ihnen, des Nachts eine Feuersäule: Gott war mit ihnen. …

161

Und dann:

> Da sahen die Leute: Die Ägypter sind hinter uns her! Zu Pferde und auf Kriegswagen kommen sie! Wie sollen wir uns retten?
>
> Und sie fürchteten sich sehr. Und sie wollten zurück. Sie schimpften mit Mose: Warum hast du uns weggeführt aus Ägypten? Da hatten wir es besser als hier in der Wüste. Da hatten wir wenigstens ein Zuhause. Und wenn wir sterben sollten, gab es da für uns einen Friedhof und Gräber. Haben wir es nicht zu dir in Ägypten gesagt: Laß uns in Ruhe! Wir wollen für die Ägypter arbeiten. Das wäre besser für uns gewesen als hier in der Wüste elend umzukommen.
>
> Da sprach Mose zum Volk: Fürchtet euch nicht. Ihr werdet stille sein – Gott wird es schon für euch machen. Fürchtet euch nicht. – Das war wie eine Himmelsbotschaft wie Weihnachten: Fürchtet euch nicht. – so hatte der Engel den Hirten auf dem Felde gesagt. …

Danach, wie die Israeliten gerettet waren:

> … Wie ist das hergegangen? Später haben die verschiedenen Erzähler unserer Geschichte darüber nachgedacht[208]. Wie war das eigentlich, wie haben sich die Leute aus Israel retten können? Vor ihnen das Wasser und hinter ihnen die Ägypter mit ihren Soldaten und Kriegswagen? Wie ist das vor sich gegangen?
>
> Die einen dachten: Vielleicht war es ein starker Wind, der die Wasserfluten zurücktrieb und das Land trocken machte. So zeigte sich für die Israeliten ein Weg, auf dem sie entkommen konnten. Andere dachten: Die Verfolger haben einen Schrecken bekommen, sind in Panik geraten. Wieder andere dachten: Der Mose war ein großer Mann: Der hat ein Wunder vollbracht. Er hat die Hand ausgestreckt über die Wasser und da hat sich das Meer geteilt, gespalten und die Wassermassen waren wie Mauern rechts und links und die Israeliten konnten wohlbehalten hindurchgehen. Aber über den Ägyptern sind die Wasserfluten zusammengeschlagen.
>
> Alle aber dachten: Das war wie ein Gotteswunder – diese Wenigen auf der Flucht, schwach und ohne Waffen, und dagegen die gewaltige Heeresmacht des ägyptischen Reiches, die schnellen Streitwagen, die treffsicheren Pfeilschützen – wie sollte man sich da retten können. Es war ihnen, als hätte Gott selbst seine Hand im Spiel dabei gehabt, um sein Volk zu retten. So sagt es ein altes Lied, das Mirjam, die Profetin gesungen hat:
>
> Laßt uns dem Herrn singen
> denn er hat eine große Tat getan.

---

[208] s. dazu oben unter A S.156

11. Leben im Tod

„Alles hat einen Anfang und ein Ende", so philosophiert ein Sechsjähriger mit seiner Großmutter. „Bei einer Geschichte ist das so und auch bei den Menschen. Am Anfang werden sie geboren und am Ende sterben sie."[209]
Es ist ein langer Weg, der für Kinder von der träumenden Selbstgewißheit zu leben hinführt zu einem immer deutlicher werdenden Bewußtsein, daß „alles einen Anfang und ein Ende hat". Die naive Sicherheit, daß auch morgen alles so sein wird, wie es heute ist, muß langsam aufgegeben werden. Sie weicht vor den vielen Erfahrungen, die Kinder zunehmend bewußter in Erlebnissen von Abschied und Trennung, von Veränderung und Vergangensein, von der Bedrohtheit des Lebens durch Krankheit und Sterben gewinnen können. Aber in ihren Gedanken und Fragen über Leben und Tod suchen sie den Mut des Glaubens, der das Leben in seiner Endlichkeit bejahen läßt.
Hier sind drei Erzählungen, die in sehr verschiedener Weise von dem Neuen Leben künden, das der Glaube bei Jesus finden kann: Das Gleichnis von dem Sohn, der vom Tod zum Leben zurückfindet, die Wundererzählung, wie ein Mädchen vom Schlaf aufsteht, und die – im Stil einer Legende gehaltenen – Geschichte von den beiden Wanderern, denen die Augen für den Jesus mit ihnen aufgehen.

11.1 Tot und wieder lebendig – Das Gleichnis vom Vater und seinen beiden Söhnen: Lukas 15, 11–32

A. Einführung
in den
Bibeltext

Das Gleichnis hat zwei Teile!

Das Lukasevangelium setzt unsere Geschichte in einen bestimmten *Zusammenhang*: Jesus ist es, der dieses Gleichnis erzählt – das ist wichtig. Mit seiner Erzählung will er den Zuhörern, Pharisäern und Schriftgelehrten das eigene Verhalten gegenüber Zöllnern und Sündern verständlich machen. Dem sollen sie zustimmen: Wo Verlorene wiedergefunden werden, kann man sich nur freuen und feiern – eine Lektion, die der Evangelienautor Lukas offensichtlich auch für die Gemeinden seiner Zeit für nötig hält. Diese Botschaft ist für ihn so wichtig, daß er drei Gleichnisgeschichten zu dem Thema „*Verloren und Wiedergefunden*" aneinandergereiht hat: Das Gleichnis vom Verlorenen Schaf, vom Verlorenen Silbergroschen und das vom Verlorenen Sohn, wie unsere Geschichte herkömmlich, aber auch mißverständlich überschrieben wird.
Denn nicht von *einem* Sohn, sondern von *zweien* ist darin die Rede. Das Gleichnis hat zwei Teile: Das Schicksal des jüngeren Sohnes und der Protest des Älteren gegen den Empfang, den sein Bruder bei seiner Heimkehr findet. Dieser *zweite Hauptteil* des Gleichnisses, der Protest des *älteren Sohnes*, gehört zum Verständnis

---

209 RUDOLPH, MARGUERITA : Wie ist das, wenn man tot ist? Mit Kindern über das Sterben reden. Ravensburg: Otto Maier Verlag 1979 S.80

der Geschichte so sehr dazu, daß Bibelwissenschaftler geradezu von einem *doppelgipfligen Gleichnis* sprechen[210] und dies auch in der Überschrift deutlich machen können: Das Gleichnis von den *beiden* Söhnen.

Denn in dem älteren Sohn sind die Zuhörer, zunächst einmal die Pharisäer und Schriftgelehrten von damals, in die Handlung miteinbezogen: Ihr Murren wird mit dem Protest des älteren Sohnes in der Geschichte selbst laut. Und wie im Gleichnis der Vater den älteren Sohn, so will auch Jesus mit dieser Erzählung seine Zuhörer gewinnen: Muß man sich nicht freuen, wenn sich Verlorenes wiederfindet? Seid doch nicht wie der ältere Sohn, sondern stimmt in die Freude des Vaters ein, stimmt in meine Freude darüber ein, daß Verlorene zu mir kommen!

Schließlich aber ist in der Figur des älteren Sohnes auch der *Hörer von heute* mit seinem Widerspruch einbezogen. Denn wo Kinder noch nicht ein angepaßtes „Religionsstunden-Ich" entwickelt, sondern sich ihr „gesundes" Empfinden für gerecht und ungerecht bewahrt haben, da will es ihnen in aller Regel schwer einleuchten, daß der jüngere Sohn nach all dem Vorgefallenen so überschwänglich vom Vater aufgenommen und darin scheint's dem Älteren vorgezogen wird.

Eine problematische Wirkungsgeschichte

Unser Gleichnis hat eine nicht unproblematische Wirkungsgeschichte in Predigt und Unterricht und dann auch besonders in Bibelausgaben für Kinder hinter sich. Unter seiner Flagge konnten unreflektiert moralisierende, politische und pädagogische Absichten heimlich mittransportiert werden. Da wurde das Gleichnis dann zum Muster für Reue und Vergebung, zum abschreckenden Beispiel für Bestrebungen nach Emanzipation und Selbstverwirklichung[211] und zum Exempel für Gehorsam und Ungehorsam von „Kindern".

> Zumindest der jüngere Sohn hatte selten Lust zur Arbeit auf dem Feld oder im Stall. Überhaupt wollte er sich nicht dauernd von seinem Vater sagen lassen, was er zu tun habe. Er wollte lieber frei sein und selbst entscheiden. Er hatte die dauernden Vorschriften in der Familie satt, und die harte Arbeit erst recht.

So stellt die Kinderbibel ECKARD ZUR NIEDENs den Lesern den Sohn in schwärzestem Schwarz vor[212]. Die Originalgeschichte dagegen gibt kein Urteil über den Jüngeren ab, sondern schildert kommentarlos sein Verhalten: Jeder, der die Geschichte hört, wird sich schon selbst sein Urteil dazu bilden.

Wie schwer es fällt, nicht in die Falle solcher moralistischen Tendenzen zu geraten, das stellt sich bereits zu Anfang der Geschichte heraus: Was ist es eigentlich, was der jüngere Bruder vom Vater haben will? Nach der LUTHERschen Übersetzung, die hier den griechischen Originaltext präzise wiedergibt, wird um „das Teil der *Güter*, das *mir gehört*", gebeten. Dieses Verlangen ist rechtlich vollkommen in Ordnung und wird in der Gleichniserzählung des Lukas ohne jede moralische Bewertung sachlich berichtet.

---

[210] So z.B. JEREMIAS, JOACHIM: Die Gleichnisse Jesu. Berlin: Ev. Verlagsanstalt. 1955. S.105
[211] So etwa der bekannte ev. Theologe und „Star"Prediger HELMUT THIELICKE seinerzeit in seinem „Bilderbuch Gottes"
[212] ECKART ZUR NIEDEN 1993 S.83

Viele Kinderbibeln aber sprechen an dieser Stelle vom *Erbe*. Und mancher Nacherzähler tut es ihnen nach und erweckt damit ein anderes Bild. Denn ein Erbe wird erst nach dem Tod des Vaters fällig. Wenn der jüngere Sohn es jetzt schon verlangt, dann klingt das wie ein vorzeitiger, ja unzeitiger Wunsch. Der Sohn – ungeduldig und habgierig, wie er zu sein scheint – kann den Erbfall, den Tod seines Vaters gar nicht abwarten.

> „Wenn du einmal stirbst, Vater" so läßt WERNER LAUBI[213] den Jüngeren sprechen, „dann bekomme ich einen Teil von deinen schönen Kleidern, von deinem wertvollen Schmuck, von deinem Gold – von all dem, was dir gehört. Aber ich kann nicht warten, bis du gestorben bist. Ich möchte alles jetzt schon haben! Gib es mir!"

Das klingt zwar anschaulich, führt aber am Sinn der Geschichte vorbei. Denn dem Jesusgleichnis selbst fehlt jegliche moralisierende Tendenz: Nicht der Wunsch nach Vermögensteilung und der Weggang ist Anlaß für das Schuldbekenntnis des Heimkehrers, sondern sein Verhalten in der Fremde: Geld verschwenden, mit Huren leben (wie jedenfalls der Bruder ihm vorwirft), Schweine, also unreine, für Juden verbotene Tiere hüten. Bei genauerer Betrachtung allerdings muß das „Unglück" des Jüngeren als eine Verstrickung von Schuld und Schicksal erscheinen: Eine Hungersnot, die das ganze Land trifft, kommt hinzu – sie aber kann ja nicht dem Einzelnen zugerechnet werden.

Auch die voraufgehenden Parallelgleichnisse machen sehr deutlich, daß eine moralisierende Bewertung des heimkehrenden Sohnes nicht im Sinn der Erzählung liegt – wer wollte den Silbergroschen oder das Schaf beschuldigen dafür, daß sie verlorengingen? Eine Kinderfrage dazu hat es auf den Punkt gebracht: „Bekommt man nur Vergebung, wenn man Reue hat? Das Schäfchen wurde auch aufgenommen und hatte keine Reue."

Totenauferweckung im Gleichnis

Im Gleichnis selbst nimmt der Vater den Sohn ja *bedingungslos* auf, ohne irgendwelche Vor- oder Nachleistungen – aus reiner Liebe. Er fällt dem Rückkehrer um den Hals und küßt ihn, bevor der überhaupt den Mund zu dem Schuldbekenntnis auftun kann, das er sich unterwegs doch so genau zurechtgelegt hatte. Es ist, als wolle der Vater, daß der Sohn mit seinen Worten gar nicht zu Ende kommt. Nicht die Reue des Sohnes, nicht sein Schuldbekenntnis, sondern allein die Liebe des Vaters macht den Sohn wieder zum Sohn. Sie ist es, die das Wunder zustande bringt und – in der Symbolsprache des Gleichnisses gesprochen – *einen Toten wieder zum Leben erweckt* :

> „Denn dieser mein Sohn war tot und ist wieder lebendig geworden; er war verloren und ist gefunden worden".[214]

---

213 LAUBI, WERNER S.232
214 In V.18 und 20 findet sich dasselbe griechische Wort, das *auferstehen* bedeutet: „Ich will *aufstehen* und zu meinem Vater gehen ..." (Luther hat es mit: Ich will mich aufmachen übersetzt). S. dazu auch die Auslegung des großen Theologen AUGUSTINUS (354–430): „Von Gott weggehen, heißt sterben, zu ihm zurückkehren, heißt auferstehen, in ihm sein, heißt leben."

Damit ist – wenn man es so nehmen will – unsere Erzählung eine Totenauferwekkungsgeschichte in Form eines Gleichnisses.

B. Wie Kinderbibeln erzählen

Dieser Schlüsselsatz des Gleichnisses, mit dem der Vater den Grund seiner Freude ausdrückt, hat immer wieder Nacherzähler in Kinderbibeln zu Umschreibungen und Veränderungen veranlaßt:

Anne de Vries	Irmgard Weth	Karel Eykman
Denn ich war lange Zeit ohne diesen meinen Sohn, aber jetzt habe ich ihn wieder. Er war verloren, aber jetzt hat er zurückgefunden.	Wir dachten, er sei tot. Aber nun lebt er! Wir hatten ihn verloren. Aber freu dich: Nun ist er gefunden.	Er hätte auch tot sein können. Nun ist er wieder lebend zu Hause. Er war verloren, und nun ist er wieder da.

Alle diese Veränderungen stufen die klare Feststellung des Originalgleichnisses: „er war tot" herunter bis zu einem blassen „er hätte auch tot sein können". Es ist, als wolle man so einem Einspruch der Hörer zuvorkommen: „Wieso tot? Der Sohn war doch gar nicht tot?" Nun ja, was die bloße Physiologie betrifft, mag er am Leben gewesen sein, auch wenn er nahe am Verhungern war, wie die Geschichte erzählt. Aber kann man das noch Leben nennen, was er da hatte unter den Schweinen? War er da noch Mensch? Der Vater dachte nicht nur, der Sohn sei tot gewesen – nein, der war wirklich tot! Solche verharmlosenden Umschreibungen erklären nichts, sondern beschädigen nur die Symbolsprache unserer Geschichte: Sie ist wirklich als eine Totenauferweckungsgeschichte gemeint: „Dieser mein Sohn *war tot* und ist *wieder lebendig* geworden."

C. Impulse zum eigenen Verständnis

Unser Gleichnis hat ein offenes Ende. Das macht diese alte Geschichte auch für heutige Leser interessant. Wir müssen uns dazu selbst unsere Fortsetzung denken: Was wird der ältere Sohn tun? Wird der Vater mit seinem Werben bei ihm Erfolg haben? Wird er ihn überzeugen können? Oder wird der Sohn bei seinem Einspruch bleiben? Denn wenn wir auch in frommer Gewöhnung das Verhalten dieses Vaters in Ordnung finden mögen, so will ja – wenn wir ehrlich sind – unseren eigenen Vorstellungen von Gerechtigkeit nicht zum vornherein einleuchten, wie der Vater sich verhält. Wenn er schon so bedingungslos gütig ist, dann muß wenigstens nachträglich Dankbarkeit und Wiedergutmachung auf seiten des wieder aufgenommenen Sohnes dazukommen. Ganz auf dieser Linie befindet sich ENID BLYTON, wenn sie in ihren biblischen Erzählungen dem Gleichnis folgenden Schluß gibt:

Der junge Mann war so *dankbar* für diesen wunderschönen Empfang, daß er vor Freude hätte weinen mögen. Wie hatte er jemals seinen liebevollen, freundlichen Vater verlassen können? Oh, wie er jetzt für ihn arbeiten würde, so daß er sich seine Vergebung *verdienen* und ihm zeigen würde, wie sehr er ihn für seine große Güte liebte![215]

Aber so gerade meint es dieses Gleichnis nicht: Grundlose, unbedingte Liebe ist es, die der Vater dem Sohn entgegenbringt: Für sie muß der Sohn nichts tun. Aber – wie wird nun der heutige Zuhörer denken? Was für Schlüsse wird er daraus ziehen? Wird ihm das Gleichnis einleuchten und ihn da, wo nur Liebe heilen kann, zu einer solchen grundlosen Liebe bewegen können, wie sie der Vater dem Sohn entgegenbringt? Wird er sich für diese Liebe gewinnen lassen? Das Gleichnis will uns hoffen machen, daß auch bei uns eine solche Veränderung, eine solche Bekehrung zur Liebe möglich wird.

D. Überlegungen zum Verständnis der Kinder

Gleichnisse verstehen?

Das Verständnis von Kindern für solche übertragene, symbolische Redeweise, wie sie zu den Gleichnissen gehört, entwickelt sich erst allmählich. ANTON BUCHER hatte in seiner Untersuchung[216] festgestellt, daß Kinder Probleme mit einem metaphorischen Verständnis von Gleichnissen haben und dazu neigen, sie zunächst als konkrete Geschichten zu verstehen. Deshalb solle man – so lautete sein Vorschlag – Kindern aus der Vielzahl biblischer Gleichnisse zunächst einfache Beispielerzählungen anbieten, wie etwa unser Gleichnis von den beiden Söhnen eine ist.
Die Schwierigkeiten, die Kinder mit der übertragenen Redeweise aber auch dieses Gleichnisses haben können, werden deutlich in dem Protokoll eines Unterrichtsgespräches aus dem 5./6. Schuljahr:

Lehrerin: … die große Freude, die der Vater hat, kommt ja auch zum Ausdruck, indem er zum Knecht sagt: Mein Sohn war tot und ist wieder lebendig geworden.

Schüler (murmelt vor sich hin): Wer es glaubt.

Schülerin: Also dem sein Sohn hat ihn nicht mehr gemocht und so und wollte weit weggehen … also das soll tot sein vielleicht (bedeuten), und dann also wieder auferstanden, daß er also wieder lebendig geworden, daß er wiedergekommen ist zu seinem Vater.

Schüler: Er war für ihn, für seinen Vater war er tot. Aber in Wirklichkeit war er ja überhaupt nicht tot, sondern er hat ja gearbeitet.

---

[215] BLYTON, ENID S.81
[216] s. dazu Kap. 3.7 S.36f.

Schüler: Der Vater hat gedacht, daß sein Sohn schon tot wäre, weil er keine Nachricht von ihm bekommen hat. Und dann, wo er gekommen ist, hat er gedacht: Ja, er ist wieder auferstanden.[217]

In dreierlei Sinn wird die Redefigur „Der Sohn war tot und ist wieder lebendig geworden" – von den Schülern verstanden: Der Vater hat ihn für tot gehalten, der Sohn hat den Vater nicht gemocht, ist deswegen weit weg gegangen, war so gleichsam tot – der Sohn war für den Vater tot. Darin bahnt sich schon ein differenzierteres Verständnis für die Bedeutung dieser *metaphorischen* Redefigur an.

Der Erzähler kann die Verstehensmöglichkeiten seiner Zuhörer durch seine Erzählweise fördern, indem er solche metaphorischen Bilder gedanklich vorbereitet und sinnentsprechend weitermalt (s.u.: Ideen zum Erzählen).[218]

In dem oben dargestellten Unterrichtsgespräch wird auch deutlich, daß – entsprechend der *familiären Alltagswelt*, die in dieser Altersstufe für Kinder noch bestimmend ist – das *Verhältnis zwischen Vater und Sohn* ein besonderes Interesse bei den Schülern findet. Zwar erzählt das Gleichnis nicht von „Kindern", wozu die zwei Söhne fälschlich von manchen Kinderbibeln gemacht werden[219]. Die Beiden sind vielmehr erwachsene, voll geschäftsfähige Personen. Dennoch hat diese Geschichte mit Grund gerade für Kinder ihre interessanten Seiten: Mit den Stichworten „Vater" und „Söhne" ist die Beziehung zwischen *Eltern und Kindern* angesprochen. Weiterhin sind mit den beiden Söhnen bei den kindlichen Zuhörern auch deren Erfahrungen mit Rivalität unter Geschwistern, Freunden, in einer Gruppe angerührt. Auch hier ist es die *Nahwelt der Familie*, auf deren Hintergrund zunächst die Kinder diese Geschichte hören und verstehen. Und hier können ihre Vorstellungen davon, was gerecht und fair ist, oft sehr heftig ins Spiel kommen. Es meldet sich deutlich das in dieser Altersstufe vorherrschende Interesse an *Gleichheit und Gleichberechtigung* zu Wort.[220] Daß der Vater seinen Sohn so überschwänglich empfängt, geht dem kindlichen Verständnis von Gerechtigkeit zunächst ebenso gegen den Strich, wie es beim älteren Sohn der Fall war, der deshalb mit seinem Widerspruch volle Sympathie genießt: Das hat der doch nicht verdient – so kann auch das Urteil unter Kindern lauten. Es wäre falsch, diese Widerstände, die sich bei den kindlichen Hörern zeigen, wegzuwischen und wegzureden. Vielmehr ist hier ein Punkt, an dem das alte Gleichnis seinen Weg zu seinen heutigen Hörern finden kann.

Schließlich: Das Verhalten des jüngeren Sohnes spricht verständlicherweise Tendenzen an, die Kindern zwar auf weiten Strecken unbewußt sein mögen, sich dann aber auch von Zeit zu Zeit sehr deutlich in ihren Fantasien zu Wort melden: Wünsche nach einem Leben ohne Eltern, nach einem Leben draußen. Und das ist es ja, was alle Kinder als Erwachsene einmal leisten müssen: Ein unabhängiges Leben auf eigene Verantwortung, ohne Abstützung auf die Eltern, so freundlich und zu-

---

217 SCHWEITZER, FRIEDRICH u.a. S.18. Interessant ist, daß die Schüler das „wieder lebendig geworden" des Gleichnisses mit „auferstanden" wiedergeben. Selbst wenn ihnen dieses Stichwort im Unterricht vorgegeben sein sollte, mag sich in der Tatsache, daß sie es wiederholt aufnehmen, die erste Andeutung eines Verständnisses für die übertragene Sprache des Gleichnisses zeigen.

218 s. dazu auch Kap.3.7 S.38f.

219 So EYKMAN, KAREL S.333

220 s. dazu wieder das o.a. Unterrichtsprotokoll bei SCHWEITZER, FRIEDRICH S.15

gewandt auch die Beziehung zu ihnen bleiben mag. Von daher ist es gerade für kindliche Hörer fatal, wenn das Begehren des jüngeren Sohnes – dem Gleichnis entgegen, das hierzu keine negative Beurteilung enthält – von vorneherein als fragwürdig, ja böse dargestellt wird. Daß der jüngere Sohn aus dem Haus geht und in die Welt hinauszieht, sollte ein Erzähler nicht schlecht machen und als ein „Weglaufen" oder „den Vater Verlassen" abwerten.

| E. Ideen zum Erzählen | Um die symbolische Rede des Gleichnisses von Tot-Sein und Wieder-Leben vorzubereiten, mag es nützlich sein, einen als solchen deutlich kenntlich gemachten inneren Dialog einzuschieben: |

> Der Sohn begann Not zu leiden. Da machte er sich auf und hängte sich an einen Bürger in jenem Land. Der schickte ihn auf seine Felder: Schweine sollte er hüten! Gerne hätte er da seinen leeren Bauch mit dem Futter, das die Schweine fraßen, gefüllt. Doch niemand gab ihm davon.

> Wie er nun so bei den Schweinen saß, in all dem Dreck und mit knurrendem Magen, da hat er vielleicht bei sich gedacht: Wie bin ich doch heruntergekommen! Das ist ja kein Leben mehr. Ein Hundeleben ist das, aber kein Leben für einen Menschen. Vielleicht hat er auch in seiner Verzweiflung gedacht: Ich bin erledigt. Wozu lebe ich überhaupt noch? Was habe ich noch Gutes zu erwarten? Für mich ist doch das Leben wie zu Ende. …

Auch im Hinblick auf das Verhalten des älteren Sohnes mag der Einschub eines solchen inneren Dialogs hilfreich sein:

> … Und sie fingen an fröhlich zu feiern.

> Was aber ist mit dem anderen Sohn? Was wird er sagen zu der großen Überraschung, daß sein Bruder wieder da ist? Wie wird er es nehmen, daß der Vater feiert und alle mit ihm. Wenn man ihn fragen wollte, dann war sein Bruder doch ein Bruder Leichtsinn, ein Tunichtgut und Verschwender! Und wie war er zurückgekommen! In Lumpen und ausgehungert! War das wirklich ein Grund zum Feiern?

> Der ältere Sohn aber war auf dem Feld. Und wie er heimkehrte …

Und zum „Schluß" bietet sich an, das offene Ende des Gleichnisses ins Spiel zu bringen und die kindlichen Zuhörer zu fragen:

> Was meint ihr, wie die Geschichte weitergehen soll? Was wird der ältere Sohn tun?

11.2 Wer schläft, wacht wieder auf – Die Auferweckung der Tochter des Jairus: Lukas 8,40–56

A. Einführung
in den
Bibeltext

Auch in dieser Geschichte geht es um Leben und Tod. Aber davon wird hier anders erzählt: nicht in Form eines *Gleichnisses* wie beim Verlorenen Sohn, sondern in der einer *Wundergeschichte*. Daß Jesus neues Leben bringt, daß man, wo man ihm begegnet, vom Schlaf aufwacht und aufsteht, das wird nicht als Lehraussage formuliert, sondern als eine *dramatische Handlung* veranschaulicht.[221]

Unsere Geschichte handelt nicht von einem *Kind* [222], sondern von einer zwölfjährigen, damals als heiratsfähig geltenden *jungen Frau*. Sie ist Tochter eines mit Namen genannten Synagogenvorstehers. Ein Bibelwissenschaftler[223] weist darauf hin, daß es in unserer Geschichte gar nicht in erster Linie um das Schicksal dieses einen Mädchens geht, von dem wir ja auch nichts Näheres erfahren: „Der Tod des Mädchens steht *für allen Tod* – darauf weisen die zwölf Jahre ihres Alters hin –, und zwar für den Tod, der aufgehoben wird, wo Jesus in das Leben des Menschen tritt …" Die „runde wie heilige Zahl Zwölf, die wie stets in der Bibel nicht biographisch, sondern symbolisch verstanden werden will", lädt den Leser ein „zu fragen, um wen es sich eigentlich bei diesem Mädchen handelt: nämlich letztlich *um ihn selbst*, um dessentwillen unsere Geschichte erzählt wird. Denn wer sollte sich als ein aus dem Tode Erretteter verstehen, wenn nicht jeder Mensch, der dem Wort des lebendigen Gottes begegnet?"

Also soll hier nicht eine vergangene „Es war einmal"-Geschichte geboten werden[224]. Uns heute vielmehr will diese Geschichte ansprechen. Uns will sie Hoffnung vermitteln auf neues Leben. Nicht um *einen individuellen Einzelfall* von Krankheit und Gesundheit und schon gar nicht von privatem Familienglück geht es hier also, sondern viel umfassender, viel universaler um ein Anzeichen für das Reich Gottes, das in Jesus seinen Anfang nimmt: *um Rettung und neues Leben*.

Immer wieder haben Ausleger darauf hingewiesen, daß unsere Geschichte mit dem Mädchen eine wirklich Gestorbene meint; damit wollten sie den Gedanken, Jesus habe ein nur scheintotes Mädchen vor dem Begrabenwerden bewahrt, abweisen, einen Gedanken, der manchmal zur „Erklärung" dieses Wunders beigezogen wurde und an das Wort: „Das Mädchen ist *nicht gestorben*, sondern es *schläft*" (V.39) anknüpfte. Sicher redet die Geschichte von wirklich ernstlicher, tödlicher Krankheit. Und doch läßt sie es im Letzten offen: Haben die Trauernden Recht, wenn sie das Mädchen für gestorben halten und in Hinnahme eines endgültigen, gleichsam „todsicheren" Faktums nun mit den üblichen Trauerriten beginnen, oder ist Jesus im Recht mit seinem Urteil: „Das Mädchen schläft"? Ein eindrückliches Bild ist

---

221 Die mit unserer Jairus-Erzählung verbundene Geschichte von der blutflüssigen Frau und ihrer Heilung Markus 5,25–34 wird hier vernachlässigt und sollte auch in der Erzählung gegenüber Kindern weggelassen werden.

222 Dieses Mißverständnis als *Kindergeschichte* hat wohl viele Kinderbibelautoren veranlaßt, sie in ihre Geschichtenauswahl aufzunehmen.

223 SCHMITHALS, WALTER: Das Evangelium nach Markus. Gütersloh: Gütersloher Verlagshaus Gerd Mohn 1979. S.290 und 288.

224 In diesem „Märchenstil" beginnt z.B. ENID BLYTON bezeichnenderweise ihre Nacherzählung stil.

es, wie Jesus und die Trauergesellschaft einander entgegenstehen: die Trauergesellschaft ganz im Bann des Todes, Jesus mit der Hoffnung auf Auferweckung[225], die die Trauer vertreibt.

B. Wie Kinderbibeln erzählen

Karel Eykman	Wilhelm Beneker	Johann Peter Hebel
… [Jesus] sagte scharf: „Los, aus dem Haus! Ihr alle. Jammert hier nicht herum. Heult hier nicht. Ihr sollt nicht glauben, daß sie tot ist. Ich will es nicht. Ich will, daß sie einfach schläft." „Schlafen? Daß ich nicht lache!" spottete da einer. „Das ist doch kein Schlafen mehr."	… Da ging Jesus in das Haus. Er sprach: „Wozu lärmt ihr hier? Dieses Kind schläft doch nur. Es ist nicht tot!" Aber die Frauen lachten ihn aus: „Dieses Kind schläft? Niemand wird es dir glauben. Es ist tot!" So verlachten sie ihn. Sie wußten ja nicht, daß Jesus meinte: „Der Tod ist ein Schlaf zur Auferstehung bei Gott!"	… Jesus sprach: „Weinet nicht, das Kind ist nicht tot, es schläft." Etliche lachten über das schöne, trostreiche Wort. Gar oft lacht der Unverstand. Jesus aber sorgte dafür, daß alle Leute hinweggeschafft wurden, daß das Töchterlein nicht erschrecken sollte, wenn es aufwachte aus seinem tiefen Todesschlaf. Ein menschenfreundliches Gemüt gibt auf alles acht.
Jesus ist dann ganz alleine nach oben gegangen. In das Zimmer, wo das Mädchen lag.	Und dann trieb Jesus sie alle hinaus aus dem Haus. Nur die Eltern des Kindes und seine Jünger nahm er mit sich. Er ging hinein zu dem Mädchen. Da lag sie. Und Jesus trat zu ihr. Er faßte ihre Hand an. Dann rief er das Kind aus dem Tode zum Leben: „Thalita kumi – Mädchen, ich sage dir, stehe auf!"	Es durfte niemand dableiben als die Eltern des Kindes und die drei Jünger Petrus, Jakobus und Johannes. Als sie nun so allein an dem Bett des erblaßten Mägdleins standen, ergriff es Jesus bei der Hand und sprach: „Kind, stehe auf!", wie wenn am Morgen eine Mutter ihre Kinder weckt.
Als er wieder nach unten kam, lief Talita hinter ihm her.	Und es geschah, wie Jesus sagte. Das Mädchen stand auf und ging umher. Es war zwölf Jahre alt. Gott hatte es gerufen. Er hatte es aus dem Tode ins Leben gerufen. Da war es erwacht. Ein Zeichen war geschehen. Nun wissen wir, daß wir auferstehen werden	Sie stehen frisch und munter auf und begrüßen das freundliche Tageslicht. Also stand auch auf den Ruf Jesu das entschlafene Töchterlein des Jairus auf, daß sich auch seine Eltern vor Schrecken und Freude entsetzten.

---

225 V.42 erscheint das griechische Wort „aufstehen", das auch „auferstehen" bedeutet: „Und alsbald *stand* das Mädchen *auf*".

	vom Tode. Und sie alle, die dabei waren entsetzten sich. Es kam Furcht und Zittern über sie. Aber Jesus befahl ihnen: „Sagt das nicht weiter, was ihr gesehen habt. Es ist ein Geheimnis. Das muß es bleiben, bis ich selber von den Toten auferstanden bin!" Dann sprach er: „Gebt dem Mädchen zu essen!"	
		Jesus aber befahl, man soll dem Kinde etwas zu essen geben. In der Bestürzung und Freude hatten es die Eltern fast vergessen.

Hier wird sehr deutlich, wie verschieden die drei Verfasser unsere Auferwekkungsgeschichte verstanden haben. KAREL EYKMAN legt das Gewicht auf den *Willen* Jesu, der gegen den Tod gerichtet ist: „Ihr sollt nicht glauben, daß sie tot ist. Ich *will* es nicht. Ich *will*, daß sie einfach schläft." Die Auferweckungsszene selber übergeht er dezent[226]. Erst nach der Auferweckung („… lief Talita[227] hinter ihm her") fährt er in seiner Erzählung fort: Es fehlt die anschauliche Szene, wie Jesus die Hand des Mädchens ergreift und sie anspricht: Talitha kumi – Mädchen, stehe auf! Der Verfasser will offensichtlich, daß das Auge des Lesers nicht auf den Wunderhergang fixiert bleibt.

WILHELM BENEKER unterbricht seine Erzählung immer wieder mit *deutenden theologischen* Kommentaren. Daran fallen besonders zwei Elemente auf, der Begriff „Zeichen", den er für das Wunder verwendet, und der Hinweis darauf, daß Gott es war, der das Mädchen aus dem Tode ins Leben gerufen hatte.

Am Interessantesten aber ist JOHANN PETER HEBELs Nacherzählung. Er malt das Bild vom Todesschlaf sehr fantasiereich aus und verbindet die Auferweckungsszene mit Assoziationen an das morgendliche *Aufstehen* – einer Auferstehung im Kleinen gleichsam. Man spürt der Erzählung HEBELs ab, daß ihm wichtig ist, uns das Verhalten Jesu als Äußerung seiner *menschenfreundlichen Liebe* zu verstehen zu geben.

C. Impulse zum eigenen Verständnis

Ist das eine Geschichte für uns? Wer bei einem Glaubensverständnis, das in der Tatsächlichkeit von Wundern kein Problem sieht, auch diese Wundergeschichte ohne Zweifel schlicht hinnehmen zu können meint, dem stellt sich doch auf jeden Fall eine Frage, nämlich: Wieso soll uns eigentlich die Nachricht von der Auferweckung, der Wiederbelebung einer Frau vor rund 2000 Jahren überhaupt berühren? Was soll sie uns besagen? Sie will uns doch nicht eine illusionäre Hoffnung darauf geben, daß wir, wie diese Geschichte äußerlich geht, Ähnliches erleben dürfen, sollte unser Leben einmal zu Ende sein: eine Rückkehr in das alte Erdenleben.

---

226 Ähnlich stellen die Ostergeschichten in den Evangelien die Auferstehung Jesu selbst nichtdar.
227 Hier ist dem Autor ein Versehen unterlaufen: Talita ist kein Name, sondern das aramäische Wort für „Mädchen".

Vielleicht ist es hilfreich, wenn wir an dieser Stelle unseren Blickwinkel ausweiten, um einen Zugang zu der Botschaft einer solchen Geschichte zu finden. Unsere Geschichte erzählt zunächst von dem Auferstehen einer einzelnen Toten – so scheint es. *Auferstehen* aber ist bei uns ein sehr enger Begriff, ein theologischer Fachbegriff, geworden. Das griechische Wort ist sehr viel weiter und darin sehr viel näher dem Alltagsleben: Es bedeutet auch „*Aufstehen*". INGO BALDERMANN ist diesem weiten Feld von Bedeutungsmöglichkeiten nachgegangen: „Aufstehen zu neuem Tätigsein am Morgen, mehr noch das Aufstehen nach langer Krankheit, vollends das Aufstehen nach einer schweren Niederlage, das Aufstehen jemandes, der ganz am Boden lag" – diesen Glanz bekommt das Wort: Aufstehen. „Kinder erfahren wohl noch nachdrücklicher als Erwachsene die Unfreiheit des Liegens, den Schmerz und die Scham des Unterliegens, und sie wissen desto genauer, was er heißt, wieder aufzustehen. Und wo Menschen durch Gewalt gefügig gemacht werden, sich ducken, sich beugen oder unterwerfen müssen, da bekommt das Aufstehen den Charakter des Aufstandes."[228]

Sehr eindrücklich bringen auch die Verse von MARIE LUISE KASCHNITZ die Auferstehungserfahrung ins Elementare und Alltägliche, indem sie mit den Worten „Auferstehen" und „Aufstehen" spielen:

Auferstehung
Manchmal stehen wir auf
Stehen wir zur Auferstehung auf
mitten am Tage
Mit unserem lebendigen Haar
Mit unserer atmenden Haut.

Nur das Gewohnte ist um uns.
Keine Fata Morgana von Palmen
Mit weidenden Löwen
Und sanften Wölfen.

Die Weckuhren hören nicht auf zu ticken
Ihre Leuchtzeiger löschen nicht aus.

Und dennoch leicht
Und dennoch unverwundbar
Geordnet in geheimnisvolle Ordnung
Vorweggenommen in ein Haus aus Licht.[228a]

Nur einem trockenen theologischen Theoretiker mag es gering erscheinen, daß das Alltägliche des morgendlichen Aufstehens, das J.P.HEBEL noch in Verbindung mit der Auferweckung der Tochter des Jairus bringen konnte, etwas mit „Auferstehung" zu tun hat. Daß es z.B. für den, den der vorhergehende Tag tief niedergeschlagen hat, ein Wunder ist, wenn die Angst vor dem nächsten Tag und dem, was

---

[228] BALDERMANN, INGO. 1980 S.253
[228a] KASCHNITZ, MARIE LUISE: Dein Schweigen – meine Stimme. Gedichte 1958–1961. Düsseldorf: Claassen. 1962. S.13. Zitiert nach: KUSCHEL, KARL-JOSEF: Der andere Jesus. Ein Lesebuch moderner literarischer Texte. Gütersloh: Gütersloher Verlagshaus Gerd Mohn. 1983. S.330

er bringen mag, neuer Zuversicht weicht[229]. Daß Aufstehen-Können Heilung bedeutet für den Kranken, der ungeduldig von Tag zu Tag von neuem fragt, wann er denn endlich wieder aufstehen dürfe. Für MARIE LUISE KASCHNITZ birgt sich darin eine Vorahnung, ja ein Abglanz von Auferstehung.

Auferweckung zu einem neuen Leben (und nicht in das alte Leben hinein – wovon unsere Geschichte äußerlich genommen zu reden scheint) – das ist im Neuen Testament nicht eine Erfahrung am Ende, sondern eine Erfahrung, die unser Leben jetzt verwandeln, der Sorge um den Tod entreißen und mit Zuversicht und Lebensmut erfüllen will. So hat es auch MARTIN LUTHER verstanden, wenn er im Kleinen Katechismus erklärt, was die Taufe im Christenleben bedeuten soll:

> Es bedeutet, daß der alte Adam in uns durch tägliche Reue und Buße soll ersäuft werden und sterben mit allen Sünden und bösen Lüsten; und wiederum *täglich* herauskommen und *auferstehen* soll ein neuer Mensch, der in Gerechtigkeit und Reinheit vor Gott ewiglich lebe.

D. Überlegungen zum Verständnis der Kinder	Von Vater, Mutter und Tochter, einer kleinen Familie ist in unserer Geschichte die Rede: Das interessiert Kinder. Die Sorge des Vaters, die ihn einen so weiten Weg machen läßt, um Hilfe für sein krankes Kind zu holen, mag bei Kindern Selbsterlebtes wachrufen. Auch die Darstel-

lung von Krankheit und Pflege wird an eigene Erinnerungen rühren: Als ich einmal krank war … Und schließlich gibt die Geschichte auch zu denken, was erst allmählich in das Gesichtsfeld von Kindern tritt, daß unser Leben – auch das von Jüngeren – begrenzt ist und daß Krankheit auch Ernsteres bedeuten kann als ein paar Tage Bettruhe.

Ist das überhaupt eine Geschichte für Kinder ? Wie sollen Kinder sie aufnehmen? Im Sinne eines staunenden „Der Herr Jesus konnte das (damals)"[230], mit dem die Geschichte mißverstanden wird als „Bericht" davon, wie Jesus – als mit magischen Kräften ausgestatteter Zauberer – sogar eine Tote wiederbelebt habe? Läßt sich die Botschaft von dem Neuen Leben, das der Glaube in Christus findet, Kindern überhaupt mit einer solchen Totenauferweckungsgeschichte nahebringen? Liegen nicht tragische Mißverständnisse nahe wie das jenes Kindergartenkindes, das die Geschichte im Kindergottesdienst gehört hatte, dann in der folgenden Woche den Tod seines geliebten Großvaters erlebte und nun die trauernden Eltern mit den Worten trösten wollte: Ihr müßt nicht weinen. Der Opa schläft nur. Als die Erwachsenen dem zum Trotz aber Anstalten machten, die Beerdigung vorzubereiten, kam Panik über den Jungen: Nein, Ihr dürft den Opa nicht wegbringen. Der muß hierbleiben, bis der Jesus vorbeikommt. Der macht ihn wieder lebendig. – Man kann sich vor-

---

[229] Vergleiche dazu die Verse aus dem Morgenlied „Morgenglanz der Ewigkeit" von CHRISTIAN KNORR VON ROSENROTH (Ev. Gesangbuch Nr.450,3):
Gib, daß deiner Liebe Glut / unsre kalten Werke töte,/ und erweck uns Herz und Mut / bei entstandner Morgenröte,/ daß wir, eh wir gar vergehn, / recht *aufstehn.*
Ähnlich singen Morgenlieder von PAUL GERHARD: „Lobet den Herren ,…der aus dem Schlaf uns fröhlich *auferwecket.*" (EG Nr.447,2)

[230] Eine Kinderbibel will ihre Leser darin gar die Spitze der Autorität Jesu sehen lassen. So läßt ANNE DE VRIES die Geschichte vom Jüngling zu Nain so schließen: „Alle Menschen dachten: Wie gut ist Gott zu uns, daß er uns Jesus gesandt hat. Und im ganzen Land erzählten sie, *wie mächtig* Jesus war und daß er *sogar* einen Toten wieder lebendig gemacht hatte."

stellen, wie irritiert die Erwachsenen durch das Verhalten des Jungen gewesen sein mögen. – Freilich das Mißverständnis des Jungen haftet nicht nur an einer solchen einzelnen Wundergeschichte. Dahinter steht vermutlich eine bestimmte Vorstellung, die er sich von Jesus überhaupt macht. Er mag sich Jesus als eine allmächtige, göttliche Figur denken, die noch unter uns lebt und jeden Augenblick zu uns kommen oder vom Himmel her auf der Erde erscheinen kann. Nicht in seiner Vorstellung ist das Bild von Jesus als einem konkreten geschichtlichen Menschen, der in einem bestimmten Land und zu einer bestimmten Zeit gelebt hat und gestorben ist und der nun bei Gott und in unseren Herzen lebt. Darum warnt etwa ein Religionspädagoge wie INGO BALDERMANN davor, „wenn man für die didaktisch so gewichtige Aufgabe eines ersten Bekanntmachens der Kinder mit Jesus die großen Wundergeschichten heranzieht: Speisung, Sturmstillung oder Totenauferweckung. Sie haben einen anderen didaktischen Ort: Sie setzen ein Kennen des wahren Menschen Jesus voraus und zeigen – auf der Basis dieser Voraussetzung! – daß er damit noch nicht wirklich erkannt ist. Werden sie aber ohne diese Voraussetzung angeboten, so wird Jesus notwendigerweise zu einem Halbgott …"[231]

Wie denken Kinder über Leben und Tod?

Noch eine andere Gefahr lauert auf den Erzähler, wenn er Kindern eine Geschichte anbietet, die die Auferweckung eines gestorbenen Menschen zum Inhalt hat: daß man Kinder hindert, realistischere Anschauungen von Tod und Leben zu entwickeln, daß man in ihnen vielmehr die kleinkindhafte Illusion, die doch aufgegeben werden muß, wieder zum Schwingen bringt, der Tod sei nur ein vorübergehendes „Wegsein". Daher muß man beim Erzählen auch berücksichtigen, welche Gedanken die kindlichen Zuhörer über Leben und Tod haben und welche Erfahrungen sie selber damit verbinden.

Die Vorstellungen davon, was „Totsein" bedeutet – und in Entsprechung dazu natürlich auch davon, was „lebendig" ist – entwickeln sich in Kindern allmählich. Könnte man ein Baby fragen, so würde es wahrscheinlich sagen, daß es – in der Geborgenheit der Mutter-Kind-Symbiose, die ihm die ganze Welt bedeutet – ewig lebt. Erst im Laufe der weiteren seelischen Entwicklung des Kleinkindes tritt mit seinen vielfältigen Erfahrungen auch das Faktum ins Bewußtsein, daß Menschen sterben. Aber was bedeutet das für ein kleines Kind? Zunächst einmal erleben kleinere Kinder den Tod als ein Ereignis, das anderen, besonders alten Menschen, zustößt. Von der Endgültigkeit dieses Geschehens können sie sich noch keinen Begriff machen: Der Verstorbene ist „weg", aber es bleibt durchaus denkbar, daß er wiederkommt. Oft äußern sich Kinder in diesem Sinn. Auch ihre Zeichnungen lassen ähnliche Gedanken erkennen. So sagt noch eine Neunjährige auf die Frage, wie sie sich den Tod vorstellt:

> Ich stelle mir vor, daß ich auf einem Regenbogen in den Himmel klettere – und daß der liebe Gott mich in ein Baby verwandelt – und daß ich wieder zur Welt komme, und immer so weiter, daß ich immer bessere Leben habe. Wenn ich das hundertmal gemacht habe, fängt alles von vorne an.[232]

231 INGO BALDERMANN und GISELA KITTEL: Die Sache des Religionsunterrichts. Zwischen Curriculum und Biblizismus. Göttingen: Vandenhoeck und Ruprecht. 1975 S.161
232 BROCHER, TOBIAS S.42

Näher an der Wahrheit ist ein neunjähriger Junge, der von sich sagt:

„Ich stelle mir vor, daß, wenn ich tot bin, ich bei Gott wieder aufwache!"[233]

Daß dieses „Bei-Gott-Aufwachen" anderes ist als eine Wiederkehr in das alte Leben, davon scheint dieser Junge eine erste Ahnung zu haben.
Der Schweizer Psychologe JEAN PIAGET hat sich sehr eingehend mit der Entwicklung des kindlichen Denkens beschäftigt und so auch die Vorstellungen untersucht,
die Kinder über den Tod haben. Eine Stufe dieser Entwicklung ist etwa dadurch
gekennzeichnet, daß Kinder auf dem Wege zu einem realistischeren Verständnis
sind: Totsein heißt sich nicht bewegen können, nicht fühlen, nicht atmen, nicht
sprechen können. „Kann man dann noch fühlen [wenn man tot ist]? Fühlt man
dann noch, daß man ,Ich' ist?" – so fragt ein Achtjähriger. Kinder spielen Totsein
und Beerdigung, begraben z.B. ihr verstorbenes Meerschweinchen in aller Form.
Auf diese Weise machen sie sich vertraut damit, was Totsein heißt und was Trauer
bedeutet. Sie können dann aber nach Tagen wieder nachgraben, um zu sehen, was
denn mit einem toten Wesen geschieht. So wird ihnen allmählich immer deutlicher, daß Sterben ein nicht umkehrbares, endgültiges Geschehen ist und daß es
auch ihrem Leben gilt.

E. Ideen zum Erzählen	Wer sich entschließt, eine solche Geschichte zu erzählen, muß sich also der besonderen Risiken bewußt sein, die hier mit dem Erzählen verbunden sein können. Es gilt, das *Zeichenhafte*, den *symbolischen Bildgehalt*, von dem die Geschichte lebt, besonders deutlich hervorzuheben

und dem Zuhörer kenntlich zu machen:

… Und nun kommt Jesus in das Haus. Das Haus ist voll. Viele Leute sind da. Die
Nachbarn sind gekommen. Und Freunde und Verwandte. Das Mädchen ist tot: Da
wollen sie mittrauern. Alle weinen und klagen – große Unruhe erfüllt das Haus.

Und Jesus sagt: Was weint ihr und klagt ihr?

Die Menschen sehen sich verwundert an: Sollen wir etwa nicht weinen? Man muß
doch traurig sein, wenn einer gestorben ist!

Und Jesus sagt weiter: Weint nicht: Das Kind ist nicht gestorben, sondern es schläft.

Da lachen die Leute Jesus aus: Wie kann er so etwas sagen? Schlafen! Weiß der nicht,
was tot ist? Wir wissen es: Tot ist tot. Da gibt es keine Hoffnung mehr. Gegen den Tod
ist kein Kraut gewachsen.

Ich denke mir: Wie kann Jesus das sagen: Sie schläft, wo die Leute doch sagen: sie ist
tot? Warum sagt er das? Was soll das bedeuten? – Vielleicht: Wer schläft, wacht auf.
Er kann lange schlafen, aber er wacht wieder auf. Wer tot ist und schläft, kann der
auch aufwachen? Wacht der auf bei Gott? …

… Und Jesus geht hinein: Dort liegt das Kind. Und er ergreift das Kind bei der Hand
und sagt: Mädchen, steh auf!

---

[233] BROCHER, TOBIAS S.46

An dieser Stelle sei an die kunstvolle Erzählweise J.P.HEBELS erinnert, der unsere Auferweckungsgeschichte so in den Alltag der kleinen Hörer bringt, daß sie ihre eigenen Aufsteh-Erfahrungen daran wiedererkennen können.

> Er sagt das so, wie es eine Mutter tut am Morgen, wenn sie ihre Kinder wecken will. Was sagt sie? Steht auf! Da kommt Leben in die Schläfer, sie räkeln sich wach, sie schlagen die Augen auf, sie sehen die liebe Sonne scheinen: Ein neuer Tag hat das Dunkel der Nacht vertrieben! …

Nebenbei: Zu der Atmosphäre der Geschichte gehört ein konkreter geschichtlicher Rahmen, der in der Nacherzählung den Kindern mit vermittelt werden muß: Jairus ist Vorsteher der örtlichen *Synagoge*. Synagogen nennt man – damals zur Zeit Jesu wie heute – die Gotteshäuser für eine jüdische Gemeinde. Die Synagoge in Nazaret (Lukas 4, 16ff) war die „Kirche" Jesu, in der er zum Gottesdienst ging, aus der Schrift las und „predigte". Eine solche Synagogengemeinde hat einen Vorstand: Dessen Vorsitzender ist Jairus. In einer Synagoge versammeln sich auch heute jüdische Gläubige am Sabbat, also am Sonnabend, und an Festtagen wie dem Passahfest zum Gottesdienst (und unter der Woche zum Lernen).

Nur die wenigsten Kinder werden eine heutige Synagoge kennen. Darum ist eine sachliche und respektvolle Information darüber notwendig.[234]

11.3 Jesus bei uns – Die Emmausjünger: Lukas 24, 13–3

A. Einführung in den Bibeltext	*Was für Geschichten sind die Ostererzählungen?*

Unsere Geschichte von den beiden Wanderern nach Emmaus sei eine der schönsten, poetischsten Erzählungen in den Evangelien – so lautet ein verbreitetes Urteil. Sie ist – wie Bibelwissenschaftler sagen – mit legendenhaften Zügen ausgestaltet. Das verbindet sie mit jener alten Erzählung von Abraham (1.Mose 18), bei dem sich geheimnisvoller Besuch einstellt: Ist es Gott selbst oder wer verbirgt sich in den drei Männern, mit denen Abraham spricht, denen er die Füße waschen läßt und die er reich bewirtet, wie man es mit einem Gast tut? Das bleibt hier in der Schwebe. Der Besucher kündigt Abraham die Geburt des verheißenen Erben, des Isaak, an. Und Abraham setzt sich mit ihm gleichsam von Angesicht zu Angesicht über das Schicksal der Städte von Sodom und Gomorra auseinander: Willst du denn den Gerechten mit dem Gottlosen umbringen?

Aber Gott in Person auf Erden wandelnd – paßt das in eine „normale" Geschichte? Eine solche Geschichte kann nicht als ein historischer Bericht genommen werden, der uns über ein weit in grauer Vorzeit zurückliegendes Ereignis „informiert", das sich in der äußeren Wirklichkeit abgespielt haben sollte. Wir verstehen: Was wir hier vor uns haben, das ist eine andere Form von Geschichte. Sie versetzt uns zwar in Raum und Zeit. Aber sie malt mit ihren Bildern nicht etwas, das draußen geschieht, sondern das Abraham in seinem Inneren anspricht und ergreift.

---

[234] s. dazu die Erklärung von ANNELIESE POKRANDT: Elementarbibel 7. Lahr 1985 S.90

Wenn Menschen in den biblischen Büchern ihren Erfahrungen mit Gott Ausdruck geben wollten, wenn sie davon sprechen wollten, daß Gott ihnen nahe ist, dann haben sie das auf sehr verschiedene Weise getan. Sie erzählten davon, daß Gott ihnen im Traum begegnet wie dem Jakob, der auf der Flucht von der Himmelsleiter träumt. Daß Gott ihnen Boten schickt wie dem Abraham oder dem Lot. Daß sie eine Vision hatten wie Jesaja, der den Himmel offen und Gott auf seinem Thron sitzen sah, oder wie Mose, dem Gott im brennenden Dornbusch erschien. Und schließlich – daß Gott mit den Menschen wandert wie im Paradies.

Gott wandelt unerkannt unter den Menschen, er gibt sich überraschend zu erkennen und entzieht sich den menschlichen Augen wieder auf geheimnisvolle Weise – dieses Erzählmotiv ist auch das Vorbild unserer Erzählung von den Emmausjüngern. Einer Erzählung, die die Botschaft von der Auferstehung mit Elementen gestaltet, die uns legendenhaft anmuten. Wir müssen es zur Kenntnis nehmen: Die Christen der frühen Kirche haben das offensichtlich für möglich, ja für angemessen gehalten, von den Erscheinungen des Auferstandenen auch in Legendenform zu erzählen.

Diese Geschichte bringt in eine äußere Handlung, was doch ein unvorstellbares Wunder ist: Auferstehung. Dafür gibt es keine „Augen"zeugen und kann es nicht geben, auch wenn viele Bilder in der Kunst den aus dem Grab auffahrenden auferstandenen Christus mit Siegesfähnchen in seiner Rechten und die geblendeten und niederfallenden Grabeswächter zeigen. Was wir allenfalls „sehen" können, ist, wie Menschen neue Zuversicht, neues Leben gewinnen. Das war wie ein Wunder. Denn sie hatten doch alle Hoffnung aufgegeben, blind waren sie gewesen dafür, daß Jesus, den sie im Grab suchten, in Wahrheit bei ihnen ist. „Gleichwie Christus ist auferweckt von den Toten durch die Herrlichkeit des Vaters, so sollen auch wir *in einem neuen Leben wandeln*" – so beschreibt es Paulus (Römer 6,4). Die neue Lebendigkeit des Auferstandenen ist also nicht „tote" Vergangenheit, sondern will unser Leben jetzt neu machen.

Die Briefe des Paulus geben uns – um Jahrzehnte früher als die Evangelien und so dem Anfang näher – die erste Kunde von der neuen Hoffnung, die für Christen in der Auferstehung Christi beschlossen liegt. Paulus wählt dazu die Worte eines kurzen Bekenntnisses (1.Kor. 15,3ff.), das schon ihm überliefert ist:

> Denn als erstes habe ich euch weitergegeben, was ich auch empfangen habe:
> Daß Christus gestorben ist für unsre Sünden nach der Schrift;
> und daß er begraben worden ist;
> und daß er auferstanden ist am dritten Tage nach der Schrift;
> und daß er gesehen worden ist von Kephas,
> danach von den Zwölfen. …

An diese Bekenntnissätze fügt Paulus nahtlos seine eigene Erfahrung mit dem auferstandenen Christus an, die er in einer Linie mit den Ostererscheinungen der Jünger sieht, obwohl Ostern für ihn doch schon um Jahrzehnte zurück liegt:

> Zuletzt von allen ist er auch von mir als einer unzeitigen Geburt gesehen worden. Denn ich bin der geringste unter den Aposteln, der ich nicht wert bin, daß ich ein Apostel heiße, weil ich die Gemeinde Gottes verfolgt habe.

Was Paulus als Bekenntnissätze in seinem Brief an die Gemeinde von Korinth zitiert, das „veranschaulicht" unsere Erzählung von den beiden Jüngern auf dem Weg nach Emmaus in Form einer Handlung, die in Zeit und Raum spielt. Und doch enthält diese Erzählung Elemente, die den Leser darauf hinweisen möchten: Dies ist keine Geschichte, die äußere Ereignisse abbilden will. Denn wie soll man das verstehen: Jesus erscheint und wird, obwohl seinen Jüngern als Person wohl vertraut, von ihnen nicht erkannt. Unsere Geschichte sagt dazu: „Ihre Augen wurden gehalten, daß sie ihn nicht erkannten". Dann aber, als man ihn schließlich erkennt, entzieht er sich auf geheimnisvolle Weise den beiden, die mit ihm am Tisch sitzen. Und wieder heißt es: „Da wurden ihre Augen geöffnet, und sie erkannten ihn." Es kommt also nicht von den Jüngern her, ob sie erkennen oder nicht erkennen. Sie haben es nicht gemacht. Es ist ihnen widerfahren. Daß sie den Jesus, der mit ihnen ist, erkennen, ist Geschenk. Jetzt können sie – von hinterher – verstehen, mit wem sie es in Wirklichkeit zu tun hatten:

> „Brannte nicht unser Herz in uns, als er mit uns redete auf dem Wege und uns die Schrift öffnete?"

Wo ist Jesus bei uns?

Die Erzählung von den Emmausjüngern will, obwohl sie unsere Fantasie an den ersten Ostertag führt, nicht eigentlich von etwas sprechen, was damals erlebt wurde und wovon wir nun durch Jahrtausende getrennt sind. Sie will uns vielmehr an die Stelle führen, wo uns heute, so fremd und fern uns Menschen im 20. Jahrhundert Jesus von Nazaret sein mag, derselbe Christus erscheint und anspricht. Wo gehen den Jüngern die Augen auf, ja richtiger: Wo werden sie ihnen geöffnet?

> Und es geschah, als er mit ihnen zu Tisch saß, *nahm er das Brot, dankte, brach's und gab's ihnen.*
>
> *Da* wurden ihre Augen geöffnet, und sie erkannten ihn. Und er verschwand vor ihnen.
>
> Und sie sprachen untereinander: Brannte nicht unser Herz in uns, als er mit uns redete auf dem Wege und *uns die Schrift öffnete?*

Es ist schon immer aufgefallen, daß die Tischszene mit denselben Worten geschildert wird, die anderswo in den Abendmahlserzählungen beschreiben, wie Jesus das Brot austeilt. Diese Emmaus-Geschichte spielt ihren Worten nach zu Ostern des Jahres 33. In Wahrheit aber will sie zugleich von Erfahrungen sprechen, die Christen am „Tisch des Herrn" etwa 50 Jahre später zur Zeit des Evangelienverfassers Lukas, also etwa im Jahr 80 n.Chr. machten. Mit den beiden Emmausjüngern sitzen die Christen der Gemeinden um den Evangelisten Lukas am Tisch. Sie sind es, die Christus bitten: „Herr, bleibe bei uns!" Abendmahl – das war für die Christen der Lukaszeit keine Sache der Vergangenheit, sondern etwas, das zu ihrem eigenen christlichen Leben gehörte: Miteinander essen, das Brot brechen und teilen und mit Wein feiern. „Die Geschichte will die Anwesenheit Jesu in der urgemeindlichen Mahlgemeinschaft veranschaulichen", so hat es ein Bibelwissenschaftler auf den Punkt gebracht.[235]

---

235 MARXSEN, WILLI: Die Auferstehung Jesu von Nazareth. Gütersloh 1972 S.164

So können wir diese Geschichte ruhig weiterschreiben in unsere Zeit: Mit Jesus am Tisch – dies ist nicht nur eine Erfahrung in den Gemeinden der frühen Kirche, sondern der Kirche zu allen Zeiten, auch unserer Kirche heute. Auch wir heute feiern mit denselben Worten das Abendmahl und können dabei dieselbe Erfahrung machen: Daß uns die Augen geöffnet werden.

Noch an einer anderen Stelle erkannten die beiden Wanderer den Christus bei ihnen: Brannte nicht unser Herz in uns, als er mit uns redete auf dem Wege und uns die Schrift öffnete? – so sagen sie davon. Auch diese Stelle ist uns heute zugänglich wie damals: die Schrift. Die Schrift der Christen damals war freilich noch nicht die Bibel, wie wir sie heute haben, sondern die Schrift der jüdischen Gemeinden: Gesetz, Profeten und Schriften, unser sogenanntes „Altes Testament". Ein „Neues" Testament als Buch gab es noch nicht. Ein paar Briefe des Paulus mögen in den Gemeinden damals zirkuliert haben, Erinnerungen an Jesus, Sprüche, Gleichnisse von ihm mögen mündlich weitergegeben worden sein. Aber die Schrift, die man las als Wort des Gottes, der sich in Jesu Leben offenbart hatte, das war das Alte Testament, wie es in hebräischer Sprache und in griechischer Übersetzung vorlag.[236] Und was man da erlebte, nämlich daß einem das Herz warm wurde an dem, was man las, daß die Geschichten in der Bibel auf einmal lebendig wurden und einen neuen Blick schenkten – das ist auch uns zugänglich, das findet auch heute statt. Und wir dürfen das nehmen als Zeichen der Gegenwart des Christus, der auch mit uns „wandern" will.

| **B. Wie Kinderbibeln erzählen** | Eine Reihe Kinderbibeln haben die Tendenz, die Erkennbarkeit des Auferstandenen im Äußeren zu sehen. So z.B. die Stephanus-Bibel: „Obwohl sie [die Jünger] ihn [Jesus] sahen, merkten sie nicht, wer er war. Sogar als er zu sprechen begann, hörten sie nicht, daß *seine Stimme* |

ihnen bekannt war."[237] Andere Kinderbibeln vermitteln den Eindruck, es habe an äußeren Bedingungen gelegen, daß die Jünger und Jüngerinnen den auferweckten lebendigen Christus nicht erkannten. So verwechselt bei ANNE DE VRIES Maria von Magdala Jesus mit dem Gärtner (Johannes 20,14f), weil sie „ihn durch ihre Tränen hindurch nicht erkennen" konnte. Und die Jünger am See Tiberias (Johannes 211–14) „konnten Jesus kaum erkennen, so dunkel war es noch."

Aber nichts Äußeres ist es, woran die Jünger bemerken, daß sie es mit dem lebendigen Jesus zu tun haben, sondern – wie die Emmausjünger sagen – er wird „von ihnen erkannt, als er *das Brot brach*." (Lukas 24,35)[238]. Und nicht ein persönliches Kennzeichen wie Stimme, Augenfarbe oder Bartform, die zur Gestalt Jesu gehörten, bringt den ungläubigen Thomas zum Glauben. Es ist vielmehr der Blick auf die *Nägelmale* und die *Wunde* an der Seite (Johannes 21,27f). Das Kreuz also, das an der Christuserscheinung sichtbar wird, ist Erkennungszeichen für den Auferstandenen.

---

236 s. dazu auch Kap 2.2 S.21f. „Ein Stück Bibelkunde"
237 EVERT KUIJT: Komm und sieh. Stephanusbibel. 1992. S.210
238 Damit ist auch nicht gemeint, daß es eine besondere, für Jesus charakteristische Geste beim Brotbrechen gewesen wäre, die ein „Wiedererkennen" ermöglicht hätte. S. BALDERMANN, INGO 1996 S.228

C. Impulse
zum eigenen
Verständnis

Das Grab Jesu nicht leer?

Einer solche Geschichte enthält die Frage für uns, wie wir selber Ostern verstehen, wie wir uns die Auferstehung Jesu denken. Gerade in den letzten Jahren ist darüber wieder eine lebhafte Auseinandersetzung entstanden, die sich an dem Buch des Göttinger Theologieprofessors GERD LÜDEMANN[239] über die Auferstehung entzündete. Als besondere Provokation wurde seine These empfunden, das Grab Jesu sei nicht leer gewesen, Jesus habe das Schicksal aller Menschen im Tod geteilt: Sein Leichnam sei verwest.

Doch es ist im Grunde nicht zu verstehen, daß eine solche These so irritieren kann. Denn auch unsere Hoffnung als Christen auf Auferweckung, auf ein Leben in Gott geht ja nicht darauf, vor dem Schicksal bewahrt zu bleiben, begraben und wieder zu Erde zu werden. Obwohl wir nichts anderes als dies realistischerweise zu erwarten haben, gilt dennoch: „In Christus werden alle lebendig gemacht werden." (1.Korinther 15,22) Paulus hat (in seinem 1.Korintherbrief Kap. 15) intensiv darüber nachgedacht, wie sich das auferstandene Leben denken ließe, und hat in Bildern und Vergleichen davon zu reden versucht. Das steht für ihn fest: „Fleisch und Blut können nicht das Reich Gottes ererben; auch wird das Verwesliche nicht erben die Unverweslichkeit." Da gibt es einen Bruch, eine Grenze. „Es wird gesät ein natürlicher Leib und wird auferstehen ein geistlicher Leib" (ein paar Sätze später setzt Paulus entgegen: irdischer Leib – himmlischer Leib). Der natürliche Leib vergeht und wird nicht wieder lebendig, wie das Samenkorn, das vergehen muß, damit die Pflanze in neuer, ganz anderer Gestalt aus der Erde zum Leben kommen kann. Das gilt auch von dem neuen Leben, zu dem Gott die Entschlafenen auferwecken wird, und Christus ist der Erste, der unter ihnen zu neuem Leben auferweckt ist.

Wie läßt uns Paulus die Wirklichkeit der Erscheinung verstehen, in der sich ihm Christus gezeigt hat? „Am letzten nach allen ist er auch von mir gesehen worden" (1.Kor. 15,8, auch 9,1) – um was für ein „Sehen" handelt es sich da? Der griechische Ursprungstext sagt genauer: „Er ist mir erschienen" – die Aktivität ging also nicht von Paulus und seinem Sehen aus. „Mir erschienen" – wie dies vorzustellen ist, darüber läßt sich Paulus nicht näher aus. An anderer Stelle spricht er davon, daß Gott „seinen Sohn offenbare in mir". Diese Offenbarung hat uns Lukas in seiner Apostelgeschichte in dramatischer Form dargestellt als eine plötzliche Bekehrung. Er hat sie veranschaulicht in dem Bild einer visionären Erscheinung, die Paulus niederwarf: das sog. Damaskuserlebnis (Apostelgeschichte 9). Aber so muß man es sich nicht vorstellen, als plötzliche Bekehrung. Diese „Offenbarung", die Paulus anderen Sinnes über Jesus werden ließ und die sein Leben so völlig veränderte, kann man sich auch denken als einen längeren Prozeß, der Paulus zu einem Anderen machte: aus einem Verfolger Jesu zu einem Nachfolger. Sei es wie es wolle – diese Veränderung, diese Umwälzung seines Lebens ist es, in der dem Paulus Christus als der Auferstandene „erschien". Das ist das Neue Leben, das Paulus geschenkt wurde.

---

[239] Die Auferstehung Jesu. Göttingen 1994

D. Überlegungen zum Verständnis der Kinder

„Ist Jesus denn nach seinem Tod zurückgekommen?" – so kann ein Kind fragen. Hier ist eine Antwort gefordert, die authentisch ist, die für Kinder und Erwachsene Gültigkeit besitzt. Kinder sollen diese Geschichte nicht als eine „Geistergeschichte", eine „Spukgeschichte" mißverstehen. Dazu ist nötig, daß das Visionäre an der Geschichte deutlich gemacht wird (s. dazu auch das Traumbild des Jakob, das ihn im Bild der Himmelsleiter einen Blick in den Himmel tun läßt, ihm die Augen dafür öffnet, daß „Gott an dieser Stätte ist und ich wußte es nicht!").

„Wo ist Jesus jetzt?" – so mag eine andere Kinderfrage lauten. Bei Gott – ja. Aber das ist nur eine Seite der Wahrheit. Er ist zugleich auch in den Herzen der Menschen, die an ihm glauben lernen. So singt es ein Weihnachtslied von PAUL GERHARD:

Eins aber, hoff ich, wirst du mir,
mein Heiland, nicht versagen:
daß ich dich möge für und für
in, bei und an mir tragen.
So laß mich doch dein Kripplein sein;
komm, komm und lege bei mir ein
dich und all deine Freuden.
(EG Nr.37,9)

E. Ideen zum Erzählen

Die Nacherzählung sollte deutlich machen, daß hier von einer inneren Erfahrung erzählt wird, die in die Form einer dramatischen äußeren Begebenheit transponiert ist.

Wenn die Jünger zurückdachten an die Tage, wo sie ihr ganzer Mut, ihr ganzer Glaube verlassen hatte, wo sie traurig, verzweifelt, hoffnungslos waren darüber, daß Jesus, ihre Hoffnung gestorben war, hingerichtet, ermordet am Kreuz. Und wenn sie zurückdachten an die Wende, wo – wie ein Wunder – neue Zuversicht, neue Hoffnung in ihr Herz einkehrte. Wenn sie zurückdachten an ihre Bekehrung, die sie über Jesus ganz anders denken machte: Nicht wie über einen Toten, an den die Erinnerung immer blasser wird, sondern über einen Lebendigen, der mit ihnen war mit seinem Geist. Der ihnen Kraft und Mut gab, von der guten Botschaft zu reden: Gott ist mit seiner Liebe allen Menschen nahe! Wenn sie an all das zurückdachten, dann fingen sie an zu erzählen: Erschienen ist Christus uns und wir wußten es nicht. Wir wollten ja bei unserer Trauer und bei unserer Verzweiflung bleiben. Mit uns war er, wenn wir beim Abendmahl zusammen waren und wenn wir uns bemühten zu verstehen, welche Botschaft die Schriften in der Bibel für uns hatten.

Und dann erzählten sie z.B. eine Geschichte, wie zwei von ihnen unterwegs waren nach Emmaus:

Und wie sie dahin wanderten, da war ihnen, als träumten sie. Oder war es wirklich? Ein Mann trat zu ihnen, ein Unbekannter. Und wie er hörte, was sie erzählten, da fragte er sie: …

Da gingen ihnen die Augen auf: Nein, das war mehr als ein Traum gewesen. Sie erkannten ihn, den Unbekannten. Sie erkannten, wer mit ihnen war: Jesus … Nichts Äußeres war es, woran sie ihn erkannten. Nein, es war anders. „Wurde uns nicht im Herzen ganz heiß, als er mit uns redete auf dem Weg, als er uns zu verstehen gab, was der Sinn dessen ist, was in der Bibel steht?", so sagten sie. Und: „Als er mit uns am Tisch saß und das Brot brach, da fiel es uns wie Schuppen von den Augen."

12. Worauf wir hoffen

„Ich wünsch es ein wenig umgekehrt" – so beginnt der Traum eines jugoslawischen Kindes von einer besseren Welt. Kinder können daran leiden, wie diese Welt eingerichtet ist. Sie haben ihre Träume, in denen sich das Bessere schon zeigt. Und sie brauchen Hoffnungsbilder, an denen sich ihre Zuversicht fest machen kann. „Was tut eine gute Mutter?" – darauf antwortet ein Kind: „Eine gute Mutter hofft für einen."[240]

Auch in der Bibel geht der Blick in die Zukunft – voll Erwartung und Hoffnung, daß Gott eine bessere Welt heraufführen wird. Gott „stößt die Gewaltigen vom Thron und erhebt die Niedrigen" – so läßt der Evangelist Lukas seine Maria singen. Diese Umkehrung der Verhältnisse soll ihren Anfang nehmen in dem Kind, das sie erwartet. Und so ist die Bibel voll von Visionen einer besseren Welt, voll von Hoffnungsbildern, an die sich Glaube halten kann.

So soll dieses letzte Kapitel von Träumen handeln: da ist die Bergpredigt, die den Traum Jesu vor uns hinstellt, den Traum von der neuen Welt Gottes, einer Welt der besseren Gerechtigkeit und der vollkommenen Liebe. Und da ist das leuchtende Bild von dem Neuen Jerusalem, der Stadt, in der Gott selbst unter den Menschen wohnen wird.

12.1   Wer ist glücklich? Aus der Bergpredigt: Mattäus 5 /Lukas 6

A. Einführung in den Bibeltext

Der uns vertraute Titel „Die Bergpredigt" läßt uns denken, die Kapitel 5 bis 7 bei Mattäus seien Wiedergabe einer zusammenhängenden Rede, die Jesus einmal in dieser Länge und in diesem Umfang so gehalten habe. Doch schon der Vergleich mit der ähnlichen sog. „Feldrede" bei Lukas (Kap 6,20–49) zeigt, daß dieser Eindruck nicht zutreffend ist. Diese Feldrede ist kürzer und enthält nur Teile der „Bergpredigt": so ihren Anfang, die Seligpreisungen, die Worte über die Feindesliebe und das Richten und schließlich ihr Ende, das Bildwort vom Hausbau. Andere Jesusworte, die uns als Inhalt der Bergpredigt vertraut sind, lesen wir bei Lukas in anderen Zusammenhängen: so etwa das Vaterunser und die Worte über das „Nicht sorgen" (Lukas 11,2–4 bzw. 12,22–34). Beide Evangelisten haben hier also, jeder für sich, ihnen überlieferte Jesusworte zusammengebracht, sie wie in einem Katechismus zu verschiedenen Themen geordnet und sie auch – wie manche Passage erweist – für ihre damaligen Leser aktualisiert.

---

[240]   So hat der Therapeut ERIK H.ERIKSON eine besondere Weise, wie Frauen mit Glauben umgehen, darin sehen können, daß sie „neuen menschlichen Wesen Hoffnung ... vermitteln und Vertrauen einpflanzen." (in: Einsicht und Verantwortung. Die Rolle des Ethischen in der Psychoanalyse. Frankfurt/Main: Fischer Taschenbuch Verlag 1971 S.135)

Unsere Seligpreisungen sind dafür ein Beispiel. Sie gehören einerseits zu dem beiden Evangelien gemeinsamen Stoff. Und doch werden sie verschieden wiedergegeben:

MATTÄUS 5, 1–12	LUKAS 6, 17–26
1 Als er aber das Volk sah, ging er auf einen *Berg* und setzte sich; und seine Jünger traten zu ihm. 2 Und er tat seinen Mund auf, lehrte sie und sprach:	17 Und er ging mit ihnen hinab und trat auf ein ebenes *Feld*. Und um ihn war eine große Schar seiner Jünger und eine große Menge des Volkes aus ganz Judäa und Jerusalem und aus dem Küstenland von Tyrus und Sidon, … 20 Und er hob seine Augen auf über seine Jünger und sprach:
3 Selig sind, die da geistlich arm sind; denn ihrer ist das Himmelreich. 4 Selig sind, die da Leid tragen; denn sie sollen getröstet werden. 5 Selig sind die Sanftmütigen; denn sie werden das Erdreich besitzen. 6 Selig sind, die da hungert und dürstet nach der Gerechtigkeit; denn sie sollen satt werden. 7 Selig sind die Barmherzigen; denn sie werden Barmherzigkeit erlangen. 8 Selig sind, die reinen Herzens sind; denn sie werden Gott schauen. 9 Selig sind die Friedfertigen; denn sie werden Gottes Kinder heißen. 10 Selig sind, die um der Gerechtigkeit willen verfolgt werden; denn ihrer ist das Himmelreich.	Selig seid ihr Armen; denn das Reich Gottes ist euer. 21 Selig seid ihr, die ihr jetzt hungert; denn ihr sollt satt werden. Selig seid ihr, die ihr jetzt weint; denn ihr werdet lachen.
5,11 Selig seid ihr, wenn euch die Menschen um meinetwillen schmähen und verfolgen und reden allerlei Übles gegen euch, wenn sie damit lügen. 12 Seid fröhlich und getrost; es wird euch im Himmel reichlich belohnt werden. Denn ebenso haben sie verfolgt die Propheten, die vor euch gewesen sind.	22 Selig seid ihr, wenn euch die Menschen hassen und euch ausstoßen und schmähen und verwerfen euren Namen als böse um des Menschensohnes willen. 6,23 Freut euch an jenem Tage und springt vor Freude; denn siehe, euer Lohn ist groß im Himmel. Denn das gleiche haben ihre Väter den Propheten getan. (Hier schließen sich *vier Weherufe* gegen die Reichen, Satten, Lachenden und gegen die an, die statt Verfolgung die Achtung von jedermann genießen.)

Man bemerkt hier also Übereinstimmung und Unterschied. In beiden Evangelien finden sich die vier Seligpreisungen der Armen, Hungernden, Trauernden bzw. Weinenden und Verfolgten (hierzu bietet Lukas entsprechende vier Weherufe). Vier weitere Seligpreisungen lesen wir nur bei Mattäus: die Worte über die Barmherzigen, die Sanftmütigen, die Menschen mit reinem Herzen und die Friedfertigen.

Die ersten drei Seligpreisungen (Lukas) gehören enger zusammen: Hier werden alte Hoffnungen auf eine Zukunft, die die Verhältnisse auf der Erde verwandelt, aufgenommen (Jesaja 61,1–2 und Psalm 37,11): Den Armen frohe Botschaft bringen, die Trauernden trösten und den Elenden einen Platz auf dem Erdboden geben – das erhoffte man vom Messias, dem Bringer des Gottesreiches. Die letzte Seligpreisung spiegelt die Situation wieder, in der Lukas und Mattäus mit den Christen ihrer Zeit lebten: die Situation der Verfolgung und Trennung von der jüdischen Gemeinde.

In den Seligpreisungen erscheint die Vorahnung einer neuen Welt, in der es keine Gewalt, keinen Krieg, keine Trauer, keinen Hunger mehr gibt, eine Welt des Friedens und der Barmherzigkeit. Sie hat schon jetzt ihren Platz unter denen, die Jesus nachfolgen und deren Situation so ganz anders auszusehen scheint: nämlich wie ein Leben in Armut, Hunger, Trauer, Verfolgung.

B. Wie Kinderbibeln erzählen

In Kinderbibeln fehlt die Bergpredigt zumeist. Schuld daran mag sein, daß man weithin nur erzählerische Stoffe, in denen Handlungen dargeboten werden, für kindgemäß hielt. Unter diesem Auswahlgesichtspunkt mußten Kindern weite Teile der Bibel unbekannt bleiben: Psalmen, Profeten, Weisheitsbücher, Briefe und also hier auch Jesuslehre. Als Ausnahme waren in manchen Kinderbibeln die Worte über das rechte Beten mit dem Vaterunser (Mattäus 6 ,9–13 und Lukas 11, 1–8) zu lesen: So bei BENEKER, WETH, BECK.

In neuere Kinderbibelausgaben sind nun aber auch weitere Stoffe aus der Bergpredigt in ihre Auswahl aufgenommen haben: So z.B. bei LAUBI und POKRANDT. Besonders eindrücklich wirkt die Wiedergabe der Bergpredigtworte bei LAUBI durch die dazugesetzten Bilder von ANNEGERT FUCHSHUBER. Darin werden Situationen der Gewalt und Unmenschlichkeit mit Menschen konfrontiert, die für Fürsorge, Liebe und Menschlichkeit stehen: MUTTER TERESA, JANUSZ KORSZAK, MARTIN LUTHER KING, MAHATMA GANDHI. Gewiß manches betrachtende Kind wird (noch) nichts wissen von KORSZAKs pädagogischer Liebe, die ihn seine Kinder auch den Weg in das Vernichtungslager von Treblinka nicht allein gehen ließ, oder von GANDHIs Lebenseinstellung der Gewaltlosigkeit, die sich auch in Auseinandersetzung mit dem Jesus der Bergpredigt gebildet hatte. A.FUCHSHUBER läßt GANDHI offene Hände dem Ansturm von Gewehren mit aufgepflanzten Bajonetten entgegenhalten, und dem Betrachter ihres Bildes mag eine Ahnung davon aufgehen, Ohnmacht und Wehrlosigkeit könnten sich als stärker erweisen als die geballte Gewalt: Es gibt begründete Hoffnung darauf, daß die Sanftmütigen – und nicht die Gewalttäter – „das Erdreich besitzen" werden.

**C. Impulse
zum eigenen
Verständnis**

Die Wahrheit der Bergpredigt

Was ist die Bergpredigt? Wie die Worte der Bergpredigt auf ihn als jungen Schüler gewirkt hätten, als er sie etwa im Alter von elf Jahren erstmals gelesen habe, davon hat der Naturwissenschaftler und Philosoph CARL FRIEDRICH VON WEIZSÄCKER ein beredtes Zeugnis gegeben:

> Ich glaubte also, daß was in diesem Text steht, wahr ist. Und das hat mich dann ungeheuer erschreckt. Denn ich mußte die Folgerung ziehen: wenn das, was da steht, wahr ist, dann ist mein Leben falsch. Dann ist das Leben, das in meiner Umwelt geführt wird, auch falsch. ...

Er erzählt, wie er mit seiner Mutter darüber in Streit geriet, daß er in einem Schulaufsatz über seine Berufswünsche geschrieben hatte:

> Es gibt sehr viele Berufe, die ich wählen könnte; am liebsten würde ich Astronom. Es gibt aber auch Berufe, die ich nicht ergreifen möchte. Ich möchte zum Beispiel nicht Soldat werden, denn ich möchte niemanden töten.

Das habe seine Mutter sehr bewegt, da sie aus einer alten Offiziersfamilie stammte, wo der Militärdienst als notwendig und ehrenhaft galt. Er habe damals unter Tränen seine Ansicht verteidigt, man müsse den Kriegsdienst verweigern, wenn man die Mahnungen der Bergpredigt ernstnehmen wolle.[241]
Dem Ernst dieser kindlichen Überzeugung steht der Einwand, den ein Bundeskanzler in der Auseinandersetzung um die Raketenaufrüstung in den achtziger Jahren in die Debatte geworfen hat: Mit der Bergpredigt kann man nicht regieren. Sie sei Moral für das persönliche Leben des *Einzelnen*, aber nicht für die harten Notwendigkeiten *politischen Handelns*. Sie sei *Gesinnung*sethik, aber nicht Ethik für einen, der *Verantwortung* für andere, für den Staat trage. Besonders treffen die Mahnungen zur Gewaltlosigkeit und zur Feindesliebe auf Widerspruch: Ist das möglich? Kann man so leben? Aber „alle Einwände und Fragen, die sich so reichlich melden, wenn es um die Anwendung der Bergpredigt im politischen und rechtlichen Bereich, ja auch nur im alltäglichen Gedränge des Miteinander geht: wo kommen wir hin, wenn wir mit ihren Weisungen die Welt regieren und gestalten wollen? ... – alle diese Fragen haben allererst zu schweigen vor der Anerkennung: es ist wahr, was hier gesagt ist. Die Frage nach der Erfüllbarkeit der Bergpredigt ist nicht das erste, was sie dem Hörenden abnötigt, sondern die Anerkennung der Wahrheit ...“[242]

---

241 WEIZSÄCKER, CARL FRIEDRICH VON: Der Garten des Menschlichen. Beiträge zur geschichtlichen Anthropologie. München: Carl Hanser Verlag 1982 S.444f. WEIZSÄCKER hat sich als naturwissenschaftlich und politisch engagierter Mensch vielmals in seinem Leben mit der Bergpredigt auseinandergesetzt. Einen starken Anstoß dazu gab ihm, daß er nach dem zweiten Weltkrieg in Amerika mit Quäkern zusammentraf und GANDHI zu lesen begann: „Hier lernte ich zum erstenmal eine reale Lebensweise kennen, die die Bergpredigt ernstnahm. Ich sah das unvergleichliche Glück, das sie ausstrahlte." A.a.O. S.572.
242 BORNKAMM, GÜNTHER: Jesus von Nazareth. Stuttgart: W.Kohlhammer Verlag 1956 S.98

Die Wahrheit der Bergpredigt bricht sich ganz unerwartet Bahn. Sie bleibt nicht eingesperrt in den engen Zäunen der Kirche oder des privaten Lebens. Das hat die politische Öffentlichkeit der Bundesrepublik zu ihrer Überrraschung in der Auseinandersetzung über die sog. „Nachrüstung" mit Atomraketen am Beginn der achtziger Jahre erlebt. Der politischen Logik einer raketenvermehrenden Eskalation: „Meine Rakete gegen deine Rakete" setzte die Friedensbewegung damals die Logik der Entspannung, die Logik der Bergpredigt entgegen:

> Wenn dich jemand auf deine rechte Backe schlägt,
> dem biete die andere auch dar. (Mattäus 5,39)

Freilich setzt das Glauben und Hoffnung voraus: die Sanftmütigen, die Gewaltlosen und nicht die Hochgerüsteten und Gewalttätigen, die Friedfertigen, die Friedensstifter und nicht die Aggressoren und Abschreckungsstrategen sind es, die die Erde besitzen werden. Auf deren Seite wird sich Gott stellen und sie seine Söhne und Töchter nennen (Mattäus 5,5 und 9).

Unser Abschnitt aus der Bergpredigt ist geprägt sind von einer gewinnenden Sprache der Hoffnung: Am Anfang der Bergpredigt steht ein großes Versprechen, das Versprechen der neuen Welt an die Armen, Trauernden, Hungernden, Leidenden. Sie werden „selig" genannt: Wohl ihnen, das Glück gehört ihnen. Diese „Seligpreisungen" malen den großen Traum Jesu von einer Welt, in der Gott wieder unter den Menschen ist und die Dinge so sind, wie sie nach Gottes Willen von Ursprung her sein sollen. „Himmelreich" – das heißt: Da ist der Himmel schon auf der Erde. – Und dann die Bildworte von den Vögeln unter dem Himmel und den Lilien auf dem Felde, die uns Hoffnung geben, daß auch für unser Leben gesorgt ist, denn: Seid ihr denn nicht viel mehr als sie? (Mattäus 6,26). Soll das alles nur ein schöner Traum sein? Die Seligpreisungen bilden auch ab, wie einer wirklich gelebt hat: Jesus, der arm war, hungrig nach Gerechtigkeit, sanftmütig, leidend, trauernd, friedfertig, verfolgt. Ihn – Jesus mit seiner Hoffnung, seinem Vertrauen stellt Mattäus hier vor uns hin.

Das ist natürlich nicht das Ganze der Bergpredigt. Doch gewinnen wir so einen Zugang zu ihrer Botschaft, damit wir sie nicht mißverstehen als strenges (unerfüllbares) Gesetz, das so radikal wäre, daß man danach nicht leben könne. Wir können sie vielmehr als Angebot nehmen, Glauben und Hoffnung daran zu fassen und daraufhin auch neu zu leben.

Der Traum des Martin Luther King

Wenn Martin Luther King, der die amerikanische Bürgerbewegung in ihrem Kampf um die Rechte der Schwarzen konsequent auf der Linie der Gewaltlosigkeit hielt, seine Vorstellung von einer gerechten Welt beschrieb, dann hat er gern das Wort „Traum" benutzt. Als „Traum" hat er gemalt, was in ihm als Hoffnung und Glauben lebte. „I have a dream" – diese Worte, gesprochen vor dem Forum einer Viertelmillion schwarzer und weißer Menschen, die sich zu einem „Großen Marsch nach Washington" 1963 zusammengefunden hatten, sie sprechen noch heute eine Sprache, die Menschen bewegen kann. Wer heute so zu träumen wagt von einer besseren Welt, einer Welt ohne Krieg und Haß, dessen Traum lebt von der Kraft des großen Traumes Jesu von der Welt Gottes, in der eine bessere Gerechtigkeit verwirklicht ist:

Ich habe einen Traum, daß eines Tages auf den roten Hügeln von Georgia die Söhne früherer Sklaven und die Söhne früherer Sklavenhalter miteinander am Tisch der Brüderlichkeit sitzen können. ...

Ich habe einen Traum, daß meine vier kleinen Kinder eines Tages in einer Nation leben werden, in der man sie nicht nach ihrer Hautfarbe, sondern nach ihrem Charakter beurteilen wird, ... daß eines Tages ... dort in Alabama kleine schwarze Jungen und Mädchen die Hände schütteln mit kleinen weißen Jungen und Mädchen als Brüder und Schwestern. ...

Ich habe einen Traum, daß eines Tages jedes Tal erhöht und jeder Hügel und Berg erniedrigt wird. Die rauhen Orte werden geglättet und die unebenen Orte begradigt werden.

Mit diesem Glauben kehre ich in den Süden zurück. Mit diesem Glauben werde ich fähig sein, aus dem Berg der Verzweiflung einen Stein der Hoffnung zu hauen.

Ich träume davon, daß eines Tages der Krieg ein Ende nehmen wird, daß die Männer ihre Schwerter zu Pflugscharen und ihre Spieße zu Sicheln machen, daß kein Volk wider das andere ein Schwert aufheben und nicht mehr kriegen lernen wird. Ich träume auch heute noch davon, daß eines Tages das Lamm und der Löwe sich miteinander niederlegen werden und ein jeglicher unter seinem Weinstock und Feigenbaum wohnen wird[243] ohne Scheu. ... Mit diesem Glauben wird es uns gelingen, den Tag schneller herbeizuführen, an dem Frieden auf Erden ist. Es wird ein ruhmvoller Tag sein, die Morgensterne werden miteinander singen und alle Kinder Gottes vor Freude jauchzen.[244]

| D. Überlegungen zum Verständnis der Kinder | Wie denken Kinder über die Welt von morgen? Worauf gehen ihre Wünsche und Hoffnungen? Wie soll die Welt sein, in der es gut ist zu leben? Ein Schüler in Jugoslawien findet sehr bildhafte Worte für seine Vision einer verwandelten Welt, in der alles – wie er sagt – „ein wenig umgekehrt" ist: |

Ich wünsche es ein wenig umgekehrt,
damit's nicht immer so ist, wie es ist.
Damit die Katze nicht die Mäuse fängt,
damit das Messer weich wie Samt ist.

Ich wünsche es ein wenig umgekehrt,
damit's nicht immer so ist, wie es ist.
Damit das Gewehr zu einer Blume wird,
und aus einem Mangelhaft ein Sehr gut.

Ich wünsche es ein wenig umgekehrt,
damit's nicht immer so ist, wie es ist.
Der Panzer sollte zu einem Ballon werden,
und alle Schüsse zu Bonbons.

Ich wünsche es ein wenig umgekehrt,
damit's nicht immer so ist, wie es ist.

Tonka Sukic, 3.Klasse[245]

E. Ideen **zum** **Erzählen**	Wer hat es gut? Wer ist glücklich? Und wer ist unglücklich? Wer hat es nicht gut? Ein Gespräch darüber mit Kindern wird ihnen Gelegenheit geben, von ihren Gedanken und Erfahrungen, von ihren Wünschen und Hoffnungen zu erzählen.[246]

Man kann eine solche „Diskussion" auch „visualisieren": Eine Collage, von den Kindern selbst angefertigt aus Zeitungsbildern über Menschen, die es gut haben, und Menschen, die es nicht gut haben, mag Impulse geben zum Gespräch: Was denkst du, warum hat der das nicht gut? Und warum hat die das gut? Und warum ist das so, daß die einen es gut haben, die anderen aber nicht?

Wer ist glücklich? Was braucht man zum Glück? Darüber haben die Menschen immer schon nachgedacht. Und schon die Jünger haben Jesus danach gefragt: Wer ist glücklich?

Wer ist glücklich?
So sagt Jesus zu seinen Jüngern:
Nicht die satt sind – die werden hungrig bleiben.
Nicht die lachen – die werden weinen und heulen.

Wer ist glücklich?
Die weinen – die werden lachen.
Die Hunger haben – die werden satt.
Die Sanftmütigen – die werden die Erde besitzen.
Die Frieden machen – die wird Gott seine Töchter und Söhne nennen.

Hier sind die Seligpreisungen in Auswahl wiedergegeben. Vermutlich werden im voraufgehenden oder auch folgenden Gespräch mit den Kindern auch noch andere Menschen auftauchen, die sie für glücklich halten oder nicht – und das wird möglicherweise auf noch andere Seligpreisungen führen. Die Seligpreisungen sind in einer elementareren Form dargeboten, die sie Kindern leichter zugänglich machen soll. – Neuere Bibelübersetzungen bemühen sich, aus der „Enge" des Wortes „Selig" herauszukommen, das zu einer von vornherein religiös-fromm klingenden Vokabel der „Sprache Kanaans" verarmt ist. Sie versuchen, die größere Bedeutungsbreite, die das entsprechende griechische Wort makarios auszeichnet, durch andere Wortwahl nachzubilden: glücklich, es gut haben, wohl dem, freuen sollen sich …

---

[243] MARTIN LUTHER KING's Traum ist mit den Farben der profetischen Friedensvisionen aus der Bibel gestaltet: Micha 4,3f und Jesaja 11,6

[244] In: Der Traum vom Frieden. Texte zur Orientierung: MARTIN LUTHER KING. Gütersloh: GTB 470. 1983 S.15f

[245] Jugoslawische Kinder in: SCHÄFFER, KLAUS: Wir werden wieder glücklich sein, und alles war ein schlimmer Traum. Kinder im Krieg – Bilder und Texte. Verlag Herder: Freiburg1994 S.27 und 76

[246] Hier möchte ich nochmals auf das interessante Buch von HANS-LUDWIG FREESE: Kinder sind Philosophen (s.o. Anm. 200) hinweisen. FREESE berichtet darin von seinen philosophischen Gesprächen mit Kindern z.B. über Wahrheit und Sinn von Träumen (S.68,128–130) oder darüber, was zum Glück gehört. (S.75, 97–106, 137)

12.2 Gott macht alles neu – Die neue Gottesstadt: Offenbarung 21

<table>
<tr>
<td>A. Einführung
in den
Bibeltext</td>
<td>Das Bild von der neuen Gottesstadt, dem paradiesischen Jerusalem findet sich am Ende der Bibel, in ihrem letzten Buch, der Offenbarung des Johannes. Was ist das für ein Buch? Neben den erzählenden Evangelienbüchern und</td>
</tr>
</table>

den Briefen nimmt es eine besondere Stellung im Neuen Testament ein: Mit seinen Visionen über die Zukunft ist es das einzige „apokalyptische"[247] Buch. Apokalypse – so heißt denn auch sein Titel in griechischer Sprache.

Die Offenbarung des Johannes scheint dem unbefangenen Leser ein schwieriges Buch zu sein: Wer kann die mythischen Bilder, die geheimnisvollen Anspielungen, die vielfältigen, einander ablösenden Symbole, die verschlüsselte Sprache darin verstehen? Und trägt nicht weiterhin auch zu der Abneigung gegen dieses Buch bei, daß es mit seinen mysteriösen Zahlen und Bildern zu einer bevorzugten Lektüre von Sekten geworden ist, die daraus ihre düsteren und bedrohlichen Zukunftsbilder beziehen?

Selbst ein Theologe wie MARTIN LUTHER hatte keine besondere Vorliebe für dieses Buch. Er bemängelte, daß hier mit Bildern und Gesichten und nicht, wie bei den Aposteln, „mit klaren und dürren Worten" von Christus geredet wird: „Mein Geist kann sich in das Buch nicht schicken. … Ich bleibe bei den Büchern, die mir Christum hell und rein dargeben."[248] Später allerdings ist sein Urteil darüber etwas milder ausgefallen.

Die Offenbarung ist die Schrift eines sonst nicht weiter bekannten Johannes (nicht identisch mit dem Apostel Johannes). Sie ist in der letzten Zeit der Regierung des römischen Kaisers Domitian (81–96) entstanden. Die Auseinandersetzung mit der Macht des Römerreichs bildet denn auch den Hintergrund des Buches. Vor allem im Kapitel 13 ist in verschlüsselter Weise von der Bedrückung die Rede, die die Christen damals erlitten, wenn ihnen als Beweis ihrer politischen Zuverlässigkeit das öffentliche Bekenntnis zum Kaiserkult abverlangt wurde: Wer glaubhaft machen wollte, daß er nicht zu den verdächtigten Christen gehörte, mußte vor Zeugen die Götter anrufen und vor dem Bild des als Gott verehrten Kaisers Weihrauch und Wein opfern. Die beiden Tiere aus dem Meer und von der Erde (Offenbarung 13,1 und 11) sind Repräsentanten dieses Römerstaates: Allen, die nicht das Bild des Tieres anbeteten, drohte Gefängnis oder Tod (V.10 und 15). Der Seher Johannes ruft dagegen die Christen auf, mit Geduld und Beharrlichkeit bei ihrem Glauben zu bleiben:

„Wenn jemand ins Gefängnis soll, dann wird er ins Gefängnis kommen;

wenn jemand mit dem Schwert getötet werden soll, dann wird er mit dem Schwert getötet werden.

Hier ist Geduld und Glaube der Heiligen!" (V.10)

---

247 Apokalyptisch = profetisch-visionäre Beschreibung von zukünftiger Geschichte und von einer jenseitigen Welt. S. auch das Buch Daniel im Alten Testament.
248 LUTHER, MARTIN: Vorrede auf die Offenbarung Sanct Johannis (1522) in: ARNOLD E.BERGER: Luthers Werke 2.Bd. Leipzig: Bibliographisches Institut. O.J. S.56f

Mut dazu gibt ihnen, was Johannes in seinen Visionen schaut: Gott kommt – das ist sicher. Die Tage des Tiers, die Tage Babylons – wie Rom chiffriert genannt wird – sind gezählt. Gott führt eine neue Welt herauf, Jerusalem, die neue Gottesstadt, die in großen symbolischen Bildern in den Schlußkapiteln des Buches gemalt wird.

Viele dieser Bilder waren den Lesern damals gut vertraut. Sie stammten aus den Schriften des Alten Testaments, den Profeten und Psalmen, die wie die Apostelbriefe in den Gottesdiensten der frühen Kirche vorgelesen und erklärt wurden. Aber auch das Bild des paradiesischen Gartens mit seiner überreichen Fruchtbarkeit läßt Johannes vor seinen Lesern erstehen: Strom des Lebenswassers, Baum des Lebens, der zwölfmal im Jahr Früchte trägt und dessen Blätter Heilung bringen. Wie im Garten Eden so wird Gott bei den Menschen sein: Gott wird sein Sonne und Licht. Kein Wechsel von Tag und Nacht, von Sonne und Mond, von Licht und Dunkelheit.

B. Wie Kinderbibeln erzählen	Was nicht ohne weiteres zu erwarten war – eine Reihe von Kinderbibeln bringen Teile aus der Offenbarung des Johannes oder zum mindesten aus diesem Schlußbild von der neuen Welt und der Gottesstadt.[249]

Sehr ausführlich hat die Bibelausgabe von KAREL EYKMAN der Offenbarung Raum gegeben. Dabei bemüht sich der Verfasser, mit seiner Erzählweise die Bilder der neuen Welt mit Farben von heute auszugestalten und sie auf Wünsche und Träume von Kindern zu beziehen[250]:

Alles wurde ganz, ganz neu. Es gab einen neuen Himmel und eine neue Erde. Der Himmel war wieder zu Hause auf der Erde.

Es gab eine Stadt, in der alles gut war. Jeder, gleich woher, durfte darin wohnen. Die Tore standen weit offen. Jeder, der traurig war, weil er soviel Leid erlebt hatte, jeder durfte kommen und sich ausweinen, um von Gott getröstet zu werden. Danach gab es nichts mehr, das noch weh tat.

Totmachen und Kaputtgehen gab es nicht mehr. Geld gab es nicht mehr. Wenn es Gold gab, wurden Straßensteine daraus gemacht.

Es war ungefähr so:

Es ist kein Gefängnis mehr nötig und keine Kaserne. Es ist keine Fabrik mehr nötig und kein Auto. Es ist kein Tempel und keine Kirche mehr nötig. Die ganze Stadt gehört Gott. Es grünen Bäume am Ufer entlang: die sind richtig grün. Das Wasser ist richtig klar, es ist Gottes Fluß. Es grünen Bäume mitten auf der Straße. Sie haben immer wieder neue Blätter, und alle Welt hat ihre wahre Freude daran.

Überall sind Klaviere und Gitarren aufgestellt, damit jeder Musik machen und singen und tanzen kann. Alte Drehorgeln drehen sich von allein. ...

Jeder darf mit Farben auf der Straße malen. Überall, wo Jungen und Mädchen beieinander sind, da gibt es Tanz und Spiel. Vielleicht gibt es auch eine Straßenbahn, aber die ist dann nur zum Spielen da.

---

[249] So etwa DETLEV BLOCK, ANNELIESE POKRANDT, DIETRICH STEINWEDE oder die Schulbibelausgabe: „Die Nacht leuchtet heller als der Tag"
[250] EYKMAN, KAREL S.492–495.

192

Die Sonne ist keine Notwendigkeit mehr, die darf sich ausruhen. Es ist überall hell. …

Alte Menschen sitzen auf ihrem Bänkchen vor dem Haus, den Stock in der Hand. Sie sehen den Kindern zu, wie sie mit den Tieren spielen. Die Tauben, die Löwen, die Hunde, die Schlangen und die Kinder haben keine Angst mehr voreinander.

So ist die Stadt, in der Gott wohnen will.

Er will da wohnen mitten unter den Menschen.

C. Impulse zum eigenen Verständnis

Mit Träumen fängt es an

„Träume sind Schäume" – so sagt der Volksmund. Doch er hat unrecht. Träume können etwas zutagebringen, was zu uns gehört, aber in unserem Alltagsbewußtsein stumm bleibt. Bedeutende Denker unserer Zeit haben sich mit dem Phänomen „Traum" beschäftigt. SIGMUND FREUD entdeckte im Traum den „Königsweg", der uns zur Wahrnehmung des Unbewußten leitet, das unser Tun und Erleben ebenso bestimmt wie unser bewußtes Denken. Für ERNST BLOCH[251] enthielt der Traum einen Zug nach vorn, einen Stachel, der uns nicht zufrieden sein läßt mit dem, was ist. Das Wissen um ein Noch Nicht steckt darin: Das gibt Hoffnung und Zuversicht, ja in solcher Hoffnung und Zuversicht wirkt dieses Noch Nicht, das erwartet wird, bereits heute. Wer die Welt anders haben will, wer sie verändern will, braucht Träume.

Träume können uns eine Offenbarung vermitteln – so wird in der Bibel von Jakobs Traum in Bethel erzählt: „Gott ist an dieser Stätte, und ich wußte es nicht." (1.Mose 28,10–22)[252] Auch dies war ein aktivierender Traum: Nicht über ein Jenseits, sondern über die Erde, auf der er lag, hatte Jakob Neues erfahren. Das bestimmte seinen Weg und leitete ihn in die Zukunft.

Ein solches Traumbild stellt uns auch die Offenbarung des Johannes vor Augen:

Kein Tod,
kein Leid,
kein Angstgeschrei,
kein Schmerz mehr.
Gott macht alles neu.

Das Traumbild wird hier gemalt von einem neuen Jerusalem, der Gottesstadt, der Stadt, in der Gott bei den Menschen ist. Einer Stadt mit Häusern und Straßen aus reinem Gold, deren Mauern geschmückt sind mit Edelsteinen und deren Tore nicht verschlossen sind. Durch die Stadt fließt ein Strom kristallklaren, sprudelnden Wassers, auf beiden Seiten ein Baum des Lebens, der jeden Monat Früchte bringt und dessen Blätter Heilkraft besitzen. Keine Sonne, kein Mond muß im Wechsel scheinen: Gott selbst wird mit seiner Herrlichkeit die Stadt hell machen und den Menschen Licht geben. Und in dieser Stadt fehlt etwas, das seit Menschengedenken zu jeder menschlichen Siedlung gehört: ein Tempel, eine Kirche! Denn Gott selbst wird darin wohnen – es braucht kein Gebäude, das seine Anwesenheit vertritt.

---

251 In BLOCHs Werk: Das Prinzip Hoffnung (Frankfurt/Main: Suhrkamp Verlag 1985 Werkausgabe) ist die Bedeutung des Traums in der Geschichte der Menschheit durchgehendes Thema.
252 s. dazu Kap 10.1 S.150ff.

Auch dieser Traum dient nicht einem religiösen Seelenfrieden und will nicht mit dem Blick auf einen himmlischen Ausgleich über Jammer, Leid, Gewalt und Tod (ver)trösten. Sondern er möchte anstecken mit Hoffnung und Zuversicht: Leid muß nicht Leid bleiben. Wo einer etwas tut, um Leid zu lindern und zu heilen, da kann er schon diesen Zug nach vorn verspüren, da wirkt in ihm schon die Kraft dieses Traums.

Der amerikanische Soziologe PETER L. BERGER[253] hat sich bemüht, „Spuren der Transzendenz" in unserer alltäglichen Erfahrung zu entdecken, ganz „gewöhnliche" Erlebnisse, an denen wir spüren können, daß es im Leben ein „Mehr" gibt. Unter diese Spuren zählt BERGER eine sehr alltägliche Geste, die der ihr ängstliches, weinendes Kind beruhigenden Mutter: „Hab keine Angst, es wird alles wieder gut." Hat nicht die Mutter damit den Mund zu voll genommen, lügt sie etwa mit solchem Trost? Ja, das müßte man sagen, wenn das Natürliche alles wäre. Denn wir wissen: Das Leben ist nicht danach, daß alles in Ordnung kommt. Und am Ende wird ein Kind, dem solch ein Trost gesagt wird, einmal sterben müssen. Nur wer Zuversicht in einem Glauben findet, der die alltägliche Wahrnehmung überschreitet, wird die Mutter in Schutz nehmen können: Ihr Trost enthält Wahrheit. Er lebt von einem Vertrauen, das weiter sieht: Die Unordnung, das Böse in der Welt ist nicht alles. Daß ihr Trost hilft gegen die Angst und gegen die Tränen, ist gerechtfertigt.

<table>
<tr><td>D. Überlegungen
zum Verständnis
der Kinder</td><td>Stücke aus der Offenbarung des Johannes für Kinder? Ist das nicht auch für sie ein schwieriges, ja ein unverständliches Buch? Können Kinder zu der verschlüsselten Sprache, zu den geheimnisvollen Bildern, zu den hintergründigen Symbolen dieses Buches überhaupt Zugang finden?</td></tr>
</table>

Freilich – das Thema dieses biblischen Buches: Was erwartet uns? Worauf dürfen wir hoffen? ist auch eines, das Kinder heute bewegt. Auch sie haben schon ihre Gedanken über die Welt von morgen, ihre Erwartungen, ihre Wunschvorstellungen, aber auch ihre Ängste um die Zukunft. Und die Hoffnung, die das letzte Buch der Bibel trägt: Gott kommt – soll doch auch in den Herzen unserer Kinder Zuversicht und Mut wecken.

Die Welt der Kinder und die Welt der Erwachsenen sind heute nicht mehr wie durch einen Filter getrennt, der nur Helles und Freundliches durchließe und die Kinder vor dunklen und ängstigenden Erfahrungen bewahrte. Lange bevor Kinder selbständig lesen können und durch Buch und Zeitung an den Vorgängen der Welt teilnehmen, sehen sie schon Bilder. Im Unterschied zu Büchern sind die Fernsehbilder jedem ohne Unterschied des Alters zugänglich. Aber Kinder nehmen auch gefühlsmäßig an den Stimmungen ihrer Umwelt teil, an der Unruhe, den Sorgen, den Ängsten ihrer Eltern und Lehrer. Kein Wunder, daß ihre Gedanken widerspiegeln, was sie so von der Welt sehen.

---

253 BERGER, PETER L.: Auf den Spuren der Engel. Die moderne Gesellschaft und die Wiederentdeckung der Transzendenz. Frankfurt/Main: Fischer Taschenbuch Verlag 1981 S.65–69

Wer weiß?
Wenn ich dreißig bin,
wird es vielleicht keine Bäume mehr geben.
Wenn ich dreißig bin,
dann werden die Blumen vielleicht Gasmasken tragen müssen.
Wenn ich dreißig bin,
werden fast alle Tiere ausgestorben sein, von Abgasen vergiftet.
Ja, vielleicht werde ich gar nicht dreißig,
wer weiß.[254]
Niki Repanis, 10 Jahre

Gräser sollen blühen
und Kinder spielen.
Bomben sollen nicht fallen
und sich keine Kriege ballen.
Die Sonne soll scheinen,
aber Menschen nicht weinen.
Bäume sollen wachsen,
aber Kinder sich nicht kratzen.
Häuser sollen nicht brennen
und Menschen nicht um Hilfe rennen.
Gift soll man nicht machen,
aber andere, schönere Sachen.
Wenn alle sich verstehen,
kann man fröhlich in die Zukunft sehen.
Andrea Forbriger (12)[255]

Ich wünsche mir keinen Krieg und daß mein Bruder nicht ums Leben
kommt.
Ich wünsche mir den Frieden und daß alle Kinder in ihre Heimat zu-
rückkehren können.
Ich wünsche mir, daß wir wie früher mit Oma und Opa, Onkel und
Tante und unseren Eltern in Frieden leben können.
Ich wünsche mir, daß wir Kinder wieder vor unseren Häusern
hüpfen und spielen können, Schmetterlingen nachlaufen und Blumen
pflücken können.
Maja Milosevic, 2.Klasse

E. Ideen
zum
Erzählen

Das Bild des Johannes von der Gottesstadt verlangt nach
einer einführenden Erzählung über Johannes und seine
Offenbarung:

Es war nicht immer so wie heute mit den Christen. Erst waren es wenige damals im
Römerreich – hier und da eine Gruppe in einer Stadt. Sie dachten nicht so über Gott

---

254 MARGITTA MEINERZHAGEN S.34. Zitiert nach: MAYA SCHMITZ-PEICK (Hg.) S.63. Ähnlich
schreibt Till Skiba (8) und Andrea Lenzen (10) in: RUSCH, REGINA: So soll die Welt nicht
werden. Kinder schreiben über ihre Zukunft. Kevelaer: aurich verlag 1989 S.35 und 78.
255 RUSCH, REGINA S.137

wie die anderen. Sie glaubten nicht, daß es viele Götter gibt: Einen Gott, der die Stürme auf dem Meer macht – Poseidon hieß er. Einen Gott, der die Kaufleute beschützt – Hermes mit Namen. Eine Göttin, die Fruchtbarkeit schenkte – Aphrodite nannte man sie. Und viele, viele Götter mehr. Und dann gab es noch einen Gott: den Kaiser in Rom. Den hatte man erst vor kurzem zum Gott gemacht. Und nun sollten alle im Römerreich ihn als Gott verehren, zu ihm beten, vor seinen Bildern niederfallen und Weihrauch und Wein opfern. Wer das tat, der war ein guter Bürger. Auf den kann man sich verlassen, so dachte man.

Aber da waren nun die Christen. Die sagten – wie die Juden auch: Gott ist nur einer. Einen Menschen darf man nicht als Gott verehren. Das ist falsch, das ist Sünde. Das tun wir nicht. Das können wir nicht.

Wo das bekannt wurde, wurden die Behörden wach: Das dürfen wir nicht zulassen, daß es Leute in unserer Stadt gibt, die nicht treu zum Kaiser stehen und ihn nicht verehren. Das ist verdächtig. Wir müssen sie zwingen, sich zu bekennen: Was wollen sie sein – treue Staatsbürger oder nicht? Und so wurden die Christen vorgeladen und befragt: Seid ihr Christen? Gehört ihr zur Kirche?

Viele Christen waren verzagt. Sie fragten: Wie lange soll das noch dauern? Wie lange sieht Gott das noch an, daß ein Mensch sich zu Gott macht, wie der Kaiser in Rom es tut. Daß wir Christen, die wir an ihn glauben, verfolgt und bedrückt werden? Wann hört das auf? Wann kommt eine bessere Welt, in der nicht mehr Gewalt und Zwang, Krieg und Unterdrückung herrscht?

In dieser Zeit lebte ein Christ, Johannes. Der hatte einen Traum, einen großen Traum. Und er glaubte diesem Traum: Dieser Traum, der kommt von Gott. Den darf ich nicht für mich behalten. Den muß ich aufschreiben in ein Buch. Mit diesem Traum will ich meine Mitchristen trösten und ihnen Mut geben. Und das war sein Traum …

Diese biblische Vision von der neuen Gottesstadt bietet an, Kinder von ihren Bildern und Visionen darüber, wie sie sich eine bessere Welt vorstellen, malen zu lassen. Sie können davon erzählen: Unsere Welt morgen. Was soll darin anders sein? Oder sie können fantasieren: Was würde ich ändern, wenn ich der liebe Gott wäre.

„Wenn ich der liebe Gott wäre",[256] so schreiben Kinder z.B. in dieser Sammlung von Kinderaussagen dazu, …

„… dann müßte jeder Erwachsene mit Kindern reden, so wie mit einem Menschen … Unsere Nachbarin, die schimpft nur mit uns Kindern …" Marianne

„… dann brauchte ich keine Brille mehr, weil Gott sowieso alles sieht." Karin

Doch können sie sich auch skeptisch äußern:

„… das geht gar nicht. Den gibt es doch nicht mehr …" Kai

„… dann würde ich den Leuten zeigen, daß ich nicht tot bin. Das glauben sie ja heute. Ich würde mich hier auf der Erde wieder zeigen." Dieter

---

[256] So der Titel eines Buches (Gütersloh: Gütersloher Verlagshaus Gerd Mohn 1981), in dem Kinder ihre Gedanken dazu aufgeschrieben haben, wie sie sich eine menschlichere und gerechtere Welt denken.

Zum Schluß

Als der heilige Baalschemtow, der große Lehrer, das Leben eines todkranken Knaben, den er liebte, retten wollte, begab er sich an einen bestimmten Ort tief im Wald. Dort zündete er ein Feuer an und sprach, in geheimnisvolle Meditationen versunken, Gebete. Das Feuer brannte die ganze Nacht. Am Morgen war der Knabe gesund.

Als in der nächsten Generation der Schüler des Baalschemtow, der große Maggid von Meseritsch, eine ebensolche Heilung bewirken wollte, ging er zu derselben Stelle im Wald und sagte: Wir sind zwar nicht imstande, Feuer anzuzünden, doch vermögen wir noch die Gebete zu verrichten, die der heilige Bescht gesprochen hat. Und was er wollte, wurd ihm gewährt.

Nach einer weiteren Generation wollte Rabbi Mosche Löb von Sasow, der Schülersschüler des Bescht, eine ebensolche Heilung bewirken. Auch er ging in den Wald und sagte: Zwar vermögen wir das Feuer nicht mehr anzuzünden, noch wissen wir die geheimen Meditationen, die die Gebete des großen Bescht belebten. Doch kennen wir den Ort im Walde, der dazu gehört, und dies ist genug. Und in der Tat, es war genug.

Schließlich nach einer weiteren Generation wollte der Rabbi Israel von Rizin eine ebensolche Heilung bewirken. Da setzte er sich auf den goldenen Sessel in seinem Palast und sagte: Wir können kein Feuer mehr anzünden, wir kennen nicht mehr die geheimen Gebetsworte des Bescht, auch ist uns der Platz im Wald nicht mehr bekannt. Aber erzählen will ich die Begebenheit und Gott wird helfen. Und in der Tat, dem Riziner mit seiner Erzählung wurde das Gleiche gewährt wie seinen ehrwürdigen Vorgängern.[257]

Diese alte Legendengeschichte aus dem osteuropäischen Judentum, die uns MARTIN BUBER überliefert hat, ist eine Erzählung über das Erzählen. Sie handelt von der Macht, die dem Erzählen innewohnt. „Wunder, das man erzählt, wird von neuem mächtig", so sagt BUBER davon.

„Und wie sieht der Gott aus?" – so fragt ein Kind. „Gott kann man nicht sehen – von Gott kann man *nur* erzählen", entgegnet ihm der Pfarrer. Das ist richtig. Allein – das Wörtchen „*nur*" dabei ist falsch. Nur erzählen – das klingt wie nach Entschuldigung, als habe das, wovon erzählt wird, einen minderen Realitätsgehalt. Als müßte man Gott noch anders, wirksamer, unmittelbarer, überzeugender präsentieren können. Gewiß verhält es sich so, daß Gott uns zunächst nicht anders als in Erzählung begegnet ist: In Geschichten, die Menschen uns von ihm erzählen – sei es in mündlicher Erzählung unmittelbar von Person zu Person, sei es in schriftlich festgehaltener Erzählung in Bibel und Literatur. Per Erzählung jedenfalls ist Gott zunächst in unsere eigene Erfahrung gekommen. So kann der katholische Theologe JOHANN BAPTIST METZ sagen, Gott sei „nichts anderes als die Abkürzung für einen unerschöpfbaren Vorrat an Erinnerungen und Geschichten"[258].

---

257 Nach MARTIN BUBER: Die Erzählungen der Chassidim. Zürich: Manesse Verlag. 1949 S.543.
258 In: WALTER JENS (Hg): Warum ich Christ bin. Müchen: Deutscher Taschenbuch Verlag 1982 S.256

Von solchem Erzählen aber dürfen wir nicht gering denken. Dazu will uns die Geschichte vom Riziner Rabbi ermutigen. Ihre Logik besteht nicht darin, daß wir uns, wo das ursprüngliche Feuer erloschen ist, nun mit bloßen Geschichten behelfen müssen. Sondern in dem Erzählen selber – so will sie uns sagen – steckt die ganze Kraft des Feuers! So will sie uns Zutrauen geben zu der Kraft des Erzählens.

In Geschichten wird also nicht über Gott informiert und definiert, und dann wäre es etwas Zweites, daß Gott sich selbst zeigte, nachdem wir durch die Geschichten vorlaufende Kenntnisse und Bilder von ihm gewonnen hätten. Nein – in ihnen selbst, im Erzählen *geschieht* Gott, kommt Gott zu uns! So ist in der Bibel die Rede vom Erzählen: Den Kindern erzählen, damit sie auf Gott ihre Hoffnung setzen:

> Ich will meinen Mund auftun zu einem Spruch
> und Geschichten verkünden aus alter Zeit.
> Was wir gehört haben und wissen
> und unsre Väter uns *erzählt* haben,
> das wollen wir nicht verschweigen ihren Kindern;
> wir verkündigen dem kommenden Geschlecht den Ruhm des HERRN
> und seine Macht und seine Wunder, die er getan hat.

> Er richtete ein Zeugnis auf in Jakob
> und gab ein Gesetz in Israel
> und gebot unsern Vätern,
> es ihre Kinder zu lehren,
> damit es die Nachkommen lernten,
> die Kinder, die noch geboren würden;
> die sollten aufstehen
> und es auch ihren Kindern verkündigen,
> daß sie setzten auf Gott ihre Hoffnung
> und nicht vergäßen die Taten Gottes,
> sondern seine Gebote hielten.
> (Psalm 78,2–7)

Literaturverzeichnis

Kinderbibeln

BENEKER, WILHELM: Gott und sein Volk. Das Alte Testament für Kinder. Bilder von JENNY DALENOORD. Hamburg: Agentur des Rauhen Hauses 1976
—: Die Jesusgeschichte. Das Neue Testament für Kinder. Bilder von JENNY DALENOORD. Hamburg: Agentur des Rauhen Hauses 1972
BLOCK, DETLEV: Die große bunte Kinderbibel. Bindlach: Loewes Verlag 1993
BLYTON, ENID: Bevor ich schlafen gehe. Biblische Geschichten und Gebete für Kinder. Gütersloh: Gütersloher Verlagshaus Gerd Mohn. 1982
EYKMAN, KAREL: Die Bibel erzählt. Freiburg: Verlag Herder. 1988
HARTENSTEIN, MARKUS: Meine erste Bibel. Stuttgart: Quell Verlag 1982
HEBEL, JOHANN PETER: Biblische Geschichten [1824]. Zürich: Manesse Verlag 1992
KNOKE, KLAUS: Die Bibel für Kinder. Bilder von ESBEN HANEFELT KRISTENSEN. Stuttgart: Deutsche Bibelgesellschaft 1995
LAUBI, WERNER: Kinderbibel. Illustriert von ANNEGERT FUCHSHUBER. Lahr: Verlag Ernst Kaufmann. 1992
NIEDEN, ECKART ZUR: Kommt, wir sind eingeladen. Kinderbibel. Neues Testament. Illustrationen von INGRID und DIETER SCHUBERT. Wuppertal: R.Brockhaus Verlag 1993
—: Was der Regenbogen verspricht. Kinderbibel. Altes Testament. Wuppertal: R.Brockhaus Verlag 1994
PIOCH, WILFRIED: Die Neue Kinderbibel. Mit Kindern von Gott reden. Illustriert von EVA BRUCHMANN. Hamburg: Agentur des Rauhen Hauses. 1989
POKRANDT, ANNELIESE: Elementarbibel. Illustrationen von REINHARD HERRMANN. 8 Bände. Lahr: Kaufmann. 1973–1993 (Zu verschiedenen Teilbänden gibt es einen Kommentarband: Bibelwissenschaftliche und methodische Erläuterungen)
STEINWEDE, DIETRICH: Kommt und schaut die Taten Gottes. Die Bibel in Auswahl erzählt. Mit Bildern aus dem ersten Jahrtausend christlicher Kunst. Göttingen: Vandenhoeck und Ruprecht. 1982
SCHINDLER, REGINE: Mit Gott unterwegs. Die Bibel für Kinder und Erwachsene neu erzählt. Ill. von STEPAN ZAVREL. Zürich: bohem press 1996
TSCHIRCH, REINMAR: Erzähl mir doch von Jesus. Spannende Geschichten aus dem Leben des Lukas und wie er dazu kam, sein Evangelium zu schreiben. Illustrationen von JULE EHLERS-JUHLE. Gütersloh: Gütersloher Verlagshaus 1992
WITTMANN, EMMA: Kommt und seht. Bilderbibel für Kinder. Ill. von REINHARD HERMANN. Gütersloh: Gütersloher Verlagshaus Gerd Mohn 1974
VRIES, ANNE DE: Die Kinderbibel. Illustrationen von HERMINE SCHÄFER. Konstanz: Friedrich Bahn Verlag 1963
—: Die Kinderbibel. Durchges. Neuausgabe. Illustrationen von HERM.F.SCHÄFER. Konstanz: Friedrich Bahn Verlag 1992
WETH, IRMGARD: Neukirchner Kinder-Bibel. Illustrationen von KEES DE KORT. Neukirchen-Vluyn: Kalenderverlag des Erziehungsvereins. 1. Aufl. 1988 bzw. 5.Aufl. 1991
ZINK, JÖRG: Der Morgen weiß mehr als der Abend. Bibel für Kinder. Illustrationen von HANS DEININGER. Stuttgart: Kreuz Verlag 1989

Erzählbücher zum Alten und Neuen Testament

HELLER, CHRISTA: Geschichten zur Umwelt Jesu. Patmos: Düsseldorf 1993
—: Geschichten zur Umwelt des Alten Testaments. Patmos: Düsseldorf 1994
LAUBI, WERNER: Geschichten zur Bibel. Jesus von Nazareth Teil 1 und 2 Lahr: Kaufmann Verlag 1988

NEIDHART, WALTER / HANS EGGENBERGER (Hg): Erzählbuch zur Bibel. Theorie und Beispiele. Lahr: Kaufmann Verlag 1975
NEIDHART, WALTER: Erzählbuch zur Bibel. Band 2. Geschichten und Texte für unsere Zeit weitererzählt. Lahr: Kaufmann Verlag 1989
STEFFENSKY, FULBERT: Gott im Kinderzimmer. Über den Versuch, Religion weiterzugeben. Unveröffentlichtes Vortragsmanuskript

Zum Erzählen

BALDERMANN, INGO: Die Bibel – Buch des Lernens. Göttingen: Vandenhoeck & Ruprecht. 1980
—: Wer hört mein Weinen? Kinder entdecken sich selbst in den Psalmen. Neukirchen/Vluyn: Neukirchener Verlag 1986
—: Gottes Reich – Hoffnung für Kinder. Entdeckungen mit Kindern in den Evangelien. Neukirchen-Vluyn: Neukirchener Verlag 1991
—: Einführung in die biblische Didaktik. Darmstadt: Primus Verlag 1996
BUCHER, ANTON A.: Gleichnisse verstehen lernen. Freiburg. 1990
ERZÄHLEN. Heft 8 der Reihe: Förderprogramm für den Kindergarten. Hg. vom Comenius-Institut Münster 1980
LAUBL, WERNER: Die Himmel erzählen. Narrative Theologie und Erzählpraxis. Lahr: Verlag Ernst Kaufmann. 1995
SANDERS, WILLY und WEGENAST, KLAUS (Hg): Erzählen für Kinder – Erzählen von Gott. Stuttgart: Verlag W.Kohlhammer 1983
SCHWEITZER, FRIEDRICH, KARL ERNST NIPKOW, GABRIELE FAUST-SIEHL, BERND KRUPKA: Religionsunterricht und Entwicklungspsychologie. Elementarisierung in der Praxis. Gütersloh: Chr.Kaiser/Gütersloher Verlagshaus 1995
SCHMIDT, GERHARD: Katechetische Anleitung. München: Chr. Kaiser Verlag 1946
STEINWEDE, DIETRICH: Werkstatt Erzählen. Anleitung zum Erzählen biblischer Geschichten. Münster: Comenius-Institut. 1974
STEINWEDE, DIETRICH: Biblisches Erzählen in der religiösen Unterweisung für Kinder. In: Sanders, Willy und Wegenast, Klaus (Hg): Erzählen für Kinder – Erzählen von Gott. Stuttgart: Verlag W.Kohlhammer 1983
TSCHIRCH, REINMAR: Bibel für Kinder. Die Kinderbibel in Kirche, Gemeinde, Schule und Familie. Stuttgart: W. Kohlhammer Verlag 1995
URBACH, GUNNAR: Biblische Geschichten Kindern erzählen. Gütersloh: GTB Kindergottesdienst 1981
WULLSCHLEGER, OTTO: Anschauliche Christologie. Empirische und theologische Aspekte zur Erzählbarkeit der Jesusgeschichte in der Grundschule. Frankfurt/Main: Diesterweg Verlag 1977

Anderes

BROCHER, TOBIAS: Wenn Kinder trauern. Wie sprechen wir über den Tod? Mit farbigen Kinderzeichnungen. Stuttgart: Kreuz Verlag 1980
GOECKE-SEISCHAB, MARGARETE und FRIEDER HARZ: Bilder zu neutestamentlichen Geschichten. Einführung in die Bilddidaktik und Ikonographie christlicher Kunst mit 8 kommentierten Bildbeispielen für Grundschule und Orientierungsstufe. Lahr: Verlag Ernst Kaufmann 1994
HAGENMEIER, HEIKE (Hg): Wenn ich der liebe Gott wäre. Kinderantworten gesammelt. Mit Bildern von Horst Rudolph. Gütersloh 1981
LINNEMANN, ETA: Gleichnisse Jesu. Göttingen: Vandenhoeck und Ruprecht. 1982
MEINERZHAGEN, MARGITTA: Bäume und Vögel gibt es auch nicht mehr. Kinder schreiben über ihre Zukunft. Hamburg 1988
SCHMITZ-PEICK, MAYA (Hg.): Wenn der Welt die Luft ausgeht ... und Kinder Angst vor der Zukunft haben. Düsseldorf: Patmos Verlag 1993

Verzeichnis der behandelten Bibeltexte

Abbildungsnachweis

Abb. 1 (S. 68): Kinderzeichnung, 1974
Abb. 2 (S. 69): Kinderzeichnung, 1974
Abb. 3 (S. 74): Vincent van Gogh, Der barmherzige Samariter (nach Eugène Delacroix), 1890
Abb. 4 (S. 106): Edvard Munch, Der Schrei. (c) The Munch Museum / The Munch Ellingsen Group / VG Bild-Kunst, Bonn 1997
Abb. 5 (S. 108): Kinderzeichnung
Abb. 6 (S. 112): Annegert Fuchshuber, Sturmstillung. Aus: Laubi/Fuchshuber, Kinderbibel. (c) Verlag Ernst Kaufmann, Lahr
Abb. 7 (S. 113): Hans Deininger, Sturmstillung. Aus: Jörg Zink, Der Morgen weiß mehr als der Abend, S. 125. (c) Kreuz Verlag GmbH & Co. KG, Stuttgart
Abb. 8 (S. 122): Emil Nolde, Christus und die Kinder, 1910. (c) Nolde-Stiftung Seebüll
Abb. 9 (S. 138, oben): Pieter Bruegel d.Ä., Turmbau zu Babel, 1563. Kunsthistorisches Museum, Wien
Abb. 10 (S. 138, unten): »Babylon heute« nach dem Gemälde »Der Turmbau zu Babel« von Pieter Bruegel d.Ä., 1563. Design: Pierre Brauchli. Tanner + Staehelin Verlag, Wasserstraße 16, Postfach 191, CH 8029 Zürich

Index

(Personennamen in Kapitälchen)